Research on Regional Equilibrium of Social
Welfare in China under the Background of Aging Process：
Based on the Perspective of Local Finance

老龄化背景下我国
社会福利区域均衡发展研究：
基于地方财政视角

张 青◎著

中国财经出版传媒集团
经济科学出版社
Economic Science Press
·北京·

图书在版编目（CIP）数据

老龄化背景下我国社会福利区域均衡发展研究：基于地方财政视角/张青著. -- 北京：经济科学出版社，2024.7

ISBN 978 - 7 - 5218 - 4136 - 7

Ⅰ. ①老…　Ⅱ. ①张…　Ⅲ. ①地方财政 - 财政政策 - 研究 - 中国②社会福利 - 研究 - 中国　Ⅳ. ①F812.7 ②D632.1

中国版本图书馆 CIP 数据核字（2022）第 195314 号

责任编辑：杨　洋　杨金月
责任校对：隗立娜　孙　晨
责任印制：范　艳

老龄化背景下我国社会福利区域均衡发展研究：基于地方财政视角
张　青　著
经济科学出版社出版、发行　新华书店经销
社址：北京市海淀区阜成路甲 28 号　邮编：100142
总编部电话：010 - 88191217　发行部电话：010 - 88191522
网址：www. esp. com. cn
电子邮箱：esp@ esp. com. cn
天猫网店：经济科学出版社旗舰店
网址：http://jjkxcbs. tmall. com
北京季蜂印刷有限公司印装
710 × 1000　16 开　14.75 印张　210000 字
2024 年 7 月第 1 版　2024 年 7 月第 1 次印刷
ISBN 978 - 7 - 5218 - 4136 - 7　定价：55.00 元
（图书出现印装问题，本社负责调换。电话：010 - 88191545）
（版权所有　侵权必究　打击盗版　举报热线：010 - 88191661
QQ：2242791300　营销中心电话：010 - 88191537
电子邮箱：dbts@ esp. com. cn）

前·言

在经济发展的初级阶段，社会福利支出的最大问题是供给不足甚至是供给缺失，随着经济的高速发展，经济社会发展转换期的到来，我国社会福利支出供给数量有了大幅提升。相对于供给不足，当前供给中的结构、质量问题应该是最大问题。人口老龄化社会的快速到来，地方政府的应对显得并不游刃有余。一方面，经济发展水平和社会福利财政支付能力并不相适宜；另一方面，由于社会福利支出的受众关注高，公众对社会福利供给水平和供给质量并不满意，这表现为地方财政支出项目间配置不均衡，如何合理安排财政资源实现经济发展和社会福利的均衡。此外，由于我国地区间经济发展水平存在差异，老龄化社会到来的时间、深化的速度不一致，存在着地区间的社会福利支出水平不均等和财政支出结构安排的失衡。我国地方财政社会福利支出呈现区域非均衡性，且近几年有扩大之势。因此，研究社会福利区域均衡发展问题显得有必要而且有意义。

本书将在借鉴已有研究成果的基础上，做以下研究尝试：明确政府在社会福利均衡发展中的财政主体地位；以西方"福利陷阱"为鉴，通过完善财政政策及制度安排，在实现基本社会福利均等化的同时，寻求经济和社会福利的均衡发展。具体有以下几个方面内容。

（1）明确政府在社会福利均衡发展中的财政主体地位。随着我国经济社会发展阶段的转换，调整财政支出结构、提高社会福利财政供给水平获得理论和实践界的一致认同。但是，当前社会福利支出存在区域非均衡，这种区域非均衡影响社会福利的公共服务满意度，不利于全国社会福利的最大化。因此，须重新审视政府社会福利责任，充分发挥其在基本公共服务均等化中的财政主体作用：通过财政政策安排，实现地方政府社会福利供给行为的"尽力而为"与"量力而行"。

（2）社会福利区域均衡和全国社会福利最大化实现问题。随着我国政府对社会福利支出力度的加大，在支出总量上是逐年递增的，总量上的社会福利水平每年都有所改善，但是由于地区间社会福利供需环境存在差异，必然存在地区间社会福利最大化的均衡点差异。这种区域非均衡会引起公众的公共服务非均衡感知，影响社会福利满意度，不利于全国社会福利最大化。因此，本书认为在承认我国社会福利支出总量不足的同时，也要看到区域非均衡问题。基本社会福利区域均衡问题应是全国社会福利最大化实现的前提和保障。

（3）以西方"福利陷阱"为鉴，平衡区域内经济发展和社会福利。在老龄化需求压力和强调提高民生福祉的政策背景下，社会福利支出成为地方政府的硬性支出任务。但是在我国当前的政府间财政关系和制度安排下，政治任务式的社会福利支出方式会出现有支付能力的地区不愿意支付只是保基本，无支付能力的地区无能力支付还得完成任务，陷入一种低水平的"社会福利陷阱"：一方面，社会福利支出不足；另一方面，这种不高的社会福利支出成为部分地区的人口财政负担，影响经济可持续发展。本书认为，应以西方"福利陷阱"为鉴，实现地方政府在社会福利供给中的"尽力而为"——强化激励机制、"量力而行"——根据财政需求调整支付能力，平衡区域内经济发展和社会福利，实现党的二十大报告提出的"必须坚持在发展中保障和改善民生"。

本书界定的社会福利区域均衡是指空间的均衡化，包括以下两个层次。

（1）实现区域间基本社会福利均等化。区域间基本社会福利均等化是社会福利最大化的重要保证。首先，福利经济学认为，每个社会的目标都是追求其社会福利的最大化，而社会福利的高低取决于个人福利的高低。公民的公共服务满意度反映出公众诉求被回应的主观评价。因此，公共服务满意度可以视作判断地区财政资金产出和社会福利实现水平的一个有效度量。当前存在的社会福利区域非均衡性感知影响公众的社会福利评价和满意度，不利于社会福利的提升。更加平衡、充分、公平和公正地实现人民的利益要求成为我国推进发展、深化改革的焦点。如何高效提供公共服务以最大限度提高辖区受众的公共满意度和服务感知力，实现社会福利效应的提高，应引起当前地方政府重视。其次，区域间由于发展的初始禀赋、财政汲取能力及制度环境的差异，必然存在着差异化。实现全国社会福利最大化的前提是承认地方社会福利的最大化，那么地方实现社会福利最大化的均衡点必然存在着区域间社会福利供给水平的差异，中央政府通过转移支付等方式来实现基本社会福利水平的区域均等化，从而实现基本社会福利区域均衡基础上的全国社会福利最大化。

（2）平衡区域内经济发展和社会福利。长期以来，发展经济是地方政府考核的一项重要的政治任务，我国的财政制度安排也是以最大限度地激励地方政府发展经济为主要目标。依据经济发展阶段和财政支出关系理论，当前，我国经济发展达到一定水平，财政支出目标应该有所调整，不应仅将经济绩效作为财政支出结构绩效的唯一标准，需探索更加全面的、符合经济社会发展阶段的发展目标；人口结构变化，经济发展存在不确定性，社会福利等刚性支出需求增大，保持经济平稳发展，增强财政支付能力，是我国地方政府的重要内容之一。基于地方财政社会福利支出的供需环境分析，由经济效应转向社会福利效应研究，财政支出调整以提高社会福利水平为其最终目标，基于社会福利和经济均衡发展讨论财政支出安排。

虽然我国地区间的经济发展水平有差异、人口老龄化程度不同，但是这些都不是决定社会福利支出水平和财政支出结构安排的主要原因。本书认为，产生区域间财政支出结构非均衡的原因与经济发展水平和人口结构变化无关，更多地源于既有的财政制度安排和地方考核体系的错位激励。这需要中央政府发挥宏观调控作用，通过财政政策及支出安排，强化激励机制，保障地方政府在社会福利供给中的"尽力而为"，根据财政需求调整地区间支付能力差异，实现地方政府在社会福利供给中的"量力而行"，做到党的二十大报告提出的"必须坚持在发展中保障和改善民生"。本书从公众利益诉求和财政支付能力视角出发，研究财政社会福利支出的区域均衡问题。着重研究三大问题：一是社会福利区域均衡发展的理论分析，包括供需环境分析、基本原则和发展目标、"中央—地方—公众"三位一体的理论分析框架；二是社会福利的区域非均衡性测度及福利效应分析；三是基于三位一体理论框架的福利支出均衡研究，破解影响财政社会福利支出区域均衡的机制禁锢，包括财政激励机制和财政均衡制度，以期为政策优化提供理论参考。具体分为六大部分开展研究。

（1）社会福利区域均衡发展的文献综述。基于地方财政视角研究社会福利区域均衡发展问题。结合主要研究内容，从"财政支出结构优化""基本公共服务均等化""社会福利与政府福利责任""公共服务满意度"四个方面梳理当前的研究文献。当前研究为本书研究的变量选取和内容设计提供了有益借鉴。

（2）社会福利区域均衡发展的理论分析。包括三部分内容：一是从供给和需求两个方面分析当前我国社会福利发展面临的经济社会环境制约。其中，供给环境因素包括经济发展阶段的转变、政府职能重心的调整以及地方政府财政能力；需求环境因素包括老龄化社会的福利需求、公众利益诉求的增强、人口老龄化的非均衡空间分布。二是提出社会福利区域均衡发展的基本原则和目标。基本原则包括经济发展和社会福利相结合、均等化和多样化相结合、均等化标准由最低标准过渡到平均标准；发展目标是提高公共服务满意度和国民幸福感，并以西方"福利陷阱"为鉴，在发展中保障和改善民生。三是在中国式财政分权理论框架中加入公众要素，建立包含中央、地方与公众利益关系的一般理论分析框架，理论分析社会福利最大化的最优财政支出配置均衡，并利用一般均衡分析和动态博弈模型证明支出配置均衡的实现路径和制度供给机制，包括：一是建立公众问责机制，实现区域内生产性支出和社会福利支出的均衡，达到区域内的经济福利和地方社会福利最大化；二是完善转移支付机制，实现区域间基本社会福利支出均等化，从而实现经济福利基础上的社会福利最大化。

（3）社会福利的区域非均衡性测度及福利效应分析。包括两部分内容：一是构建改进的泰尔指数，考察地区间财政社会福利支出与人口分布、老龄化程度、经济发展水平和财政能力的匹配程度。测度结果发现：我国地方财政社会福利支出存在区域非均衡性，且近几年有扩大之势。财政社会福利支出与人口分布、老龄化程度、经济发展水平和财政能力的匹配程度在区域间的差异较大。比较四个维度的泰尔指数值可见，财政社会福利支出与财政能力的不匹配程度最高，其次是与地区人口分布、经济发展水平的不匹配，财政社会福利支出与老龄化程度的不匹配程度最低。这一非均衡和地缘位置、行政区划及区域经济发展等因素相关不大。二是基于相对剥夺理论的分析，利用中国综合社会调查（CGSS）微观个体样本和省级、县级宏观数据，采用有序概率模型检验社会福利区域非均衡性的福利效应，并加入公众利益诉求变量，考察公众诉求、非均衡性感知共同作用下的福利效应。研究结果表明：当前存在的社会福利区域非均衡性感知影响公众的社会福利评价和满意度，不利于社会福利的提升。

（4）地方政府社会福利供给的激励机制研究。基于地方财政支出项目横向配置的特点，理论分析地方政府财政支出偏好的影响因素及其作用机制，建立财政支出政策选择模型，数据检验老龄化背景下公众诉求和经济考核下的激励效应，实证激励错位下的地方社会福利支出不足。研究结果表明：首先，人口结构变化对社会福利支出的解释力不强。当前地方政府主动提高社会福利支出意愿不强，社会福利支出多是被动支出。其次，公众诉求的外在压力和发展经济的内在激励作用显著。公众对老龄化相关公共服务的诉求不断增强，这一外在压力下地方政府可能作出被动调整。这种被动支出调整包括两个方向：一是有效回应公众诉求，提高社会福利支出；二是变外在压力为发展经济的内在激励，提高经济性支出。实证结果表明，地方政府偏好第二种情况，因为在当前社会福利支出责任地方化的财政体制下，外在压力使地方政府意识到未来的刚性福利支出，出于对财政支出能力的考虑，地方政府有提高生产性公共品发展经济的动机和激励。公众的压力对于地方政府来说，变成发展经济的内在激励。

（5）地方政府社会福利供给的财政能力研究。包括理论分析和实证检验两部分内容：一是地方财政社会福利支出的财政能力分析。从纵向和横向两个视角测度我国地方政府社会福利支出的财政能力失衡，提出经济发展、财政能力与社会福利支出的关系及其作用路径。二是采用面板向量自回归模型（PVAR）分析我国地方财政社会福利支出与经济增长、财政自主度之间的动态关联性，分解经济发展、财政能力对社会福利支出的影响，财政社会福利支出对经济可持续发展的影响。研究结果表明：首先，由于既有的财政支出制度惯性和财政支付能力受限，地方政府并未对社会福利支出做出有效调整，以适应老龄化增速。其次，当前的地方社会福利支出更多是为完成中央政府强调民生这一政策背景下的被动支出，对于财政能力强的省份，社会福利支出并没有根据经济发展水平和财政支付能力增强而进行调整，只是被动地保基本，这种保基本的消费性支出对经济发展的挤出效应不强；对于财政能力弱的省份，保民生的基本政治任务可能成为一项人口财政负担，对地区经济发展具有负向的挤出效应。最后，对于财政自给率低的省份，社会福利支出和来自中央政府的转移支付对解释经济发展增速的预测方差分解的贡献度较高，而其自身经济发展状况对经济增长指标的预测方差的解释贡献度较小。对于财政自给率高的省份，其自身经济发展状况和中央政府的转移支付对解释经济发展增速的预测方差分解的贡献度较高，而社会福利支出对经济增长指标的预测方差的解释贡献度较小。

（6）促进社会福利区域均衡发展的财政政策建议。包括三部分内容：一是总结典型国家在社会福利支出中的相关制度安排经验，在财政社会福利支出的责任划分和实现社会福利区域均衡的财力保障两个方面为我国促进区域均衡发展的财政政策安排提供借鉴。二是从政府财政信息公开和将公众诉求纳入地方福利考核体系两个方面提出财政激励机制改革的政策建议。三是从财政社会福利支出的责任划分、建立考虑老龄化成本和社会福利供给能力的转移支付体系两个方面提出财政均衡制度改革的政策建议。

　　党的二十大报告中，"人民"两字一共出现了 105 次，把人民利益摆在至高无上的地位。如何以人民为中心，提高公众对社会公共服务的满意度，提高财政资金使用效率以更加直接有效地服务于公共利益，实现经济福利和社会福利的均衡发展，将是我国政界和学界的一个重要议题。老龄化背景下我国地方社会福利支出成为一项刚性支出，这一支出必然给地方财政带来压力，如何合理安排这一刚性支出，寻求区域内经济发展和社会福利的均衡点，以及区域间的差别化和均等化的均衡点的研究，必将成为当前或是未来一段时间值得关注的话题。本书不管是行文结构安排和研究方法的选取等方面尚显粗糙，如何利用更加微观的调研数据，对地方财政社会福利支出的均衡发展做更加深入的刻画，将是笔者未来继续研究的方向。

目 录 <<
<< CONTENTS

第一章 引　言

选题的背景与意义

一、选题背景

党的十九大报告提出，中国特色社会主义进入新时代，我国社会主要矛盾已经转化为人民日益增长的美好生活需要和不平衡不充分的发展之间的矛盾。这是对我国社会主要矛盾转化的最新表述，传承党的以人为本、执政为民的基本理念，抓住当前各种具体矛盾的本源。[①]

1981 年党的十一届六中全会提出，我国社会的主要矛盾是人民日益增长的物质文化需要同落后的社会生产之间的矛盾。距离这次"主要矛盾"基本论断的 36 年后，我国社会生产力总体水平显著提高，经济社会环境发生变化。党的十九大报告基于基本国情的清晰认识和发展阶段的准确判断，

[①]　石磊. 十九大对我国社会主要矛盾的表述为何把"不平衡"放在前面？［EB/OL］. 上观新闻，2017-11-23.

提出了新时代的主要矛盾，突出了发展的"不平衡不充分"，并且把"不平衡"放在前面。发展不平衡体现在城乡不平衡、地区不平衡、人群不平衡，其本质是人民需求与社会供给不匹配。[①] 特别体现在民生领域，公众的多样化利益诉求不断增长，民生领域还存在发展不平衡不充分的短板，提高民生福祉是今后推进发展的根本目的，我国政府将从公众最关心、最直接、最现实的利益问题出发，促进社会公平正义，保证全体人民在共建共治共享的发展中有更多获得感。[②]

我国政府近年来一直致力于公共服务型政府建设，提高社会福利供给水平成为当前政府的一项重要工作。我国的公共福利支出规模一直呈递增趋势，1998~2015年公共福利支出占公共财政总支出的比例从19.5%增长到30%、占GDP的比例从3%增长到9.11%。[③] 虽然我国政府对社会福利的财政支持力度不断增大，但是公众对包括医疗卫生和社会保障在内的社会福利服务满意度并不高。中国社会科学院财经战略研究院发布《中国公共财政建设报告2014》针对"社会公众对我国公共服务的满意度"问卷调查结果显示，在社会公众对各项公共服务的满意度评价中，义务教育、市政设施和公共基础设施的满意度得分排在前三位，医疗卫生的满意度得分上升最多，但仍然排在末位。"看病难""养老难"仍然是当前居民舆论和社会媒体关注的焦点问题。一方面，我国政府重视社会福利和人民幸福感，社会福利的财政供给总量在不断提高；另一方面，人民的服务感知力和幸福感并不高。《论语·季氏》有句话叫"不患寡而患不均"。当前公众对医疗和社会保障等福利支出的满意度不高，一是源于政府的财政支出提供数量和质量不够，二是源于社会福利财政供给中的区域失衡，这种资源配置不均衡降低了公众的满意度评价。那么，如何高效提供公共服务以最大限度提高辖区受众的公

---

① 十九大"新"观察："新矛盾"怎么解？[EB/OL].新华网，2017-11-23.

② 唐亚林.在补短板中提高保障和改善民生水平[N].光明日报，2017-10-23（6）.

③ 这里的公共福利支出包括一般公共财政支出中的社会保障支出、医疗卫生支出和剔除了财政补贴后的社会保险基金支出。财政总支出包括一般公共财政支出和剔除了财政补贴后的社会保险基金支出。

共满意度和服务感知力，从而实现全国社会福利最大化，应引起当前我国政府的重视。

二、选题意义

考察社会福利区域非均衡性可以有两个视角：一是基于过程视角的测度，关注政府在实现均衡发展中的政策取向和工具有效性；二是基于结果视角的测度，关注社会福利服务在区域间的分配结果。由于地区间的社会福利存在供给成本差异，作为过程视角测度社会福利区域均衡，更能考察政府的政策取向和支出偏好。地方财政社会福利支出体现地方政府社会福利责任和支出偏好，是基于过程视角的指标之一。此外，当前研究表明：度量基本公共服务非均等性的主要指标是基本公共服务的财政支出（郭小聪和刘述良，2010）。服务于基本公共服务供给的财政性社会支出均衡配置以体现公共性（孙柏瑛，2001）。因此，本书将基于地方财政视角研究社会福利区域的均衡发展问题。

本书将在借鉴已有研究成果的基础上，做以下研究尝试：明确政府在社会福利均衡发展中的财政主体地位；以西方"福利陷阱"为鉴，通过完善财政政策及制度安排，实现基本社会福利均等化的同时，寻求经济和社会福利的均衡发展。

（一）明确政府在社会福利均衡发展中的财政主体地位

在当前学界讨论并主张社会福利提供主体多元化的背景下，政府要明确在社会福利区域均衡发展中的财政主体地位。通过财政政策及支出安排，保障地方政府社会福利供给中的"尽力而为"与"量力而行"，实现基本社会福利均等化。

（二）社会福利区域均衡和全国社会福利最大化的实现问题

实现全国的社会福利最大化必须首先实现地方的社会福利最大化，但是由于地区间的社会福利供需环境差异，可能存在地区间社会福利最大化的均衡点差异。全国的社会福利最大化进程中可能存在三种状态：一是全国社会福利支出总量充足，且社会福利区域均衡；二是全国社会福利支出总量不充足，且社会福利区域非均衡；三是全国社会福利支出总量充足，但社会福利区域非均衡。第一种情况是理论上全国社会福利最大化的最优状态，第二种、第三种情况是可能的现实状态。随着我国政府对社会福利支出力度的加大，在支出总量上是逐年递增的，总量上的社会福利水平每年都有改善，但是由于地区间的社会福利供需环境差异，必然存在地区间社会福利最大化的均衡点差异。这种区域非均衡会引起公众的公共服务非均衡感知，影响社会福利满意度，不利于全国社会福利最大化。因此，在承认我国社会福利支出总量不足的同时，也要看到区域非均衡问题。基本社会福利区域均衡问题应是全国社会福利最大化实现的前提和保障。

（三）以西方"福利陷阱"为鉴，平衡区域内经济发展和社会福利

同发达国家相比，当前我国的公共福利规模依然偏低，增加公共福利支出是未来的政策前景，这一点得到学术界和政府的响应。在老龄化需求压力和强调提高民生福祉的政策背景下，社会福利支出成为地方政府的硬性支出任务，可能陷入一种低水平的"社会福利陷阱"，即社会福利水平与经济发展阶段和财政能力不相适应，影响经济社会的可持续发展。应以西方"福利陷阱"为鉴，遵循社会福利供给的"尽力而为"和"量力而行"原则，我国现阶段只能追求有限的均等化，在"均等化"与"差别化"之间寻求动态平衡，实现党的二十大报告提出的"必须坚持在发展中保障和改善民生"。

（四）对社会福利区域均衡发展问题做较为深入的研究

分别从地区人口分布、老龄化程度、经济发展水平、财政能力视角测度社会福利财政支出的区域非均衡。基于社会福利的非均衡发展现状和供需环境分析，在中国式财政分权理论框架中引入公众利益诉求机制，提出一个包

含中央政府、地方政府与公众三位一体的分析框架，破解影响均衡实现的激励机制和财政制度禁锢。

核心概念界定

本书基于地方财政视角研究我国社会福利区域均衡发展问题，展开分析之前，有必要界定财政社会福利支出、区域均衡两个核心概念。

一、财政社会福利支出

本部分将从社会福利、老龄化成本和财政支出结构三个视角分别界定财政社会福利支出的内涵和外延。

（一）社会福利视角的解读

由于不同国家经济发展程度、国民收入及社会政治文化不同，社会福利包含的内容和用语范围有所差异，理论界和政策层面对社会福利的概念界定并不统一。当前很多国家将"社会福利"近似于"社会保障""社会支出"。国际上将在教育、医疗、养老金等各类社会政策领域的公共部门投入统称为"社会支出"。此外，随着经济社会的发展及公众福利需求的变化，社会福利的范围、内容及介入方式应该有所调整，大体包括三个层次：一是给予部分弱势群体的社会保护和援助的功能；二是满足全体成员在人的社会化发展中的基本福利需求功能；三是鼓励广泛主体参与和介入，并有效解决信息不对称功能。我国学者结合福利发展状况，给出了诠释和解读。比如，中国经济增长与宏观稳定课题（2006）将教育、医疗和社会保障界定为"核心社会支出"项目，并将由财政开支的部分界定为"财政性社会支出"。

景天魁（2011）认为，社会福利分为狭义和广义，社会福利的核心是满足基本福利需求，社会福利供给主体多元化，政府是最重要的供给者。关于社会福利供给主体的问题，黄少安等（2018）认为，社会福利可以由公共财政和私人部门分别提供，我国的公共福利支出包括一般公共财政支出中的社会保障支出、医疗卫生支出和剔除了财政补贴后的社会保险基金支出。关于社会福利支出的主要内容，鲁蓓（2016）指出，社会福利支出主要包括教育、医疗保障、养老和残疾人福利及其他支出（包括贫困、失业和基本生活保障等）。

由上可见，医疗卫生和社会保障两类项目均被学界界定为社会福利，而财政社会福利支出是指由政府财政提供的公共福利支出。社会福利提供主体可以多元化，包括个人、企业组织和政府部门，但是由于市场提供社会福利存在失灵，政府财政必须发挥社会福利提供的主体和引导作用。

（二）老龄化成本视角的解读

老龄化趋势带来的老龄化成本成为主权国家财政恶化和主权债务攀高的潜在因素，老龄化成本有广义和狭义之分：广义的老龄化成本包括人口年龄结构老龄化对经济增长、财政收入的不利影响，包括三个潜在风险，即经济增长减缓、财政收入减少、公共支出增加；狭义的老龄化成本是指老龄化带来的财务成本，主要是指医疗卫生支出、财政社会保障支出和公共养老金支出。[①] 养老支出是整个社会的支出，可以由多方承担，公共财政养老支出是其中的一部分。我国社会养老保险体制构架按照人口类型可分为城镇企业职工养老保险、机关事业单位养老保险和城乡居民基本养老保险三大部

---

① 财政社会保障支出是指政府财政预算安排社会保障方面的支出，包括抚恤和社会福利救济支出、行政事业单位离退休经费和社会保障补助支出三部分，资金来源于中央政府对地方政府的转移支付和地方政府的一般预算收入。其中，社会保障补助支出主要用于在基本养老保险基金出现支付不足时，政府给予补助。

分。① 在实行全民养老制度的高福利国家，基础养老服务是一种公共品，公共财政对于公民的基础养老金完全兜底。在我国的公共养老保险制度体系中，政府财政并不完全兜底，只是全额支持机关事业单位养老保险，城镇职工和居民养老保险基金本质上属于共济性基金，政府财政只是在"社会保障"科目中以财政补助形式给予一定支持，在养老金总支出中占比并不高（杨翠迎等，2013）。人口老龄化带给地方政府的直接老龄化成本更多的是医疗卫生支出和财政社会保障支出，社会保险基金的财政补贴是以财政社会保障支出中子科目"社会保障补助支出"的形式，公共养老金支出引发的财政负担是一种政府或有负债和潜在风险。此外，我国的社会保障管理属于分散型，至今尚未编制国家层面、统一的社会保障预算。大多数研究者将财政社会保障支出视为社会保障支出的重要资金来源。因此，这里描述我国地方政府的狭义老龄化成本仅考量财政医疗卫生支出和财政社会保障支出。

（三）财政支出结构视角的解读

财政支出是政府为了履行其职能而支出的费用，直接反映政府的政策选择和行为偏好（邓子基，1994）。早期关于财政支出的研究，大多是把政府支出作为与税收和财政赤字并列的财政政策工具之一，从总量的角度进行考量。财政支出结构反映财政支出中不同项目的占比及其组合状况，本质上是政府职能和治理政策的体现（中国社会科学院财政与贸易经济研究所课题组，2010）。按照联合国"政府职能分类"体系，财政支出按照职能分为一般政府服务、社会服务、经济服务和其他支出四部分。本书依据联合国的分类框架，将财政支出分为经济性支出、民生类支出、行政类支出。其中民生类支出又可以根据受益对象细分为具有普惠性质的一般民生类支出和针对特

---

① 根据《国务院关于建立统一的城乡居民基本养老保险制度的意见》，合并新型农村社会养老保险和城镇居民社会养老保险，建立全国统一的城乡居民基本养老保险制度。

定人群的特惠性质的社会福利支出。医疗卫生和社会保障两类财政支出属于特惠性质的社会福利支出。

基于本书的研究重点和内容设计，将财政社会福利支出界定为由政府一般预算财政支出的医疗卫生支出和社会保障支出。具体原因如下所示。

首先，相较于其他社会福利，这两类社会福利项目和公众的直接现实利益联系更为紧密，公众关注度更高，"看病难""养老难"已经成为当前居民和社会舆论关注的焦点问题，政府需明确在这两类社会福利供给中的财政主体地位。因此，研究地方政府在这两类项目中的财政支出安排，以探究地方政府的支出行为，显得很有必要。

其次，随着老龄化社会的到来，不断增长的医疗卫生和社会保障支出给西方福利国家带来财政支出压力，形成经济社会困局。我国当前提高民生福祉的政策背景下，各级政府不断加大对这两类社会福利的投入力度，但是由于地区间财政支付能力的差异，必然存在区域非均衡：一方面，这种区域非均衡影响公共服务满意度和服务感知力，不利于全国社会福利最大化；另一方面，如果不根据财政需求进行地区间财政能力调整，一味地追求区域均衡，可能导致超出能力的财政支出，不利于地区经济的可持续发展。因此，基于地方财政支出情况透视这两类福利项目的区域非均衡问题，显得很有意义。

二、区域均衡的社会福利标准

均衡，现代汉语词典对其的解释是平衡。依据区域均衡发展理论，区域均衡包括部门或产业间的平衡（同步）发展，以及区域间或区域内部的平衡（同步）发展，强调区域经济发展的收敛性。

由于地区间财政支付能力的差异，存在财政社会福利支出地区差异化：一方面，这种地区差异化影响公共服务满意度和服务感知力，不利于全国社会福利最大化；另一方面，如果不根据财政需求进行地区间财政能力调整，一味地追求均等化，可能导致超出能力的财政支出，不利于地区经济的可持续发展。因此，本书界定的社会福利区域均衡是指空间的均衡化，包括两个层次：一方面，平衡区域内经济发展和社会福利；另一方面，实现区域间基本社会福利均等化。这需要中央政府发挥宏观调控作用，通过财政政策及支出安排，强化激励机制，保障地方政府在社会福利供给中的"尽力而为"，根据财政需求调整地区间的支付能力差异，实现地方政府在社会福利供给中的"量力而行"，在实现基本社会福利均等化的同时兼顾经济的可持续发展。

本书借鉴福利经济学的相关理论界定，诠释区域均衡的社会福利标准。福利经济其实是一种制度，称为福利经济制度。西方福利经济制度都是在凯恩斯主义理论和贝弗里奇关于社会福利保障报告的基础上发展并成熟的。福利经济作为一种科学合理的政治形式、高度的社会民主意识和追求资源配置的全社会效益最大化的经济制度和模式，对于经济的发展和社会的进步有着积极意义。

（一）福利的度量和社会福利

福利经济学认为，每个社会的目标都是追求其社会福利的最大化，而社会福利取决于个人福利，因此，社会福利的度量最终归结为个人福利。个人福利被认为是个人偏好的一种反映，即个体消费一定商品或服务获得的满足程度。效用是对个人福利的一种具体度量，表达的是主观的判断，除了"效用"这个词，经济学家和社会学家们还用"满足度""幸福度"等来度量和描述个人福利。陈坷（2004）提出，社会福利是社会整体宏观的福利状态，更多关注社会平等，社会福利状态是社会整体的进步程度。黄有光（2005）认为，福利就是指人的幸福或快乐，这种效用一方面源于个体的收入和财富，另一方面源于公平透明的政治环境。因此，政府应当增加公共支出，改善或优化制度环境，提高社会福利。

（二）社会福利变化的评价标准

社会福利变化的评价标准主要有帕累托标准、补偿检验标准和效率与公平的"双重标准"。

1. 帕累托标准

帕累托最优法则是一种充分合理的价值判断标准，即一项政策能够有利于某些人的福利状况改善，而不会使其他人的状况变差，那么就实现了社会福利的帕累托改进或帕累托最优化。而在部分的政策实施中是难以达到帕累托改进的，往往会出现一部分人福利水平改进了，而另一部分人的福利状况恶化了。

2. 补偿检验标准

福利经济学提出了补偿检验来改进卡尔多－希克斯标准（1939，1941），卡尔多标准认为，如果某一政策使部分个体受到的损失可以被完全补偿，而其他个体福利比原来有所提高，那么这一政策就是可取的；希克斯标准认为，如果受到损失的人不能够贿赂或补偿得利的人反对该种变化，这种变化就是改进的。希托夫斯基标准（1941）即双重检验标准，认为一种变化同时通过了卡尔多标准和希克斯标准，才能是一种改进。李特尔（1957）结合效率标准和分配标准，认为要实现社会福利最大化，不仅要使资源配置效率最高，还要使收入分配最为合理。黄有光（1990）的分组补偿标准提出了一种分组补偿检验，把人群进行分组，只要补偿检验能在组内和组间通过即可。

3. 效率与公平的"双重标准"

（1）效率标准。

社会福利改进的测度方法有生产者、消费者剩余法。杜普伊特（Dupuit，1844）、马歇尔（Marshall，1890）提出消费者剩余概念用于福利的变化和测量。价格变化影响消费者福利，社会总剩余成为衡量社会福利的重要指标，某种政策或方案下获得的社会总剩余越大，说明更有效率，这为公共政策评价提供参考。

（2）公平标准。

社会福利改进的测度方法有国民收入总量法、社会福利函数法。庇古

（Pigou，1920）在《福利经济学》中把福利分为社会福利和经济福利，认为福利由效用构成，人性的本质就是追求最大的福利。社会福利即提高人民生活水平的各种政策和社会服务；经济福利指人的需要所获得的满足程度及由此带来的生理幸福和快乐，国民收入的大小及其在社会成员中的分配状况都影响经济福利。也就是说，国民收入总量越大，经济福利就越大；国民收入分配越均等，经济福利也越大。经济福利由个人福利和公共福利两部分组成。伯格森（1938）提出社会福利函数的概念，类似个人消费者效用函数的做法，建立反映外在价值判断的社会福利函数。20世纪70年代，新古典功利主义学者提出新古典功利主义的社会福利函数、精英者的社会福利函数，罗尔斯、纳什、阿玛蒂亚·森和阿肯森等经济学家都相继提出社会福利函数。

基于以上理论文献梳理，本书提出区域均衡的社会福利标准包括以下两个方面。

（1）社会福利的度量是公共服务满意度。

公民对公共服务的满意度反映出公众诉求被回应的主观评价，是个人消费公共服务的幸福或快乐。因此，公共服务满意度可以视作判断地区财政资金产出和社会福利实现水平的一个有效度量。

（2）社会福利改善的评价标准是国家社会福利最大化。

区域均衡不等于完全的均等化，须在承认社会福利供给水平区域差别化的基础上实现基本社会福利均等化。区域均衡应由政府承担主体责任，包括基本社会福利均等化的财政责任，社会福利高水平供给的政策引导作用。我国社会福利最大化的实现包括两个部分：首先，地方政府个体社会福利最大化。借鉴庇古（Pigou，1920）等提出的国民收入总量法，地方政府个体应在实现经济福利的基础上实现社会福利最大化。其次，国家社会福利最大化。地区间初始禀赋的差异使财政收入能力不同，地方政府间实现社会福利最大化的结构配置均衡点有所差异，导致地区间的财政社会福利支出不均衡。借鉴罗尔斯社会福利函数的极小极大化原则，通过财政转移支付制度实现经济欠发达地区社会福利的提高，整个国家的社会福利才能最大化。

第三节
研究思路与主要内容

一、研究思路

本书从公众利益诉求和财政支付能力视角出发，研究财政社会福利支出的区域均衡问题，着重研究三个问题：一是社会福利区域均衡发展的理论分析，包括供需环境分析、基本原则和发展目标、"中央—地方—公众"三位一体的理论分析框架；二是社会福利的区域非均衡性测度及福利效应分析；三是"中央—地方—公众"三位一体下的福利支出均衡研究，破解影响财政福利支出区域均衡的机制禁锢，包括财政激励机制和财政均衡制度。本书研究思路如图 1.1 所示。

二、研究内容

（一）社会福利区域均衡发展的文献综述

本书的第二章从"财政支出结构优化""基本公共服务均等化""社会福利与政府福利责任""公共服务满意度"四个方面梳理当前研究文献。

（二）社会福利区域均衡发展的理论分析

本书的第三章包括三部分内容：一是从供给环境和需求环境两个方面分析当前我国社会福利发展面临的经济社会环境制约；二是提出社会福利区域均衡发展的基本原则和目标；三是提出一个包含"中央—地方—公众"三位一体的分析框架，从激励机制和财政能力两个方面，分析社会福利最大化的最优财政社会福利支出配置。

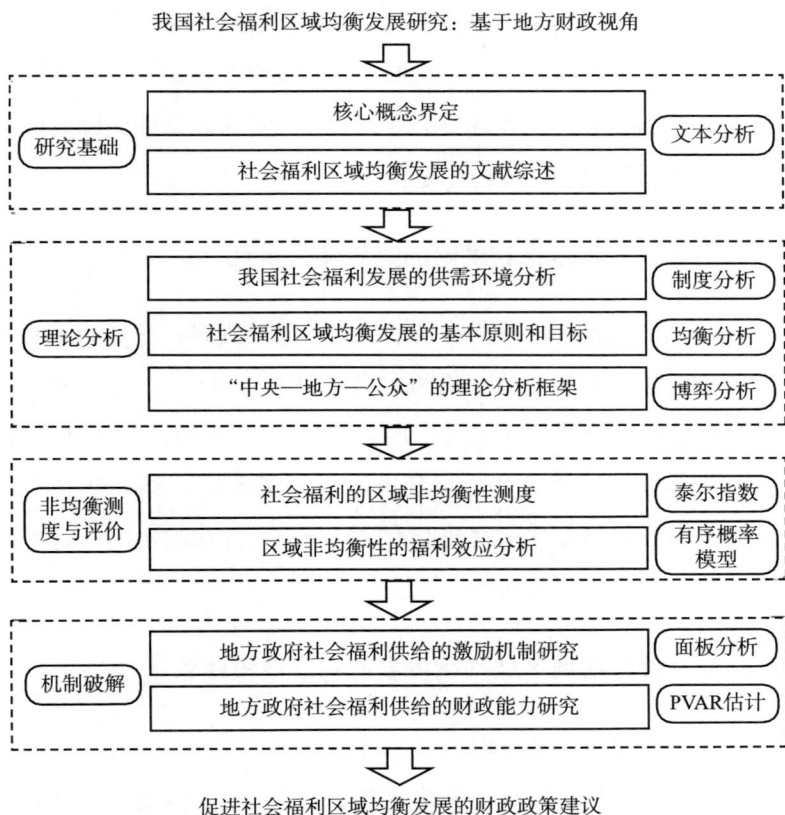

我国社会福利区域均衡发展研究：基于地方财政视角

```
┌─────────────────────────────────────────────────────────┐
│              ┌──────────────────────────────┐            │
│  研究基础    │        核心概念界定          │   文本分析 │
│              ├──────────────────────────────┤            │
│              │  社会福利区域均衡发展的文献综述 │           │
└─────────────────────────────────────────────────────────┘

┌─────────────────────────────────────────────────────────┐
│              ┌──────────────────────────────┐   制度分析 │
│              │  我国社会福利发展的供需环境分析 │           │
│  理论分析    ├──────────────────────────────┤   均衡分析 │
│              │ 社会福利区域均衡发展的基本原则和目标 │       │
│              ├──────────────────────────────┤   博弈分析 │
│              │ "中央—地方—公众"的理论分析框架 │           │
└─────────────────────────────────────────────────────────┘

┌─────────────────────────────────────────────────────────┐
│  非均衡测   │  社会福利的区域非均衡性测度   │   泰尔指数 │
│  度与评价    ├──────────────────────────────┤   有序概率 │
│              │  区域非均衡性的福利效应分析   │   模型     │
└─────────────────────────────────────────────────────────┘

┌─────────────────────────────────────────────────────────┐
│              │ 地方政府社会福利供给的激励机制研究 │ 面板分析 │
│  机制破解    ├──────────────────────────────┤           │
│              │ 地方政府社会福利供给的财政能力研究 │ PVAR估计 │
└─────────────────────────────────────────────────────────┘
```

促进社会福利区域均衡发展的财政政策建议

图 1.1 全书研究思路

（三）社会福利的区域非均衡性测度及福利效应分析

本书的第四章包括两部分内容：一是构建改进的泰尔指数，考察地区间财政社会福利支出与人口分布、老龄化程度、经济发展水平和财政能力的匹配程度；二是基于相对剥夺理论的分析，检验社会福利区域非均衡性的福利效应，并加入公众利益诉求变量，考察公众诉求、非均衡性感知共同作用下的福利效应评价。

（四）地方政府社会福利供给的激励机制研究

本书的第五章基于地方财政支出项目横向配置特点，理论分析地方政府财政支出偏好的影响因素及其作用机制，并建立财政支出政策选择模型，采用省级面板数据检验老龄化背景下公众诉求和经济考核下的激励效应，实证激励错位下的地方社会福利支出不足。

（五）地方政府社会福利供给的财政能力研究

本书的第六章包括理论分析和实证检验两部分内容：一是从纵向和横向两个视角测度我国地方政府社会福利支出的财政能力失衡，提出经济发展、财政能力与社会福利支出的关系及作用路径；二是采用面板向量自回归模型（PVAR）分析我国地方财政社会福利支出与经济增长、财政自主度之间的动态关联性，分解经济发展、财政能力对社会福利支出的影响，财政社会福利支出对经济可持续发展的影响。

（六）促进社会福利区域均衡发展的财政政策建议

本书的第七章包括三部分内容：一是选取澳大利亚、德国、日本三个典型国家做经验分析，给出对我国的政策启示；二是财政激励机制改革的政策建议；三是财政均衡制度改革的政策建议。

第四节
研究方法和创新之处

一、研究方法

综合运用公共财政管理、福利经济学、政治学、博弈论和机制设计的理论和研究方法。

（一） 数理模型分析

采用动态优化模型分析区域内的经济福利均衡状态和实现条件；构建中央、地方、公众共同参与的完全且完美的信息动态博弈模型，模拟并分析各利益主体在财政支出安排中的最优策略选择；通过社会福利函数分析，探讨如何通过转移支付实现全国的社会福利最大化；建立一个简单的财政政策选择模型，理论分析人口老龄化背景下地方政府的财政支出政策存在的外在压力和内在激励。

（二） 计量分析方法

使用改进的泰尔指数测度社会福利的区域非均衡性，分解地方政府的财政能力差异；选择有序概率模型研究公众诉求、均衡性感知对公共服务满意度的影响效应；采用 Kernel 密度估计从动态角度考察我国地方财政支出项目的横向配置特点，并构建动态面板模型检验激励错位下的项目间配置不均衡及社会福利支出不足；采用面板向量自回归模型（PVAR）分析我国地方财政社会福利支出与经济增长、财政自主度之间的动态关联性，分解经济发展、财政能力对社会福利支出的影响，财政社会福利支出对经济可持续发展的影响。

（三）比较制度分析

理清各种模型假定的作用机制和影响效果，分别讨论财政激励机制和财政均衡制度对地方政府社会福利支出行为的独特影响。

二、创新之处

（一）学术思想创新

本书从以下三个方面拓展了研究思路。

（1）明确财政社会福利支出均衡发展的社会福利标准，并给出我国社会福利区域均衡发展的基本原则和发展目标。

（2）在当前中国式财政分权的中央地方二元关系中加入公众利益诉求，采用更加全面的研究框架研究地方财政支出安排的经济福利和社会福利。

（3）运用我国地方政府数据，检验影响社会福利区域均衡发展的财政激励机制和财政均衡制度禁锢。

（二）学术观点创新

（1）当前研究表明"福利刚性"的存在会加大过度公共福利政策导致"福利陷阱"的可能性（黄少安，2013）。"福利陷阱"是指政府为了维持短期福利水平的不下降而牺牲长期经济增长和长期福利水平（黄少安等，2018）。与黄少安的观点有所差异，本书认为当前我国的财政社会福利支出不是过度，是支出不足和区域不均衡。与支出不足相比，更严重的是财政社会福利支出的区域非均衡问题，这种不均衡影响公众对社会福利的满意度，不利于全国社会福利最大化的实现。

（2）在老龄化需求压力和我国强调民生财政政策的背景下，社会福利支出成为地方政府的硬性支出任务。但是，在我国当前的政府间财政关系和制度安排下，政治任务式的社会福利支出会出现有支付能力的地区不愿意支付，只是保基本，无支付能力的地区无能力支付还得完成任务，陷入一种低水平的"社会福利陷阱"：一方面，财政社会福利支出水平不高；另一方面，财政社会福利支出在财政结构中占比过高，福利刚性降低了政府调整支出结构的灵活度，抑制了实现经济稳定和增长的能力。因此，需破解制度和机制禁锢，优化财政激励机制使不愿意支付的地区主动支付，优化财政均衡制度使无支付能力的地区有能力支付，从而在实现地区经济效率的基础上达到全国的社会福利最大化。

第二章　社会福利区域均衡
发展的文献综述

当前，随着我国经济社会发展阶段的转换，调整财政支出结构、提高社会福利财政供给水平获得理论和实践的一致认同。但是，当前社会福利支出存在区域非均衡，这种区域非均衡影响社会福利的公共服务满意度，不利于全国社会福利的最大化。因此，须重新审视政府社会福利责任，充分发挥其在基本公共服务均等化中的财政主体作用。本书基于地方财政视角研究社会福利区域均衡发展问题。结合主要研究内容，下面将从"财政支出结构优化""基本公共服务均等化""社会福利与政府福利责任""公共服务满意度"四个方面梳理当前的研究文献。

第一节
财政支出结构优化

财政支出结构反映了各类公共支出组成及其在财政支出总额中的比重，是政府职能重点和公共政策偏好的直接体现。调整财政支出结构是国家（政府）促进经济社会发展、实现社会公平正义的重要政策工具（中国社会科学院财政与贸易经济研究所课题组，2010）。

一、财政支出结构的影响因素

财政支出结构优化思想最早追溯到威廉·配第（Petty W.，1962）的《赋税论》、亚当·斯密（Smith A.，1776）的《国富论》。国内外学者分别基于经济、政治和社会因素视角研究财政支出结构问题。经济因素方面，将经济学分析方法引入财政支出研究，强调经济发展水平和发展阶段的影响；政治因素方面，通过制度分析，研究政府管理体制、政府间财政关系及其制度安排、地方政府行为等方面的影响；社会因素方面，将研究由经济效应调整到社会效应，强调社会公平与国民幸福感。

（一）经济因素

经济发展水平决定地方政府的财政支出能力，是地方财政支出结构调整的基石。阿道夫·瓦格纳（Adolf Wagner，1890）提出著名的"瓦格纳法则"，即政府财政支出会随着工业化社会发展的需要，压力不断扩大，这里的财政支出需求主要表现在三个方面：一是都市化进程中人口聚集对政府保护功能和管理服务的需求；二是政府提供公共产品及干预经济的需求；三是政府提供文化、教育、卫生与福利服务的需求。19 世纪 80 年代，杰文斯、门格尔和瓦尔拉斯将边际效用理论运用于财政支出分析，提出财政支出结构最优标准，形成边际主义财政学轮廓，即当代西方财政学前身。

马斯格雷夫（Musgrave，1959）和罗斯（Rostow，1971）的发展阶段增长理论。发展阶段增长理论实际上是关于公共支出结构长期变化的理论，认为政府财政支出结构随着经济发展的不同阶段而变化，经历三个阶段，即初期阶段、中期阶段和成熟阶段。初期阶段，政府须提供交通、通信、水利等社会基础设施，为经济发展创造良好的投资环境，因此，这一时期的公共投资占社会总投资的比例较高；进入中期阶段，政府对经济的直接公共投资会减少，更多的是经济干预和宏观调控，这类支出也会相应增加，公共投资支出占比降低；当经济发展由中期阶段进入成熟阶段，教育、保健、社会福利等支出需求增加，这类公共支出占比不断提高。

20 世纪 80 年代以后，西方经济学者基于经济因素确定财政支出结构调整方案。格里尔和塔洛克（Grier & Tullock，1989）运用第二次世界大战后115 个国家的数据进行研究，结果表明 GDP 实际增长率与政府消费支出占比呈显著负相关，政府投资支出有利于经济增长。托德（Todd，1999）构建包含人力资本积累的内生增长模型，研究转移支付、公共投资、公共消费、政府购买和财政总支出五项公共支出在美国经济增长中的作用。尚塔亚纳恩等（Shantayanan et al.，1996）构建"AK"模型研究教育、交通、国防三类公共支出对社会福利和经济增长的不同影响，发现以提高经济增长率为目的，公共支出调整不仅取决于支出的生产力性质，还取决于其在财政支出中的占比。

我国的相关研究与特定的经济发展阶段相联系。20 世纪 90 年代中期以前，我国是计划经济，财政支出结构优化研究集中在对积累性和消费性两类财政支出的比例探讨（尹卫生，1988）。1982 年以后，我国财政支出结构不断优化，学者转向与市场经济体制相适应的财政支出结构研究（刘溶沧等，1998；张海星，2003；曾娟红等，2005）。马进（2006）指出，财政支出结构优化是经济发展程度、经济发展阶段及政府的主要经济政策目标的集中体现和综合考量。随着经济的发展，我国迈入成熟阶段并进入转型期，学者主要把财政支出结构与经济增长相结合来研究。郭庆旺等（2003）根据经济增长贡献率优化财政支出结构。张明喜（2008）指出，地方财政支出结构优化要与地方经济发展水平及各项地方财政支出的产出弹性相适应。彭志文等（2011）沿循罗默（Romer，1990）的框架，从居民福利最大化的条件出发分析财政支出结构、最优税率和经济增长。吕志华（2012）在经典的内生增长框架中引入财政支出结构因素，研究持续经济增长条件下的"最优财政支出结构"，提出最优财政支出结构由各项支出对产出的边际贡献程度决定。叶莉等（2013）构建非竞争性投入产出预测模型，从经济总量和经济结构视角预测不同财政支出分配方案下的经济发展趋势。杨源源（2017）构建新凯恩斯 DSGE 模型，将财政支出细分为政府投资、消费及转移支付，运用贝叶斯方法估计各类财政支出规则。严成樑等（2016）根据现实经济情况确定合理的生产性和福利性财政支出比例。詹新宇等（2017）分析了省级财政支出结构对经济增长的质量效应。近年来，我国财政支出结构正逐渐向最优财政支出结构收敛，学者们探讨财政支出结构与经济增长的关系，并提出促进经济增长的财政支出结构调整的政策建议。

（二）政治因素

1. 政府职能分析

财政支出结构本质上包含了政府职能的许多显性特征，因此政府职能是判断财政支出安排的重要依据之一，科学界定地方政府职能成为调整和优化地方财政支出结构的基本前提。政府职能影响财政支出结构，而透过财政支出结构的时空变化，也可看出不同地区、不同时间的政府职能差异。

我国学者基于政府职能定位讨论地方财政支出的结构特征，认为在当前的财政体制安排下地方政府的公共服务职能弱化。何盛明（1998）提出，市场经济国家的财政职能是"政府应做的，就是财政要干的"。贾康（2001）提出，财政支出的范围与分配顺序是政府活动范围和方向的直接体现。傅勇等（2007）提出，中国式财政分权体制和地方考核体系是地方政府支出结构偏向的激励根源。龚峰等（2009）指出，当前教育支出、抚恤与社会福利救济支出不足，行政管理费、基本建设支出过度供给，财政分权对公共支出供需均衡的正向激励效应不强。吕炜等（2010）提出，中国式分权和以增长为核心的政府职能异化，是服务性支出供给不足的体制障碍。李永友（2011）通过实证分析表明，地方政府向公共服务型政府转型的被动特征明显。

2. 影响财政支出结构的制度分析

国外主要分为财政竞争和公共选择两大分析框架。（1）地区间的财政竞争对地方政府支出行为策略的影响研究最早为蒂伯特（Tiebout，1956）的"用脚投票"理论。佐德罗等（1986）将蒂伯特的思想加以模型化，构建了著名的"Z–M 模型"。迈克尔等（Michael et al.，1997）的研究是财政竞争与公共支出结构关系的开创性文献。索伦（Soren et al.，2001）将公共服务外部效应纳入财政竞争分析框架内。区别于标准的 KM 模型，蔡洪滨（Hong B. C. et al.，2005）认为，政府是一个自私的行为主体，存在"破罐子破摔"现象而放弃对要素的竞争。（2）从选择学派的视角去研究政府支出竞争的经济和社会福利影响。拉兹尔和罗森（1987）提出标尺竞争理论，由蒂莫西等（Timothy et al.，1995）将其引入分权理论分析框架并加以完善。

我国学者研究认为，中国式财政分权的治理体制是影响地方政府财政支出行为的重要原因。周黎安（2004，2007）引入政府竞争理论，张晏等（2010）检验了地方政府生产性支出的相关性，发现地方政府之间公共支出行为模仿的激励机制是自上而下的标尺竞争。傅勇等（2007）提出，地方政府的经济职能和行政职能过强，而公共服务职能较弱。付文林等（2012）发现，转移支付制度影响地方财政支出选择。张牧扬（2013）指出，地方官员特质影响财政支出结构。刘江会等（2017）认为，地方政府财政竞争影响财政支出效率。李永友等（2017）表明，当前纵向转移支付对地方政府社会性公共品供给存在激励错位。国内文献普遍借鉴了西方公共选择学派的思想，认为地方政府财政竞争是引起公共服务供给扭曲的制度诱因（冷毅等，2014）。此外，郭庆旺等（2012）指出，财政管理体制和行政管理体制变迁构成我国地方政府规模和结构演进的重要体制性动因。

（三）社会因素

恩格尔定律总结了消费结构的变化规律，人们的消费需求变化不仅影响私人品消费结构，也影响公共品的需求结构。因此，随着经济发展和财政收入能力的提高，公众不再局限于国家职能、维持国家正常生产和生活秩序的基本社会需求，而对社会经济管理服务的职能需求增强（马进，2006）。

当前，我国已经进入新的社会转型期，学者们不再局限于从经济因素和政治因素讨论财政支出问题，开始关注财政支出结构调整的社会因素，分别从贫困、社会公平、国民幸福、收入分配、公共和民生需求、公共风险等方面展开研究。

1. 基于贫困视角

李永友等（2007）研究显示，财政在初始分配形成的相对贫困中作用有限，医疗卫生支出甚至在一定程度上扩大了相对贫困，有必要调整财政支出结构以有效缓解社会的相对贫困。吕炜等（2008）实证分析了社会性支出对农村减贫的作用效应。王娟等（2012）研究各项公共支出的减贫效应，发现社会救济、基本建设和农业性公共支出的减贫效应显著，而科教文卫支出的作用效应并不显著。

2. 社会公平效应

部分学者摒弃重视效率忽视公平的研究倾向，讨论财政支出结构与社会公平的关系。孙文祥等（2004）发现地方财政支出的经济增长作用显著，中央财政支出具有社会公平效应，不同财政支出项目对经济增长和社会公平的贡献具有差异性。刘成奎等（2008）运用财政支出数据实证检验财政支出结构的社会公平效应。孙荣等（2011）研究我国各类财政支出与包含经济增长与社会公平的社会福利的动态均衡关系。

3. 国民幸福感

阚祥伟等（2012）提出，财政支出评价不仅要考察经济效益，还要考虑社会效益，并基于我国财政支出结构数据实证检验财政支出结构对国民幸福指数的影响。鲁元平等（2013）考察财政分权、政府支出偏好对居民主观幸福感的影响。宣烨等（2016）研究公共支出结构与公共服务对居民幸福感的影响，发现偏向民生的公共支出结构可以改善居民幸福感。

4. 收入分配效应

钱争鸣等（2012）基于非参数可加模型，研究我国财政支出的收入分配效应，发现财政支出结构对城乡收入差距影响显著，且各支出项目具有异质性作用。徐曙娜等（2012）发现，财政支出结构影响我国城市化进程，不同财政支出项目对城市化进程的影响程度和显著性有差异。丛树海（2014）提出基于财政支出受益状况和国民收入分配格局调整财政支出结构。何富彩等（2016）发现，城市化背景下财政支出结构影响城乡居民收入差距。董黎明等（2017）实证分析地方政府财政支出与城乡收入差距的关系，发现保障性财政支出和投资性财政支出对城乡收入差距的影响不同，提出从调节收入分配视角优化地方财政支出结构的政策建议。

5. 公共和民生需求

何振一等（2000）认为，财政支出活动是整合社会资源、满足公共需要的过程，应按照公共需要界定财政支出范围和各项具体支出项目的供给力度和比例。刘蓉等（2012）提出构建以公共事业为导向的民生财政体制，增强民生保障力度。罗植（2014）从公共服务拥挤性和供需匹配程度视角分析财政支出结构的优化问题，实证检验公共服务拥挤性的地区差异，提出财政支出结构优化需要考虑地区特征。高培勇等（2014）、马海涛（2017）都强调按照政府职能转型和满足公共需求的方式合理安排各项支出。

6. 降低公共风险

李文军（2013）指出，财政支出结构的调整应该努力降低公众面临的公共风险，公共服务型政府建设有利于民众应对公共风险，但是其存在明显的城市偏向，地区差距与人群差距也非常大，财政支出结构调整应该重点关注地区和人群差异。刘尚希等（2018）基于不确定性与风险社会的逻辑分析财政与国家治理。

二、财政支出结构与社会福利

财政支出结构优化的最终目标是提高社会福利水平，而不是单纯追求经济增长。学界对此开展了系统研究，讨论了财政支出结构的社会福利效应，以及不同财政支出项目在经济增长和社会福利中的异质性作用。刘长生等（2008）提出，政府支出规模及其结构优化应以提高社会福利水平而不是以经济增长为其最终目标，从理论上论证了在最大化社会福利的基础上存在最优政府支出规模与支出结构安排。铁刚（2010）对我国财政支出水平与社会福利综合指数进行了计量分析，结果表明我国财政支出与社会福利综合指数存在显著的"Amey 曲线"。严成樑等（2012）将生产性财政支出和消费性财政支出引入内生增长模型，考察财政支出规模和结构对经济增长和社会福利的影响。李一花等（2012）实证检验财政支出结构对经济增长和公众福利的影响效应，提出优化财政支出结构以提升社会公众福利水平的政策建议。刘琼芳（2018）研究财政支出结构与社会福利水平的关联度，发现公共服务支出的福利效应最高，经济建设支出的福利效应最弱，提出优化公共投资结构以实现社会福利全民均等化的政策建议。

第二节
基本公共服务均等化

基本公共服务均等化是在我国特殊国情背景下提出的。由于财政能力有限，不能同时满足所有公共服务的均衡提供，因此按照公共服务的重要性和基础性，限定政府当前阶段均等化供给的种类和范围。所谓基本公共服务是特定经济社会发展阶段而定的、由政府供给的纯公共服务，具有公共性、普惠性和社会公平性。我国《"十三五"推进基本公共服务均等化规划》中明确，基本公共服务是由政府主导、保障全体公民生存和发展的基本需要、与经济社会发展水平相适应的公共服务。

一、均等化的必要性、标准与测算

（一）均等化的必要性

均等包含两个方面的内容：一是机会均等，二是结果均等。我国当前强调的是机会均等，即"全体公民都能公平可及地获得大致均等的基本公共服务"（《"十三五"推进基本公共服务均等化规划》）。基本公共服务均等化的终极目标是个体之间的结果均等，即个体之间所享受到的基本公共服务均等化（安体富等，2007）。平等享受基本公共服务是人们基本的权利（项继权，2008）。基本公共服务均等化是从横向上体现"以人为本"和弥补市场公共品"供给失灵"，是缓和当今社会矛盾的现实需要和当代世界文明国家社会政策的趋势（常修泽，2007），基本公共服务均等化减少因财富、收入的不确定性而导致的消费差距，促进居民消费的平等化（刘尚希，2007）。政府应当通过公共服务均等化来实现全社会福利最大化。

我国"十一五"规划前的区域政策侧重于经济领域的平衡，忽视了社会领域的平衡（阎坤等，2007）。"十一五"规划开始强调各区域公共服务均等化和控制居民收入水平差距。《关于构建社会主义和谐社会若干重大问题的决定》更是强调基本公共服务均等化，提出"完善公共财政制度，逐步实现基本公共服务均等化"，财政资金区域配置和支出结构安排将更加注重使全国人民在公共服务上均等享受的权利。《"十三五"推进基本公共服务均等化规划》明确并规范了推进基本公共服务均等化的具体事项和实施进程，并给出了"十三五"期间国家基本公共服务提供清单和重点任务。

（二）均等化的标准与测算

关于均等化的标准与测算，我国学者展开了深入探讨。安体富等（2008）构建了"公共服务均等化指数"，包括 1 个"地区公共服务指数"和 7 个"方面指数"，提出公共服务地区不均等，既源于地区间经济发展不均衡，更是政府间既有财政关系的结果。马国贤（2007）提出，基本公共服务最低公平要求均等化，包括人均财力均等化、公共服务标准化和基本公共服务最低公平三种模式。郭小聪等（2010）提出，从两个角度把握基本公共服务均等化：一是作为过程的均等化，二是作为结果的均等化。前者强调政府实现结果均等化的政策努力和治理过程，后者侧重公共服务分配活动的最终状态。刘明德（2017）表明基本公共服务供给是为了满足公众生存发展的基本需求，核心是承认"多样化"中的"均等"。

均等化不等于平均化，平均化是不承认个体差异的全国"一刀切"，均等化承认个体间的差距，是缩小差距的动态化过程。均等化的标准主要有：一是最低水平标准，即保证最低标准的公共供给；二是平均水平标准，即达到中等的平均水平；三是结果相等的标准。三个标准是一个动态调整、依次推进的过程，依据经济社会逐步发展，均等化的初始阶段是最低限度的保基本，然后均等化标准提高到全国中等平均水平，最终实现全国范围内个体间的结果均等。当前我国强调的均等化是由最低标准逐步达到中等平均水平的机会均等，要实现结果大体均等，必然存在政府供给成本的不均等。

二、财政政策的均等化效应

财政政策是政府宏观调控的重要手段，具有均等化效应，体现在福利均等化、地区财力均等化、公共服务均等化等方面，税收政策和转移支付制度的均等化效应存在差异。

（一）转移支付制度的均等化效应研究

曾军平（2000）考察我国中央对地方的纵向财政转移支付制度的均等化效应，认为其有利于纵向财政均衡，但不利于地区间横向财政均衡。郭庆旺等（2008）认为，中央财政转移支付制度设计中没有权衡好公平与效率，引发地方政府行为的激励偏差，并未充分发挥其财政均等化效应。付文林等（2012）通过均等化转移支付条件下的地方财政支出决策模型，检验了地方财政资金再分配与地方公共支出结构的关系，发现存在地方财政支出偏离转移支付均等化目标的现象。胡斌等（2018）实证分析转移支付规模和结构对基本公共服务的均等化效应，发现转移支付规模的均等化效应显著，不同转移支付形式的均等化效应大小和显著程度存在差异，晋升压力是实现财政均等化效应的重要边界条件。王瑞民等（2017）考察不同类别转移支付的财力均等化效应，研究表明县级层面获得的转移支付更多的是用来"保运转"与"搞建设"，对辖区居民公共服务的均等化效应较弱。

（二）税收等财政政策的均等化效应研究

彭定赟等（2013）实证分析财政政策对福利均等化、收入差距的调节作用，结果表明我国税收政策中直接税负比间接税负更能影响居民收入差距，财政支出政策中转移性支出的收入均等化效应不明显，而社会保障及科教文卫支出的效果显著。孟天广等（2013）认为，作为政府提供基本公共服务的基础资源，财政性社会支出的均等化是公共服务均等化的前提，发现地级市间人均财政性社会支出很不均等，提出中央政府应利用体制性改革促进财政性社会支出的均等化。高凤勤等（2018）利用区域间投入产出比开展研究，发现"营改增"一定程度缓解生产地原则带来的税收转移问题，存在扩大地方财力不均等的效应。

社会福利与政府福利责任

提高社会福利供给水平是我国建设服务型政府的必然要求。社会福利提供方式可以多样化，市场和政府均可介入，但是市场介入存在不足，政府有必要发挥主体作用。杭行等（2003）指出，社会福利的提供应是制度化的政府职责，这不仅能有效地保护社会弱势群体，还有利于全社会秩序的稳定和经济增长目标的实现。

一、福利刚性与社会福利改革

借鉴西方国家的社会福利陷阱，我国须正视社会福利的刚性支出。徐延辉（2005）提出，"福利刚性"是人们对自己所享受福利水平只能上升而不能下降的心理期待。李稻葵（2014）认为，"泛福利化制度倾向"导致过度的公共福利支出，是"中等收入陷阱"的重要表象。赵聚军（2015）提出"福利民粹主义"的概念来解释拉美地区长期的"福利超载"，而"福利刚性"加剧"福利超载"引发的经济增长迟缓。黄少安（2018）基于公共财政视角研究发现，福利刚性抑制了政府灵活调整支出结构的能力，不利于实现经济发展和稳定增长。赵聚军（2012）认为，均等化受制于"福利刚性"，应客观审视均等化与市场效率的相互替代效应，以及区域差距和城乡人口结构对均等化的制约作用。我国现阶段只能追求有限的均等化，努力在"均等化"与"差别性"之间寻求动态平衡。黄晓薇等（2015）认为，福利制度成本较高会加剧财政负担、抑制经济增长，指出希腊等欧洲福利国家债务危机的真正致因是与经济发展和财政能力不相适应的福利制度。朱玲（2010）指出，我国在推行新增社会保障项目的过程中，存在福利"大跃进"的倾向，这要求决策机构和公众既要促进社保覆盖面的扩大，关注保障水平随经济增长而逐渐提高，又要警惕福利早熟。

　　探索适合经济发展阶段的社会福利体系很有必要。何平等（2009）提出，构建发展型社会福利体系，使社会福利体系真正起到保障民生，促使经济与社会全面、协调和可持续发展的作用。王思斌（2009）提出，通过政策和制度安排构建适度普惠型社会福利制度，并从责任主体角度分析相关利益主体的定位和影响作用，强调政府的主体责任，民众、企业、家庭、非营利组织及社会福利机构的重要支持作用。赵一红（2018）根据马克思社会发展理论强调我国社会福利体系的可持续发展目标和构建理念，提出建立符合社会普遍发展和我国经济社会发展形势要求的社会福利体系。逯进等（2012）通过耦合模型衡量我国省域社会福利和经济发展的协调程度，研究发现两者协调程度的区域差异明显，且各区域均存在福利拐点，提出发挥增长在二者耦合关系中的主导作用，促进社会福利与经济增长的协调发展。林闽钢（2015）强调从消极福利向积极福利的变革，实现国民经济和社会福利的同步发展。

二、福利治理与政府责任

　　雷雨若等（2016）指出，福利治理是西方福利国家应对20世纪70年代福利危机的改革努力和理论反思，强调构建多元主义福利供给机制，增强社会和公民的福利责任主体作用，重新定位政府的社会福利责任。臧其胜（2014）提出，福利治理的目标是构建福利体制，需要公民参与。李迎生等（2017）认为，福利治理包括两重含义：一是对福利的治理，二是以福利进行治理。前者强调优化传统政府范式下的福利发展模式和机制，其最终目的是满足特定公众的现实需要，后者强调社会治理体系对福利要素的结构化融合和吸纳，其最终目的是维护社会的常态化运行。韩央迪（2012）认为，福利治理的价值在于重视福利供给中的多元主体作用，实现多元主体间的制度化、结构化互动和融合，指出立足于三方合作基础上的公民力量有助于制衡政府与市场，保障公民权利的实现。彭华民（2012）指出，我国相当一段时间实施的是工业主义范式的补缺型社会福利，政府责任重新定位是社会福利制度创新和转型发展的核心议题，提出我国社会福利制度转型目标是建立组合式普惠型社会福利制度，实现从工业主义范式向公民权利范式的转化。

福利治理理论存在适应性问题。张彦琛（2018）指出，当前西方福利治理是没有触及新自由主义本质的调整，因而注定无法彻底解决多维贫困问题。桂林（2009）发现，不同的政治环境和制度结构下，中央政府会选择不同的最优治理模式，但是这一最优治理模式下的政府选择行为不一定是社会福利最优的。李迎生等（2017）研究福利治理中的政策执行与社会政策目标定位问题，发现当前我国乡土福利治理存在"上有政策、下有对策"的现象，基层福利治理结构与机制是产生社会政策目标定位偏差的深层原因。

第四节
公共服务满意度

一、公共服务满意度的影响因素

学者们从宏观和微观两个层面考察公共服务满意度的影响因素。

（一）公众个体特征因素

公众个体特征因素具体包括公众诉求、所在城市、人群分布等。姬生翔等（2017）利用中国综合社会调查（CGSS）数据发现，在控制社会地位和公共服务质量感知的情况下，民众越是偏好"大政府"，其对公共服务满意度的评价也越高。冯亚平（2015）基于实地调查问卷发现，小城市居民总体主观幸福感及社会信心、收入满意度、家庭气氛得分最高，提出小规模城市是城镇化的路径选择。周绍杰等（2015）基于 2010～2014 年的中国民生指数调查数据，理论分析和实证检验了公共服务满意度的人群分布和公共服务满意度对生活满意度的影响，提出根据国民的诉求来明确各项公共服务发展的优先次序。

（二）政策环境因素

政策环境因素具体包括政治参与、政府腐败、官员激励、财政透明、财政支出水平和地区差异。郑建君（2017）基于中国公民个体调查数据，研究政治参与、政治沟通对公共服务满意度影响机制的性别差异，发现政治参与对公共服务满意度具有正向显著作用，且政治沟通的正向调节作用明显。吴进进（2017）基于亚洲民主价值观调查数据，研究我国公民公共服务满意度、腐败认知与政府信任的关系问题，发现公众腐败程度认知显著降低对政府机构的信任度，公共服务满意度一定程度减缓了这一消极效应。李敬涛等（2015）基于我国典型城市的面板数据，实证分析财政透明、晋升激励对公共服务满意度的影响效应，研究发现财政透明度越高，公众对社会性公共服务的满意度越低，对经济性公共服务的满意度越高，当前对地方政府的经济考核和官员晋升机制强化了这一效应。官永彬（2015）利用微观样本数据，实证检验民主参与对民生类公共服务满意度的异质性作用，提出强化公共服务供给过程中的公众参与作用，增强公共服务供给的有效性。王哲等（2018）使用县级医疗公共服务满意度嵌套数据，研究发现影响公共服务满意度不是源于地区内绝对财政给付水平差异，而是源于地区间相对差异。徐超等（2016）嵌套使用居民微观调查数据和县级宏观数据，实证检验"省管县"改革对居民医疗服务满意度的影响，从微观视角评析分权改革的公共福利效应。

二、提高公共服务满意度的财政政策

学者们基于我国微观调研样本和地方政府数据，从不同视角检验了提高公共服务满意度的财政政策效应。高琳（2012）研究了分权体制下县级政府财政自主权对公共服务满意度的影响效应和作用路径，提出构建公共服务满意度评价机制、增加地方政府财政自主权等政策建议。陈世香等（2014）基于中国社会综合调查数据，研究个体生活水平与地方公共服务满意度的关系，发现居民个体生活水平变化对公共服务满意度影响效应显著，但地方财政自主性和人均公共服务投入对公共服务满意度的作用效果并不明显，提出落实财政问责机制，强化资金使用效率的政策建议。李敬涛等（2015）提出，我国应积极推进政府会计改革，完善地方政府财政信息公开机制，推动财政透明对公共服务的影响效应。王永莉等（2016）利用中国微观调查数据和省级宏观经济数据，研究了财政透明度、财政支出分权及两者交互项对居民四类公共服务满意度的影响，提出提高财政透明度，强化地方政府财政分权的公共服务供给作用等政策建议。

第五节
本章小结

梳理以上四类文献，可知当前研究存在以下特点。

一是国内外学术界围绕财政支出结构影响因素和优化做了系统研究，为本书提供了深厚的研究基础。当前研究具有以下特点：首先，基于经济社会发展进程中特定环境的分析，多是经济效应研究并以经济绩效作为结构调整的目标，近年来开始关注社会公平问题的研究。其次，我国的研究多是基于中国式财政分权的中央地方二元关系制度框架的分析。

二是基本公共服务均等化是我国根据经济发展阶段和国情提出的政策目标和公共服务供给理念。基本公共服务财政支出是度量非均等的主要指标。财政性社会支出的均等化是公共服务均等化的前提，当前转移支付制度的财政均等化效应存在扭曲，学界开始关注这一问题，并对此开展研究。

三是社会福利和政府支出责任的研究不仅是社会学理论研究的主要内容，也开始受到经济学界的关注。经济学界关注到当前的社会福利刚性支出和可能带来的财政压力，提出一系列经济改革举措以实现社会福利和经济发展的协调同步发展。西方的社会福利治理理论也为我国的政策研究提供理论参考，但是作为"舶来品"，也有学者质疑其理论在我国的实践适用性。

四是公共服务满意度是当前理论界和实践者的关注热点。满意度是公众对公共服务供给水平的主观感知，是衡量公共服务有效供给的直接指标，也是评估财政支出绩效的重要方面。虽然公众个体因素、经济发展阶段等都有可能影响公共服务满意度，但是财政政策安排，特别是财政支出对公共服务满意度有着正向显著影响，学界对此进行了理论研究和实证检验。

当前研究为本书的变量选取和研究设计提供了有益借鉴。区别于已有研究，本书将做以下研究拓展。

一是基于经济社会环境发展变化分析，将研究视角由经济效应转向社会福利效应，提出财政社会福利支出调整是财政支出结构优化的必然要求。

二是福利支出是政府的重要职责，但是考虑到经济发展水平和社会福利的刚性支出压力，地方政府在社会福利供给中也要量力而行，以西方的社会福利陷阱和社会福利治理理论为鉴，协调好社会福利和经济发展间的关系，实现两者均衡发展。

三是立足我国经济发展阶段和人口老龄化背景，明确政府在基本社会福利供给中的财政责任，认为相较于社会福利供给总量不足，区域非均衡是阻碍全国社会福利最大化实现的重要因素。基于区域均衡实现的理论分析，实证检验影响区域均衡的机制禁锢，提出社会福利最大化的最优财政社会福利支出优化路径和机制设计，以期为我国的福利改革提供理论参考。

　　四是学界一致认为，财政支出结构取决于一国的经济发展阶段和政府职能，但是本书认为公共财政的本质应该是公共性，即受众获得的服务质量和满意度，财政支出最终的落脚点应该是公众的满意度和国民的幸福指数。因此，研究地方政府的财政支出行为，有必要引入公众要素。本书提出一个包含"中央—地方—公众"三位一体的理论分析框架，研究社会福利最大化目标下的最优地方财政支出结构。

　　五是公共服务满意度是公众的主观感知，不仅与公共服务的供给质量有关，更与受众的需求和公众利益诉求相关，因此，本书基于微观调查数据和宏观的财政经济数据，考察公众利益诉求对公共服务满意度的影响。本书认为，供给数量不足和供需不匹配本质是地方政府在有限的财政资金下的支出结构安排失衡，地区间不均等体现的是某一财政支出项目在区域间失衡。这种区域发展失衡一旦被公众感知后，将会产生"相对剥夺感"，从而降低对公共服务的满意度。

第三章 社会福利区域均衡发展的理论分析

第一节
我国社会福利发展的供需环境分析

第二章社会福利区域均衡发展的文献综述部分梳理了"财政支出结构优化""基本公共服务均等化""社会福利与政府福利责任""公共服务满意度"四个方面的研究文献，研究认为政府财政在社会福利均衡发展中应发挥主体地位。理论上，政府提供公共服务的规模及其在各具体项目上的支出数量，是需求因素和供给因素的共同作用结果。下面将从供给环境和需求环境两个方面分析当前我国社会福利发展面临的经济社会制约。

一、供给环境

（一）经济发展阶段的转变

经济发展阶段论是由马斯格雷夫和罗斯托两位经济学家根据经济发展阶段来解释财政支出的理论，每个阶段有不断出现的新的支出需求：一是经济发展的早期阶段，主要特征是为经济发展超前提供社会基础设施和公共服务事业，政府投资在总投资中占有较大比重。二是经济发展的中期阶段，主要特征是需要加强政府干预以弥补市场失灵，政府投资继续进行，但是投资方式和重点有所调整，作为对私人投资的补充，政府财政支出总额占国民收入的比重上升。三是经济达到成熟阶段，主要特征是公共支出不断转向对教育、保健、社会福利等方面的支出。在经济发展的过程中，无论是早期还是中期，都存在着市场失灵，阻碍经济趋于成熟，为此需要政府加强对经济的干预。由于经济发展的阶段不同，政府财政在各项支出中的比重是有差别的，而这些差别则反映出市场经济国家财政支出的偏好和特点。

2018 年是我国改革开放 40 周年，是我国经济蓬勃发展的 40 年，还是我国逐步摆脱低收入国家不断向世界中等偏下收入国家行列迈进的 40 年。财政支出作为政府发挥职能的重要工具，在经济发展中的作用不可忽视。

1. 改革开放初期

我国经济总量规模很小，综合国力不强。以 1978 年为例，我国国内生产总值只有 3645 亿元，人均国民总收入仅 190 美元，属于世界最不发达的低收入国家。[1] 这一时期处于经济发展阶段理论中的早期阶段，保持经济持续高速增长是我国政府的重要工作任务，也是财政资源配置的基本原则。因此，增强经济发展活动和动力，提供道路、桥梁等基础设施和社会公共服务，是这一时期的重要财政支出任务。《中华人民共和国国民经济和社会发展十年规划和第八个五年计划纲要》对农业、水利、能源、交通、邮电通信、原材料等行业的发展作出了明确的部署，基础产业和基础设施投资迅速增长。

---

① 国家统计局综合司. 大改革、大开放、大发展——改革开放 30 年我国经济社会发展成就系列报告之一 ［EB/OL］. 中华人民共和国中央人民政府, 2008 - 10 - 27.

2. 经济发展的中期阶段

伴随着经济的持续高速增长，我国经济总量占世界经济的份额明显上升，经济发展也由总量增长转变为结构优化升级，这一时期处于经济发展阶段理论中的中期阶段。财政支出调整目标和支出重心有所调整，政府投资将逐渐退出竞争性领域，转向公益性领域的投资，财政在经济领域的投资由直接投资转向支持经济结构转型升级的间接投资，财政投资的杠杆作用力加大。随着我国经济实力的不断增强，社会发展滞后开始显现，社会事业发展开始得到重视，财政支出调整的目标由经济发展进入社会经济全面协调发展的转变期。这一时期，投资性支出在财政总支出中的占比略有下降，但比重仍然较高，约有20%；财政支出在教育、医疗和社会保障的占比逐年提升，2017年全国财政支出占比中教育、社会保障和医疗卫生支出成为"前三名"，占到总支出的33.9%。[1]

3. 经济新常态步入新阶段

伴随着老龄化程度的加深，中国经济进入转型关键期，进入新常态。到2016年，我国的经济规模增加了52倍，人均GDP达到8100美元，成为中等收入国家。[2] 依照经济发展阶段理论，我国经济进入成熟阶段，逐步迈入高消费和高生活质量阶段。这一时期不仅要经济发展，更要注重人的全面发展，财政支出不断转向对教育、社会福利等方面的支出。"十二五"时期我国老龄事业和养老体系建设取得长足发展，基本医疗、基本养老保障覆盖面不断扩大，保障水平逐年提高，但仍然存在有效供给不足、质量效益不高、发展不均衡等短板。[3] 党的十八大和"十三五"规划纲要都对发展社会福利事业提出明确要求，党的十九大报告以新的高度强调了坚持以人民为中心的发展思想。以人民为中心，就要构建完整的民生发展体系和保障体系。当前

① 财政部. 2017年全国财政决算［EB/OL］. 中华人民共和国财政部，2018－07－12.
② 林毅夫. 改革开放近40年中国经济创造奇迹的原因［EB/OL］. 第一财经，2017－12－13.
③ 国务院. "十三五"国家老龄事业发展和养老体系建设规划［EB/OL］. 中华人民共和国中央人民政府，2017－02－28.

我国还存在着社会福利支出不足、公众对公共服务的满意度不高等问题，这些问题的根源在于我国经济发展的阶段性，即正处在一个政府职能深刻转型、财政支出结构持续优化调整的关键阶段。在这一阶段，我国政府努力平衡经济快速增长与社会福祉提升的双重目标。尽管取得了显著成就，但如何更有效地利用财政资源，提高社会福利水平，以及提升公共服务的质量和效率，仍是当前和未来一段时间内政府工作的重点。

（二）政府职能重心的调整

西方国家的政府经历了由"守夜人"到"服务型"的角色定位转换，财政支出的范围也由自由竞争时期的范围有限的社会性服务支出（如教育），转向范围更广的社会性服务支出（如教育、医疗卫生和社会福利等）。相较于效率而言，社会性服务支出更加关注的是平等和实现社会福利的均等化。

伴随着经济转轨和社会转轨，我国政府职能定位也发生了以下两次转型。

第一次转型实现了由改革开放前的计划经济政府向改革开放后市场经济发展初期的经济建设型政府的转变。党的十一届三中全会以后，政府的工作重心由"阶级斗争为纲"转向"以经济建设为中心"。政府设立的价值取向是经济增长，政府的行为偏好亦为促进经济增长的生产性支出，财政支出安排也是以经济绩效作为优化目标。过于重视经济绩效的财政资源配置方式促进了我国经济的高速发展，同时伴随着财政支出结构失衡及结构扭曲下的公共服务需求和供给间的不均衡、公共服务满意度不高等一系列问题。此时，社会利益关系及公共需求深刻变化，迫切需求加强政府的公共服务职能。

第二次转型实现了由市场经济发展初期的经济建设型政府向市场经济成熟期的服务型政府的转变。1998 年，《关于国务院机构改革方案的说明》中提出，把政府职能切实转变到宏观调控、社会管理和公共服务方面来，明确了政府职能转变的目标是完善公共服务。2002 年，党的十六大强调了政府职能的转变，完善政府的经济调节、市场监管、社会管理和公共服务的职能。2004 年，首次正式提出，建设服务型政府。2005 年，《中共中央关于制定国民经济和社会发展第十一个五年规划的建议》提出，按照公共服务均等化原则，加大国家对欠发达地区的支持力度。2006年，《中共中央关于构建社会主义和谐社会若干重大问题的决定》进一步提出，完善公共财政制度，逐步实现基本公共服务均等化。2007年，党的十七大报告明确指出，必须在经济发展的基础上，更加注重社会建设，着力保障和改善民生，推进社会体制改革，扩大公共服务，完善社会管理，促进社会公平正义，努力使全体人民学有所教、劳有所得、病有所医、老有所养、住有所居。2012年，党的十八大报告指出，社会保障是保障人民生活、调节社会分配的一项基本制度。要坚持全覆盖、保基本、多层次、可持续的方针，以增强公平性、适应流动性、保证可持续性为重点，全面建成覆盖城乡居民的社会保障体系。2017年，党的十九大报告提出，在解决发展不平衡不充分问题中让人民有更多获得感，完善公共服务体系，保障群众基本生活，不断满足人民日益增长的美好生活需求，不断促进社会公平正义，形成有效的社会治理、良好的社会秩序，使人民获得感、幸福感、安全感更加充实、更有保障、更可持续。2022年，党的二十大报告更是强调，中国式现代化是全体人民共同富裕的现代化，将基本公共服务实现均等化作为到2035年我国发展的总体目标之一。服务型政府的转变，要求政府更加注重公共服务均等化和公众诉求，财政支出安排必然要求作出调整和优化以适应政府职能转型和执政理念的调整，以经济绩效作为资源配置的唯一目标也显得不合时宜了，在财政支出配置中更加关注社会绩效，建立经济社会均衡发展基础上的社会福利最大化的目标体系显得尤为重要。

随着我国不断强调民生的政策推进和地方考核体系的不断完善，地方财政支出结构也在不断调整，地方政府支出偏好的最大变化表现在两个方面：一是地方政府发展经济遇到的约束条件逐步收紧，人口结构变化成为地方政府追求经济高速增长时必须考虑的因素。二是除了经济增长压力外，地方政府必须承担起经济增长不能单独解决的问题，比如，社会差距拉大问题、公众不断增长的社会福利诉求，政府的社会服务和社会管理功能必须加强。如

图 3.1 所示，分段拟合不同时间段，即 1999 ~ 2006 年和 2007 ~ 2015 年两个时间段人均社会福利支出的年度趋势，发现后者增速要明显高于前者。

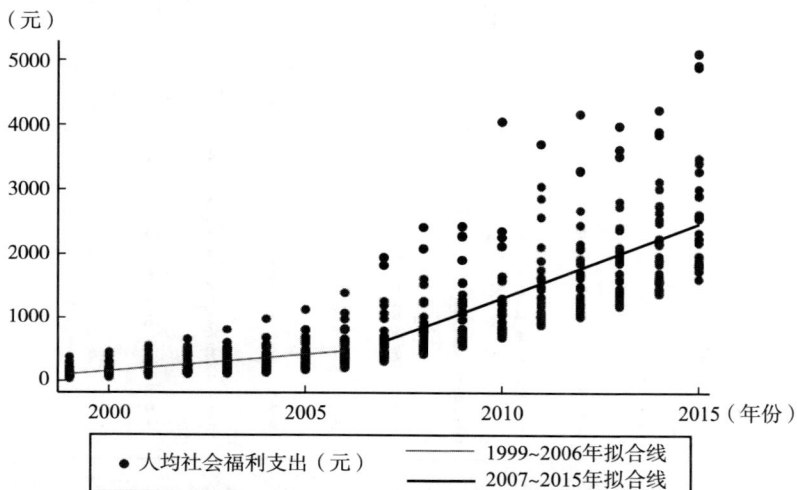

图 3.1　分段拟合不同时间的人均社会福利支出

（三）地方政府财政能力分析

1994 年的分税制改革打破了我国中央集权式的财政管理模式，重构了我国财政支出责任体系。支出责任下移，政府角色和大部分职能通过地方政府财政支出活动得以保障和完成，地方政府在纵向财政支出结构中的地位和作用日益增强。从实际配置资源的财政支出看，地方本级财政支出占全国财政支出的比重已从 1994 年前的 69.7% 上升到 2016 年的 85.4%，成为我国发展经济和提供社会福利的重要力量。[①] 财政支出结构变化在很大程度上透视出地方政府建设公共服务型政府的施政意愿和治理进程。地区间各自拥有的资源禀赋和制度环境差异，导致经济发展不平衡，地方政府之间的财政汲取能力强弱不同，区域间地方政府财政能力存在差异，这加剧财政支付能力和社会福利供给水平的区域非均衡。

---

① 资料来源：笔者根据历年《中国财政年鉴》测算。

当前，地方政府的公共刚性支出不断增加，主要包括维持政府正常运转的行政类支出和社会福利支出，前者以一般公共服务支出①为主要表现，后者以财政医疗卫生支出和财政社会保障支出为主要衡量指标。如图 3.2 所示，

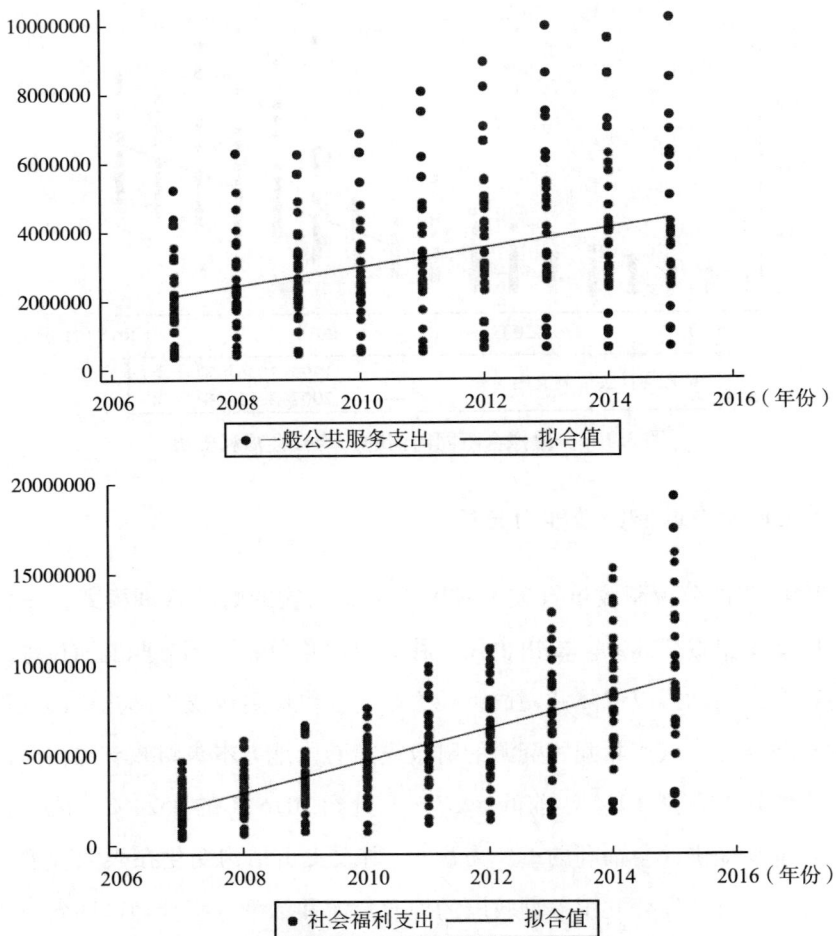

图 3.2   2007～2015 年各省份公共刚性支出总体趋势

资料来源：《中国财政年鉴（2008～2016）》。

_____

① 由于 2007 年政府收支分类科目改革，行政管理支出前后很难统一口径汇总，因此，这里仅比较 2007～2015 年的一般公共服务支出（主要是维持政府职能正常运转的行政管理支出）。

2007～2015 年各省份不管是行政类支出还是社会福利支出都呈不同程度的增长趋势。由图 3.3 中分省份的情况看，公共刚性支出增速大多高于地区生产总值增速，越是经济发展水平相对较差的省份这种现象愈加明显，如甘肃、宁夏、青海。[①] 由于我国老龄化具有非均衡空间分布特征，东部地区较中西部地区老龄化到来早，但是中西部地区老龄化进程快。中部、西部地区经济条件相对落后，在"未富先老"和"未备先老"的现实背景下，中西部地区面临着不得不加大社会福利支出的财政压力，但是由于地方财政支付能力有限，这种刚性支出成为财政负担，一定程度上制约地方经济的发展。

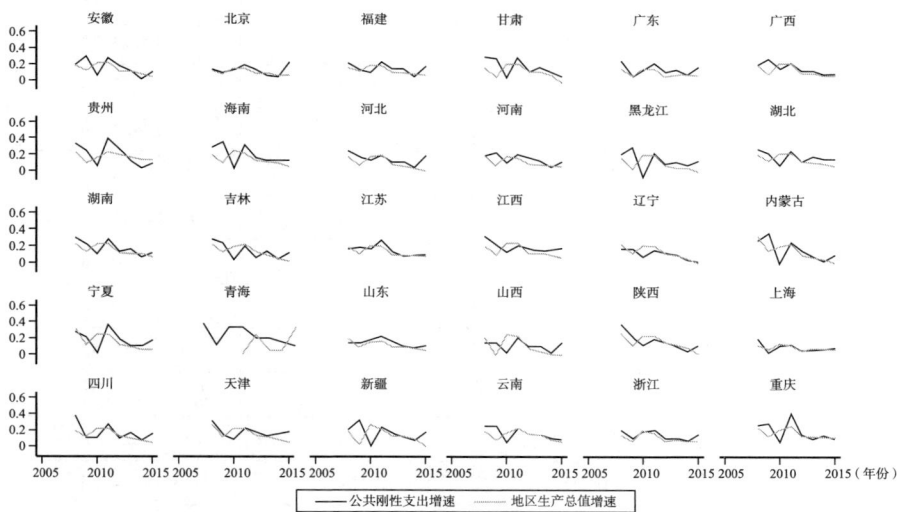

图 3.3 2007～2015 年分省份公共刚性支出与地区生产总值增速比较

资料来源：《中国财政年鉴（2008～2016）》。

我国地区间的老龄化成本差异。如表 3.1 所示，2015 年 30 个省份的人均 GDP 为 8608.12 美元，但是地区间经济发展差异较大，人均 GDP 最高的地区天津（17164.66 美元）是最低地区甘肃（4193.87 美元）的 4 倍

---

① 中国财政年鉴 [EB/OL]. 中华人民共和国财政部，2018－07－12.

多。由此可见，我国的老龄化不仅具有"未富先老"的特点，还伴随着地区间的发展不均等，这必然导致老龄化背景下的地区间社会福利供给差异问题。

表 3.1　　　　　　　经济发展水平与老龄化程度（2015 年）

省份	老龄化程度（%）	人均 GDP（万元）	人均 GDP（美元）
重庆	13.29	5.21	8365.46
四川	12.94	3.66	5881.49
辽宁	12.87	6.54	10503.26
上海	12.82	10.40	16700.79
江苏	12.69	8.79	14113.72
山东	11.66	6.40	10272.33
浙江	11.27	7.74	12431.19
湖北	11.23	5.05	8108.05
湖南	11.22	4.26	6841.18
安徽	11.18	3.58	5750.88
吉林	10.91	5.11	8200.66
黑龙江	10.84	3.96	6353.48
北京	10.65	10.60	17024.21
陕西	10.35	4.75	7628.52
天津	10.29	10.69	17164.66
河北	10.17	4.01	6445.21
河南	9.85	3.90	6266.75
广西	9.76	3.50	5625.15
内蒙古	9.56	7.10	11401.40
贵州	9.48	2.98	4777.55
甘肃	9.36	2.61	4193.87
山西	9.19	3.48	5594.04
江西	9.06	3.66	5881.08
福建	9.01	6.77	10865.30

续表

省份	老龄化程度（%）	人均 GDP（万元）	人均 GDP（美元）
海南	8.44	4.07	6527.04
云南	8.41	2.87	4611.38
广东	7.37	6.71	10775.56
宁夏	7.36	4.36	6999.74
新疆	7.13	3.95	6344.55
青海	7.10	4.11	6594.99
30 个省份平均	10.47	5.36	8608.12

注：使用 2015 年人民币对美元平均汇率 6.2284 进行折算。

资料来源：《中国统计年鉴（2016）》。

二、需求环境

恩格尔定律揭示了消费者消费需求变化的规律。人们的需求结构随着收入的增长而变化，不仅对市场供应的私人物品提出新的要求，而且对政府提供的公共物品在质和量上提出新的要求。当财政收入较低时，财政支出中用于经济社会管理职能方面的支出比例就低，用于国家职能、维持国家正常生产和生活秩序的基本社会需求的比例就高。随着收入的提高，用于政府基本需要的支出比例会下降，而用于社会经济管理职能方面的支出比例将会上升（马进，2006）。因此，伴随着经济发展阶段转换等供给环境的变化，公众需求必然也会调整。当然，在老龄化社会加速到来和公众利益诉求增强的背景下，社会福利调整需求可能更大。

（一）老龄化社会的福利需求

我国自 2000 年已进入老龄化社会，以 65 岁及以上占总人口比例的数据为参考，此指标从 2000 年的 7.0% 上涨至 2016 年的 10.8%。依据《中国人口老龄化发展趋势预测研究报告》显示，到 2050 年我国的老龄人口数量将达到 4 亿人以上，老龄化水平将超过 30%。[①] 人口老龄化问题成为我国当前乃至未来一段时间面临的最大的社会外生冲击。

1. 受众需求变化

由于人口结构变化，我国公共服务消费主体发生变化，因此人们对公共服务的需求结构必然发生变化，依据受众需求进行公共服务供给调整是提高供给质量和增强受众满意度的基本要求。随着老龄人口的增多和老龄化程度的加深，与老龄人口相关的医疗卫生、养老公共服务等需求增加，而伴随着出生率的下降，对教育等相关公共服务的需求必然下降。以医疗卫生服务为例，中国老龄科学研究中心在中国卫生经济学会第十八次年会中提出，到 2053 年，中国老年人口预计达到 4.87 亿人，相应的卫生总费用将从现有的四成提升到六成。[②] 伴随着我国人口老龄化程度的加深，社会公共品的消费主体结构有所变化，整个社会的社会福利诉求增强，地方政府有必要充分发挥财政的主体供给和合理引导作用，通过财政的主体供给实现基本社会福利的均等化，合理引导多元资本介入，实现社会福利的高水平供给均衡，最终提高社会受众的满意度和幸福感。

2. "未富先老" 与 "未备先老" 的老龄化特征

与西方国家 "先富后老" 不同，我国的老龄化具有 "未富先老" 和 "未备先老" 的特征：一是 "未富先老" 的老龄化。西方发达国家进入人口老龄化社会时，人均 GDP 一般在 1 万美元上下[③]，而我国 2000 年进入老龄化社会，直至 2015 年只达到 8608.12 美元。如图 3.4 所示，2015 年我国除西藏外（当年 65 岁以上人口占比是 5.71%），30 个省份的老龄化指标全部

---

① 资料来源：笔者根据 2000 年第五次人口普查资料计算所得。

② 胡浩. 人口老龄化挑战我国医疗卫生服务，专家建议加强医疗保障完善健康管理体系 [EB/OL]. 中国政府网，2015 – 12 – 03.

③ 中华医学会党委书记饶克勤指出，发达国家经济发展与老龄化同步，进入老龄社会时人均 GDP 一般在 5000 ~ 10000 美元以上，而中国是在尚未实现现代化、经济还不发达的情况下提前进入老龄社会，即 "未富先老"。

超过 7%，进入老龄化社会。其中，人口老龄化程度最高的重庆（13.29%），人均 GDP 为 8365.46 美元；人均 GDP 较高的省份天津（17164.66 美元）、北京（17024.21 美元）、上海（16700.79 美元），其当年老龄化程度（65 岁以上人口占比）分别为 10.29%、10.65%、12.82%。在这一经济发展状况背景下，发展经济并保持财政支付能力的可持续性显得尤为重要。地方政府在提供老龄化需求的社会福利的同时尚需保持经济平稳发展，须以西方的"社会福利陷阱"为鉴，实现地方社会福利支出和生产性支出的均衡配置。二是"未备先老"的老龄化。当前我国养老等社会福利服务体系滞后于老龄化速度，尚未建立起高水准的福利制度，随着越来越严重的老龄化现实及社会福利问题的突出，我国政府将调整财政支出结构，用于满足老龄化服务相关的社会福利需求。因此，地方政府作为我国社会福利的主要提供者，不得不正视我国"未富先老""未备先老"的老龄化，在发展经济、增强财政支付能力的同时不遗余力地提供社会福利，实现经济发展和社会福利的均衡。

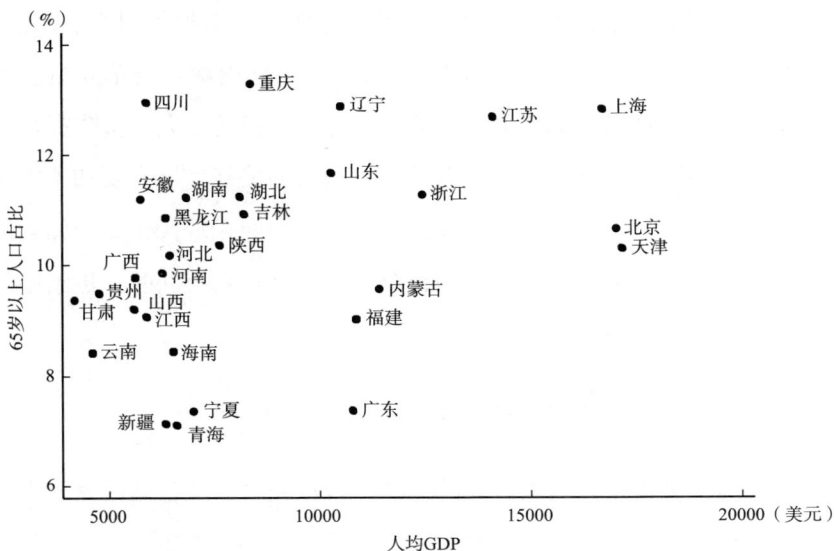

图 3.4　2015 年经济发展水平与老龄化程度的散点

资料来源：《中国统计年鉴（2016）》。

（二）公众利益诉求的增强

随着我国改革开放的深入推进和经济发展方式的转变，原有的单一利益主体格局被打破，利益主体趋向多元化。作为个体的公民利益意识逐渐觉醒，以往一心为集体服务、为集体作贡献的意识逐渐淡化，相反，争取个人合法、合理的政治经济利益的意识不断强化。公民利益主体意识的觉醒呼唤公共财政的"公共"职能，促进"国家财政""政府财政"向"公共财政""公民财政"转变，这也将促进公共资源的合理使用和配置（毛太田，2013），公众利益诉求逐渐成为财政资源配置中除央地二元主体外的第三种力量。

当前，公众的诉求已经大大超越了生存型需求的初级阶段，进入发展型需求阶段。特别是进入老龄化社会，医疗卫生、社会保障等财政社会福利支出的社会关注度更高，其发展不平衡、供给不足等问题，成为转型期经济社会发展中的突出问题。现代国家建构的一个重要职能是提供有效率的、让居民满意的公共服务，这关系到执政党执政地位的稳固与政治秩序的安定，是政治合法性的重要基础。2015 年 8 月 18 日，中央全面深化改革委员会召开第十五次会议，强调以改革精度提升群众满意度。党的十九大报告提出，新时代我国社会主要矛盾已经转化为人民日益增长的美好生活需要和不平衡不充分的发展之间的矛盾。党的二十大报告指出，中国式现代化是全体人民共同富裕的现代化。那么，社会福利和公众的满意度将是公共服务供给中的重要因素。

（三）人口老龄化的非均衡空间分布

地区发展不平衡是我国人口老龄化的显著特征。由于各地区完成人口转变的时间先后不一，我国的人口老龄化水平区域差异不均衡，东部、中部、西部区域呈现人口老龄化水平的"高、中、低"特征（李秀丽等，2008）。结合经济发展水平和老龄化程度看，全国既有像广东那样的"未老先富"

型，也有如广西、贵州等省份那样的"未富先老"型，还有如江苏、山东等省份那样的"边富边老"型（林元雄，2012）。东部地区计划生育政策实施较早，老龄化形势严峻。中部、西部地区经济条件相对落后，而老龄化程度却在不断加剧，同时地区差异也逐年扩大，这要求政府在经济发展、医疗服务、养老保险等方面给予更大的关注和支持。在制定经济发展目标、社会福利目标，实现基本公共服务均等化等方面，也同样需要充分关注人口老龄化区域差异的影响（林宝和姬飞霞，2015）。

当前，人口老龄化社会的快速到来，地方政府的应对显得并不游刃有余。一方面，经济发展水平和社会福利财政支付能力并不相适宜；另一方面，由于社会福利支出的受众关注高，公众对社会福利供给水平和供给质量并不满意。此外，由于我国地区间经济发展水平差异，老龄化社会到来的时间、深化的速度不一致，存在着地区间的社会福利支出水平不均等和财政支出结构安排的失衡，如何提供制度供给以实现支出结构优化，从而达到地区间公共服务的均等化和全国范围的社会福利最大化，显得很有必要，也很有意义。

第二节
社会福利区域均衡发展的基本原则和目标

本书界定的社会福利区域均衡是指空间的均衡化，包括两个层次：一方面，平衡区域内的经济发展和社会福利；另一方面，实现区域间基本社会福利的均等化。这需要中央政府发挥宏观调控作用，通过财政政策及支出安排，强化激励机制以保障地方政府在社会福利供给中的"尽力而为"，根据财政需求调整地区间支付能力差异，实现地方政府在社会福利供给中的"量力而行"，在实现基本社会福利均等化的同时兼顾经济的可持续发展。

一、基本原则

（一）经济发展和社会福利相结合

长期以来，发展经济是地方政府考核的一项重要的政治任务，我国的财政制度安排也是以最大限度地激励地方政府发展经济为主要目标，因此地方财政支出结构调整也以经济绩效为目标。依据经济发展阶段和财政支出关系理论，当前，我国经济发展达到一定水平，财政支出目标应该有所调整，不应仅将经济绩效作为财政支出结构绩效的唯一标准，需探索更加全面的、符合经济发展阶段的发展目标。当前人口结构变化，经济发展存在不确定性，社会福利等刚性支出需求增大，保持经济平稳发展，增强财政支付能力，仍然是我国地方政府的重要内容之一。基于地方财政社会福利支出的供需环境分析，由经济效应转向社会福利效应研究，财政支出调整应以提高社会福利水平为其最终目标，基于社会福利和经济均衡发展讨论财政支出安排。

（二）均等化和多样化相结合

社会福利支出均衡发展不能简单化为全国社会福利供给水平的一刀切。基本公共服务提供就是为了满足当地人民生存发展的基本需求，重视的不该是"均等"，而是"多样化"（刘明德，2017）。本书认为，区域均衡不能完全等同于均等化，须在承认社会福利供给水平区域差别化的基础上实现基本福利的均等化，"均等化"和"多样化"相结合应该是当前社会福利均衡发展中须秉承的原则之一。具体原因如下：区域间由于发展的初始禀赋、财政汲取能力及制度环境的差异，必然存在着差异化。实现全国社会福利最大化的前提是承认地方社会福利的最大化，那么地方实现社会福利最大化的均衡点必然存在着区域间社会福利供给水平的差异，中央政府通过转移支付等方式来实现基本社会福利水平的区域均等化，从而实现基本社会福利区域均衡基础上的全国社会福利最大化。

"均等化"和"多样化"相结合原则要求明确政府在社会福利均衡发展中的财政主体地位，社会福利区域均等和差异化的均衡：首先，市场提供存在缺陷，有必要政府参与提供；其次，社会福利均等化属于基本公共服务均等化的重要内容，需要政府来提供。在当前学界讨论并主张社会福利提供主体多元化的背景下，本书认为政府要明确在社会福利均衡发展中的财政主体地位：通过财政政策保障基本社会福利支出的均等化，实现区域均衡发展；通过国家政策引导多元资本进入，实现社会福利支出高水平的均等化。

（三）均等化标准由最低标准过渡到平均标准

均等化的标准主要有最低标准、平均标准和结果均等标准。这是一个动态调整和发展递进的过程，在经济发展水平较低和财政供给能力较弱的情况下，适宜采用最低标准。但是随着经济发展阶段的转换和财政支付能力的提高，应该将均等化标准提高到全国中等水平，并不断动态调整，提高均等化标准，最终实现全国范围内个体间享受公共服务的结果均等。长期以来，我国在社会福利领域，采取的是最低限度公共供给的最低标准，这仅是保障社会成员最低的生存需要。经济发展和社会进步会更加注重人的发展，必然要求提高社会福利供给水平和质量。社会福利均等化的标准将适时由最低标准过渡到平均标准，即政府提供的基本公共服务达到全国范围内中等的平均水平。

二、发展目标

（一）提高公共服务满意度和国民幸福感

区域均衡是社会福利最大化的重要保证。公民对公共服务的满意度反映出公众诉求被回应的主观评价，是个人消费公共服务的幸福或快乐。因此，公共服务满意度可以视作判断地区财政资金产出和社会福利实现水平的一个有效度量。2017年，党的十九大报告强调，抓住人民最关心最直接最现实的利益问题，使人民获得感、幸福感、安全感更加充实、更有保障、更可持续。当前，增强人民群众的公共服务获得感，提高公共服务满意度应该成为考察地方政府财政支出绩效的重要内容。更加平衡、充分、公平和公正地实现人民的利益要求成为我国推进发展、深化改革的焦点。那么，如何高效提供公共服务以最大限度提高辖区受众的公共满意度和服务感知力，应引起地方政府重视。地方财政社会福利支出均衡发展的最终目标应该是提高公共服务满意度和国民的幸福感。

（二）以西方"福利陷阱"为鉴，在发展中保障和改善民生

避免西方的社会福利陷阱，寻求经济发展和社会福利的均衡：在经济发展的初级阶段，社会福利支出的最大问题是供给不足甚至是供给缺失，随着我国经济的高速发展和经济社会发展转换期的到来，且社会福利支出关系到公众的直接利益诉求，我国社会福利支出供给数量有了大幅提升，相对于供给不足，当前供给中的结构、质量问题应该是最大问题，因此，研究社会福利区域均衡发展问题显得有必要而且有意义。这需要政府发挥宏观调控作用，通过财政政策及支出安排，强化激励机制，保障地方政府在社会福利供给中的"尽力而为"，根据财政需求调整地区间支付能力差异，实现地方政府在社会福利供给中的"量力而行"，做到党的二十大报告中提出的"必须坚持在发展中保障和改善民生"。

第三节
中央、地方与公众利益关系：一个理论分析框架

依据财政支出的经济发展阶段论，在经济发展的早期阶段，为了发展经济和提供社会基础设施，应加大公共投资在财政支出的比重；当经济达到成熟阶段，财政支出将从基础设施等公共投资支出转向社会福利支出。一些学者曾将我国财政社会福利支出水平偏低的原因归咎于我国较低的经济发展阶段。

　　然而，财政支出结构的横向比较可见，我国社会福利支出不仅远低于英国、日本、德国、美国等高收入国家，而且尚低于中等收入国家和低收入国家的均值水平。表3.2中的数据显示：我国医疗卫生支出不管是占GDP比重，还是人均都远低于其他老龄化国家，2014年我国的医疗卫生支出占GDP的比重不仅低于9.95%的世界平均水平，而且低于平均水平为5.74%的低收入国家；对比2000年、2005年和2014年数据，可见我国医疗卫生占GDP的增速也较低，2000年医疗支出占GDP比重是4.6%，略高于低收入国家的4.41%。显然，仅以经济发展阶段论解释我国当前经济性支出占比较大、社会福利支出不足的财政支出结构现状，并不令人信服。

表3.2　　　　　　　　　　　　医疗卫生支出国际比较

国家或地区	医疗支出占GDP的比重（%）			人均医疗支出（美元）			65岁以上人口占比（%）
	2000年	2005年	2014年	2000年	2005年	2014年	2015年
世界	9.02	9.80	9.95	493.05	706.81	1060.99	8.27
高收入国家	9.87	10.99	12.27	2540.07	3736.43	5251.19	—
中等收入国家	4.96	5.31	5.84	62.18	102.75	289.38	—
低收入国家	4.41	5.66	5.74	13.35	18.06	36.73	—
中国	4.60	4.66	5.55	43.63	80.94	419.73	9.55
日本	7.53	8.18	10.23	2838.60	2927.57	3702.95	26.34
加拿大	8.67	9.57	10.45	2099.84	3474.44	5291.75	16.14
美国	13.07	15.15	17.14	4788.31	6741.03	9402.54	14.79
法国	9.78	10.60	11.54	2209.24	3721.11	4958.99	19.12
德国	10.10	10.52	11.30	2397.75	3647.79	5410.64	21.24
荷兰	7.42	9.60	10.90	1931.79	3994.00	5693.86	18.23
英国	6.94	8.24	9.12	1763.46	3176.57	3934.82	17.76
澳大利亚	8.08	8.45	9.42	1745.93	3214.03	6031.11	15.05
新西兰	7.47	8.25	11.03	1056.08	2307.10	4896.35	14.86

资料来源：《国际统计年鉴（2016）》。

本书认为，我国社会保障等福利支出不足，不仅是由于经济发展阶段，更多的是财政分权治理体系下的地方财政支付能力不均等及激励机制扭曲，而后者的作用力不仅会引起财政社会福利支出不足，还会引起财政支出配置不均衡。

一、"中央—地方"二维关系下的福利供给失衡

我国当前的央地财政体制安排下，社会福利财政支出的供给主体为地方政府。中国式财政分权被认为是影响我国地方政府财政支出行为的重要原因。关于中国式财政分权的激励和扭曲效应，当前文献作了系统地理论分析和实证检验。傅勇（2007）、吕炜等（2010）指出，地方政府的经济职能和行政职能过强，而公共服务职能较弱。张牧扬（2013）研究表明，晋升锦标赛下的地方官员特质影响财政支出结构。冷毅等（2014）发现，分权下的竞争会推动地方财政支出对基础设施建设的大力支持，引发对于公共服务类支出的忽视，降低社会的整体福利水平。

当前的中央政府和地方政府的二维关系中，中央政府和地方政府具有"委托—代理"关系，中央政府通过政治考核和晋升激励等方案约束地方公共服务供给行为，但两者的政策目标和价值取向并不一致：中央政府具有"泛利型"特征，关注公众诉求，提高公共服务满意度和国民幸福感是其政策目标和取向；而地方政府的"泛利型"特征较弱，特别是在央地框架下，地方政府的政策目标和取向是获得上级政府的认可，"中国式财政分权"的激励和扭曲效应下，地方政府更加偏好凸显政治绩效的经济性支出，社会福利支出并不是地方政府的支出偏好。

公共服务型政府的根本内容是提供公共服务，那么财政资金的使用范围和结构安排需要由经济偏好型财政转为公共服务型财政。当前，在地方考核体系和1994年建立的财政体制框架并未调整的制度背景下，虽然中央政府的执政理念发生转变，地方政府在能动性政策执行中存在路径依赖，导致财

政支出在资源配置中存在失衡，这种失衡表现为激励机制下的偏好失衡和财政制度下的被动失衡。因此，在老龄化需求压力和中央政府强调民生财政政策的背景下，社会福利支出成为地方政府的硬性支出任务。在我国当前的政府间财政关系和制度安排下，政治任务式的社会福利支出方式会出现两种情况：一是有支付能力的地区不愿意支付只是保基本，如江苏和浙江两省份，人口老龄化程度较高、经济发展水平也较高，但是财政社会福利支出水平并不高。二是无支付能力的地区无能力支付还得完成任务，如黑龙江、吉林两省份，经济发展水平不高、人口老龄化程度较高，但是财政社会福利支出水平高。这将陷入一种低水平的"社会福利陷阱"：一方面，社会福利支出不足；另一方面，这种不高的社会福利支出成为部分地区的人口财政负担，影响经济可持续发展。

　　下面选取 2015 年的数据为例，展现"中央—地方"二维关系下的福利供给失衡现象。表 3.3 中按照社会福利支出占比高低进行排序列示，对比考察社会福利支出占比较高（排名前十）的省份：辽宁、黑龙江、河南、山西、四川、重庆、河北、陕西、云南、甘肃，以及排名较后的省份（排名后五）的省份：天津、广东、浙江、江苏、上海。

表 3.3　　2015 年各省份的老龄化程度、财政自给率、财政支出结构关系比较

省份	老龄化程度（%）	财政自给率（%）	社会福利支出占比（%）	人均社会福利支出（元）	行政类支出占比（%）	经济性支出占比（%）	民生类支出占比（%）	社会福利支出/民生类支出（%）	社会福利支出/经济性支出（%）
辽宁	12.87	47.47	28.50	2914.07	13.86	26.88	30.77	92.62	106.02
黑龙江	10.84	29.00	24.94	2630.56	10.67	35.75	28.65	87.06	69.76
河南	9.85	44.36	24.47	1754.82	14.74	27.22	33.57	72.88	89.89
山西	9.19	47.98	24.08	2249.27	12.41	32.31	31.21	77.14	74.53
四川	12.94	44.75	23.98	2191.82	13.39	33.66	28.97	82.80	71.25

续表

省份	老龄化程度（%）	财政自给率（%）	社会福利支出占比（%）	人均社会福利支出（元）	行政类支出占比（%）	经济性支出占比（%）	民生类支出占比（%）	社会福利支出/民生类支出（%）	社会福利支出/经济性支出（%）
重庆	13.29	56.83	23.30	2929.21	12.69	27.16	36.85	63.23	85.80
河北	10.17	47.04	23.06	1749.20	14.22	28.38	34.34	67.14	81.25
陕西	10.35	47.07	22.88	2640.05	12.56	30.84	33.71	67.88	74.19
云南	8.41	38.37	22.73	2259.37	13.54	38.36	25.36	89.62	59.26
甘肃	9.36	25.14	22.70	2582.79	13.46	36.54	27.31	83.11	62.12
安徽	11.18	46.85	22.47	1916.04	11.49	31.16	34.88	64.42	72.10
湖北	11.23	49.01	22.40	2348.03	14.96	32.54	30.09	74.45	68.84
湖南	11.22	43.91	22.27	1880.47	16.01	30.18	31.54	70.60	73.77
海南	8.44	50.64	22.21	3022.66	15.99	32.81	28.99	76.63	67.69
吉林	10.91	38.21	22.01	2571.77	13.10	32.21	32.69	67.34	68.34
广西	9.76	37.27	21.51	1823.39	15.40	30.26	32.83	65.53	71.08
江西	9.06	49.08	20.60	1990.90	13.90	34.77	30.73	67.04	59.24
内蒙古	9.56	46.19	20.28	3434.47	11.59	35.13	33.00	61.45	57.72
山东	11.66	67.02	19.47	1631.00	14.29	28.37	37.87	51.40	68.62
宁夏	7.36	32.80	19.35	3299.10	10.50	37.45	32.69	59.20	51.67
青海	7.10	17.63	19.06	4907.47	11.71	41.26	27.97	68.14	46.19
北京	10.65	82.33	18.67	4934.35	10.94	24.55	45.85	40.71	76.04
贵州	9.48	38.16	17.80	1986.49	16.49	37.36	28.35	62.77	47.64
福建	9.01	63.58	17.32	1805.05	13.52	34.34	34.82	49.74	50.42
新疆	7.13	34.98	16.19	2610.09	16.39	36.86	30.57	52.96	43.92
天津	10.29	82.51	15.77	3295.45	10.43	21.97	51.83	30.43	71.79
广东	7.37	73.02	15.46	1828.07	14.58	36.43	33.53	46.11	42.44
浙江	11.27	72.37	15.46	1854.49	15.31	33.27	35.96	42.98	46.45
江苏	12.69	82.88	15.35	1864.74	14.28	27.44	42.92	35.77	55.95
上海	12.82	89.15	13.67	3505.28	8.65	38.50	39.18	34.90	35.52

注：按照社会福利支出占比由高到低进行排序列示。

资料来源：《中国统计年鉴（2016）》。

（1）社会福利支出占比较高（排名前十）的省份基本都是财政支付能力较弱的省份，财政自给率全部在50%以下，即当年财政支出的一半以上依靠中央政府的转移支付；对应排名较后（排名后五）的省份基本都是财政自给率较高的省份，当年财政支出中的近80%源于自有收入。

（2）财政支出结构安排和人口老龄化程度关联度不高。不管是排名前十的省份还是排名后五的省份，人口老龄化程度都比较高，接近10%。

（3）虽然经济较发达省份的财政自给率较高，但人均社会福利支出水平并不高，如浙江和江苏人口老龄化程度分别在11.27%和12.69%，而人均社会福利支出水平只有1854.49元和1864.74元。而与之相比较的是辽宁、黑龙江、四川、重庆四个省份，人口老龄化程度依次为12.87%、10.84%、12.94%、13.29%，虽然这些省份的财政自给率不高，但是其人均社会福利支出水平基本都在2000元以上，分别是2914.07元、2630.56元、2191.82元、2929.21元。

（4）社会福利支出在一般财政支出中占比较高的省份，其社会福利支出与一般民生类支出的比值较高，社会福利支出与经济性支出的比值也较高。

综上分析可见，虽然我国地区间经济发展水平有差异、人口老龄化程度不同，但是这些都不是决定社会福利支出水平和财政支出结构安排的主要原因。基于社会福利支出占比视角审视区域间财政支出结构存在的发展不均衡。在当时的财政制度安排和地方考核的错位激励下，社会福利支出由于受众的关注较高，已经成为地方政府的一项硬性支出：对于财政支付能力强的地区，只是完成政治任务式的保基本，表现为支出结构中社会福利支出占比不高、人均福利支出水平不高，以促进经济发展为目标的经济性支出仍然是这些地方政府的支出偏好；对于财政支付能力弱的地区，完成社会福利支出这项硬性支出，已经成为当地民生支出的主要内容，伴随着财政能力受限和刚性支出下的经济支出的占比减小，这不利于这些地区经济的可持续性发展。

考虑到以上研究只是基于2015年的年度数据，存在样本选择偏差，本书进一步选取社会福利支出占比较高（排名前十）的省份：辽宁、黑龙江、

河南、山西、四川、重庆、河北、陕西、云南、甘肃及排名较后（排名后
五）的省份：天津、广东、浙江、江苏、上海，这些省份 2007～2015 年度
数据的平均，以期进一步佐证或修正表 3.3 中列示的内容和结论。

　　由表 3.4 可见，社会福利支出具有被动支出特征，表现在：人均社会福
利支出占比和财政支付能力相关性不高，和人口老龄化程度关联性也不强；
财政自给能力强的省份，其人均社会福利支出不高，财政支出结构中社会福
利支出占比不高，存在着对经济性支出的偏好；财政自给能力弱的省份，财
政支出结构安排中社会福利支出占比较高，这项人口财政支出成为民生支出
的主要内容，经济性支出占比不高，这在一定程度上不利于地区经济的可持
续性发展。

表 3.4　　　　　部分省份的老龄化程度、财政自给率、财政支出
结构关系（2007～2015 年度平均）

省份	老龄化程度（%）	财政自给率（%）	社会福利支出占比（%）	人均社会福利支出（元）	行政类支出占比（%）	经济性支出占比（%）	民生类支出占比（%）	社会福利支出/民生类支出（%）	社会福利支出/经济性支出（%）
辽宁	11.08	61.87	23.81	1959.10	17.11	27.20	31.88	74.66	87.53
甘肃	8.65	25.67	22.36	1541.26	16.46	33.47	27.71	80.69	66.79
黑龙江	9.00	35.50	22.07	1526.55	15.83	33.76	28.34	77.87	65.37
河南	8.64	42.65	21.80	997.12	19.57	27.56	31.07	70.17	79.09
云南	8.02	38.87	21.49	1350.95	17.37	34.69	26.45	81.27	61.97
山西	8.03	53.90	21.45	1366.79	18.10	28.70	31.36	68.40	74.73
重庆	12.55	56.11	21.34	1643.02	15.85	26.65	36.16	59.03	80.10
陕西	9.58	45.71	21.09	1545.17	17.54	29.75	31.62	66.70	70.90
河北	8.96	49.67	20.94	999.85	19.24	27.25	32.57	64.29	76.83
四川	12.12	41.75	20.86	1253.94	16.42	36.29	26.43	78.91	57.48
上海	11.28	89.79	15.65	2649.12	11.79	33.82	38.73	40.40	46.27
天津	10.71	79.87	15.23	1981.95	13.64	21.50	49.63	30.70	70.85

续表

省份	老龄化程度（%）	财政自给率（%）	社会福利支出占比（%）	人均社会福利支出（元）	行政类支出占比（%）	经济性支出占比（%）	民生类支出占比（%）	社会福利支出/民生类支出（%）	社会福利支出/经济性支出（%）
广东	7.29	83.90	15.09	997.95	21.72	28.08	35.11	42.97	53.72
浙江	9.90	82.01	14.40	1049.59	21.25	27.75	36.61	39.32	51.87
江苏	11.68	83.75	13.47	1054.38	19.35	27.91	39.28	34.29	48.26

注：选取社会福利支出占比前十和后五的省份。
资料来源：《中国统计年鉴（2008～2016）》。

综上所述，不管是 2015 年的年度数据，还是 2007～2015 年度的平均数据，均可直观地显示出地方财政支出结构安排中的非均衡特征：区域间财政支出结构差异较大，福利支出具有被动支出特征，地方政府在财政支出结构安排中并未实现经济发展和社会福利的均衡。产生区域间财政支出结构非均衡的原因与经济发展水平和人口结构变化无关，更多地源于既有的财政制度安排和地方考核体系的错位激励。

二、"中央—地方—公众"三位一体下的福利支出均衡

（一）公众诉求在地方财政治理中的现实意义

国内文献普遍借鉴了西方公共选择学派的思想，地方政府将经济增长或是晋升机会作为唯一追求目标，忽视了提供公共服务及维护社会稳定的任务（冷毅等，2014）。我国的财政体制研究中更多的是包含中央政府和地方政府委托代理关系的激励相容制度安排和分析，忽视了公众在社会治理和财政支出安排中的受众作用。

虽然当时公众诉求在地方财政支出选择中的作用效应有限，但是在当前我国政府日益强调民生和地方考核体系不断完善的政策背景下，在"经济

分权"对利益主体的差别化激励效果的分析中有必要强调公众要素。此外，从"经济建设型政府"转向"公共服务型政府"是我国政府治理模式改革的必然选择。"公共服务型政府"是在社会民主秩序的框架下，以人民为本位、社会本位为理念，按照人民意志建立的为人民和社会提供良好公共服务的责任政府（郑植尚等，2015）。我国正处于社会转型期，由生存型社会向发展型社会转变，人民对公共服务的需求呈现出不断增长的趋势。在保持经济平稳发展的同时，更加重视人的全面发展，关注公众诉求，提高社会福利水平并实现均衡化，成为公共服务型政府的必然要求。本书认为，将公众诉求纳入地方考核体系，是当前地方考核体系不断完善的方向和我国政府日益强调民生财政改革的趋势要求。

随着我国建立公共财政体制改革的整体推进，决定财政结构的二元主体必将被打破。作为个体的公民利益意识逐渐觉醒，公民个人合法、合理的政治经济利益的意识得到强化。出于对个人自身利益的关注和更高社会福利的追求，公民越来越强烈地要求政府合理化配置财政资源，使公共财政支出更好地满足自身需要。由于我国地方财政支出结构不合理，社会福利支出并未完全适应老龄化社会的需求，且地区间支出水平存在不均衡的情况，广大民众对于医疗卫生、社会保障等社会福利支出的需求不断增强，但是由于当时中国式财政分权的治理体系下，地方政府并无太大动力去主动回应地方社会福利诉求，公众就通过各种渠道，如人大提案、舆论关注等向中央政府表达需求。不同于地方政府的自利性，中央政府具有泛利性，对公众的诉求传递出社会福利关怀，并将其作为政治任务下放给地方政府。这种缺乏激励机制的政治任务式支出安排反而不利于财政资源的合理有效配置，容易出现诸如供需失衡、支出和能力失衡等现象。

（二）社会福利的受众关注度更高

区别于一般的公共服务供给，社会福利支出的受众关注度更高，特别是在老龄化背景下，包括医疗卫生和财政社会保障支出的社会福利支出成为社会民生问题的焦点。《中国公共财政建设报告2014》显示，在社会公众对各项公共服务的满意度调查评价中，义务教育、市政设施和公共基础设施的满意度得分排在前三位，医疗卫生的满意度得分上升最多，但仍然排在末位。"看病难""养老难"仍然是当前居民舆论和社会媒体关注的焦点问题。

（三）最优财政社会福利支出配置均衡

公共财政的本质应该是公共，即受众获得的服务质量和满意度，财政支出最终的落脚点应该是公众的满意度和国民的幸福指数。因此，研究地方政府的财政支出行为，有必要引入公众诉求。本书提出一个包含"中央—地方—公众"三位一体的分析框架，从激励机制和支付能力两个方面，分析社会福利最大化的最优财政社会福利支出配置。如图3.5所示，在当前"中央—地方"二维关系中加入公众要素，建立公众福利诉求的满意度对地方政府的问责机制，在中央政府的经济考核和公众福利问责机制的共同作用下必将产生区域内经济福利，即区域内经济性支出和社会福利支出的均衡。但是地区间初始禀赋的差异使财政能力不同，地方政府间经济福利的结构配置均衡点应该有所差异，导致地区间的财政社会福利支出水平不同。此时，中央政府通过转移支付制度实现区域间基本社会福利均等化。由于这一调整过程符合区域均衡发展的社会福利标准，本书称之为最优财政社会福利支出配置均衡，具体原因如下所示。

1. 地区间财政资金的边际效用相等

公民对公共服务的满意度，既体现了公众诉求得到回应的主观评价，又反映出个人在消费公共服务过程中所感受到的幸福与满足。公共服务满意度是财政资金产出的一个有效度量。在不存在财政资金使用扭曲（即地方政府支出偏好扭曲）的情况下，地区间初始禀赋的差异使财政收入能力有所差异，借鉴基数效用论的提法，经济发达地区和经济欠发达地区财政资金的边际产出，即公共服务满意度有所不同。在实现经济福利的基础上实现社会福利最大化，在实现国民经济可持续发展的同时兼顾公平，通过财政转移

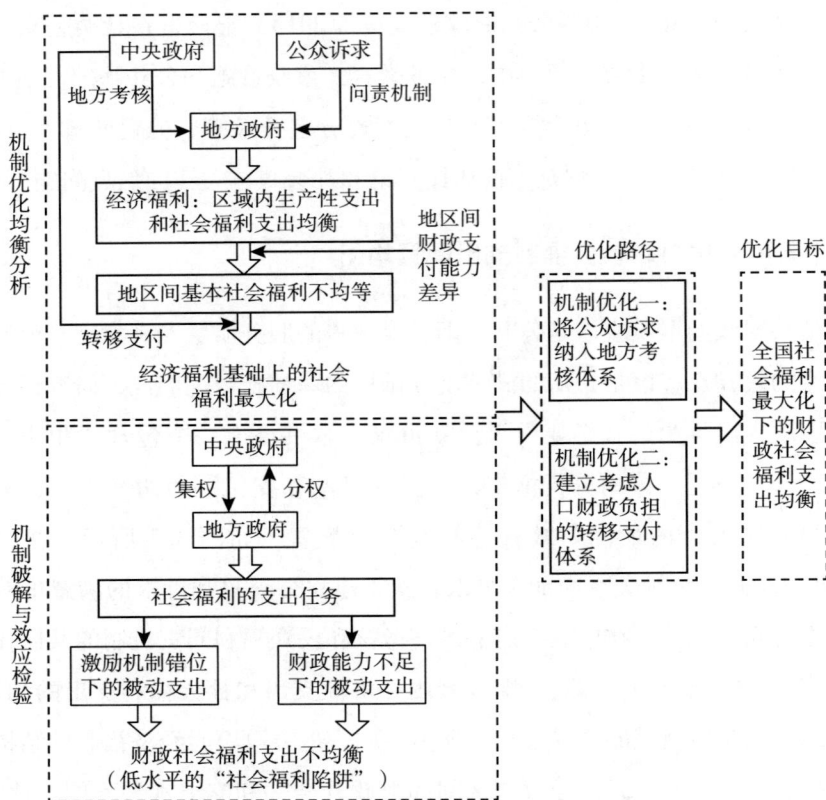

图 3.5　中央、地方与公众利益关系：一个理论分析框架

支付制度实现经济发达地区和经济欠发达地区的财政资金的边际效用相等，从而实现财政资金配置中的社会福利最大化。

　　2. 地方经济福利基础上的全国社会福利最大化

　　我国社会福利最大化的实现包括两个部分：首先，地方政府个体社会福利最大化。地方政府个体应在实现经济福利基础上实现社会福利最大化。其次，国家社会福利最大化。地区间初始禀赋的差异使财政收入能力不同，地方政府间实现社会福利最大化的结构配置均衡点应该有所差异，导致地区间的财政社会福利支出不均衡。通过财政转移支付制度实现经济欠发达地区社会福利的提高，整个国家的社会福利才能最大化。

三、影响均衡实现的机制禁锢及优化路径

比较"中央—地方二维关系下的福利供给失衡"与"中央—地方—公众三位一体下的福利支出均衡",要实现最优财政社会福利支出配置均衡,存在"激励机制"和"财政能力"两个方面的机制禁锢,下面将分析影响均衡实现的机制禁锢,并给出优化路径。

(一)机制优化一:公众福利问责机制下的区域内经济性支出和社会福利支出均衡

老龄化社会背景下,公共服务消费主体发生变化,依据中间投票人理论,随着老年人口的增多,社会对与老龄服务直接相关的社会福利需求愈加增多。此外,我国财政从生产建设型向公共服务和社会管理型的转型改革不断推进,公众利益诉求在地方财政资源配置中的作用日益增强,但是并未形成对地方财政支出的监管机制。在现实经济中,由于财政资源限制及行政管理等维持性支出的刚性,地方政府需要在经济类支出和社会福利支出两类支出之间进行权衡取舍,这在我国地方政府表现得尤为突出(郭庆旺等,2012)。公众交纳的税收是财政收入,地方政府提供的公共服务是财政产出,在中国式财政分权和地方考核体系下,两者并不存在直接联系,而地方政府最终的产出水平中央政府可以观察到,因此,地方政府不会对公众诉求做出直接反映;而中央政府具有泛利性特征,会关注公众诉求,并将对公众的社会福利关怀作为政治任务下放给地方政府,在当前的事权和支出责任不一致的经济分权下,这种硬性的财政支出责任可能成为部分地方政府的人口财政负担。根据委托代理理论,易于观测的经济增长将成为上级考核下级的核心指标及地方官员竞争的焦点,地方官员势必会倾向于追求自己任期内的短期经济增长最大化。因此,在中国式财政分权央地关系的理论框架中加入公众要素,建立公共服务满意度的问责机制,更加完善的地方考核体系将促

使地方政府谋求区域内的经济发展和社会福利的均衡。地方政府财政支出结构调整中一方面要最大限度地满足公众社会福利诉求，另一方面也要考虑结构优化的经济效率以实现地方经济的可持续发展。

新制度经济学认为，在一定的制度背景和体制界限内，每个个体都在合理化自我选择以追求个体效用最大化，作为理性经济人的政府与公众同样追求自身利益最大化（林毅夫，1994）。在中国式财政分权和地方考核体系下，地方政府具有自利性，有着扭曲财政支出，偏向经济性支出，以发展经济提高政绩的内在激励；公众通过问责机制表达社会福利支出，向地方政府施加外在压力，使地方政府调整财政支出结构。在财政支出安排的博弈中，政府和公众的策略选择具有先后顺序。由于地方政府和公众之间信息并不完全对称，地方政府占有信息优势，公众只能根据政府的支出安排行为采取事后问责，影响地方政府下一步的晋升或考核。在博弈进行的过程中，参与者在选择行动之前，都清楚地知道这一步之前博弈进行的整个过程，且双方对于博弈结束时候的得益是完全了解的，所以符合完全且完美信息的动态博弈的研究界定。本书采用动态重复博弈模型建立政府与公众的动态博弈模型，模拟并分析双方在财政支出安排中的最优策略选择。

在无限次重复博弈下，地方政府支出结构是可以达到均衡的。

假定：

（1）地方政府无限问责制，地方官员考核终生问责制。这也符合我国当前改革趋向，2016 年的《中国共产党问责条例》强调对失职失责、性质恶劣、后果严重的政府官员，实行终身问责制。

（2）假设用脚投票的成本过高，不存在地区间的福利移民。由于当前我国户籍制度并未完全放开，加之房价等影响使公众区域间流动的成本较大，用脚投票机制在我国并不完全适用。

（3）以收定支，地方财政收入来源于税收，税收收入扣除向中央上缴后全部用于当年的财政支出，不存在来自中央或其他政府的转移支付，即 $tY - Q = F$。

（4）地方财政支出包括三类：一是行政类支出，收入弹性为0；二是经济性支出，用于发展经济，收入弹性小于1；三是社会福利支出，收入弹性小于1。在财政规模收入一定的情况下，经济性支出和社会福利支出互相制约，如果地方政府偏好经济性支出或社会福利支出都会偏离均衡状态，出现财政支出结构扭曲。假设经济性支出为e，社会福利支出为s，存在 $s + e = 1$。

（5）地方政府和公众都满足序贯理性，其具有理性反应性质，即根据掌握的信息做出理性反应。序贯理性原理：均衡策略应该规定从博弈任意一点起的最优行为，要求参与人在每一个需要作出决定的时刻都重新优化自己的选择，并且会把自己将来会重新优化其选择这一点也纳入当前的优化选择当中。每个参与者的策略都是序贯理性的，并且这个策略组合满足纳什均衡的条件。

问责机制的存在可以让一个有理性的地方政府意识到财政支出如果偏向经济性支出，会被公众问责的概率非常大。

1. 博弈中的博弈方与策略选择

地方政府的行动集为 $\{p > s, p < s, p \approx s\}$，包括三个策略：$p > s$，偏向经济性支出；$s > p$，偏向社会福利支出；$p \approx s$，经济性支出和社会福利支出实现均衡。公众表达利益诉求的行动集为 $\{$问责，不问责$\}$，包括两种策略：问责，不问责。

2. 不同策略选择下公众和地方政府的收益

政府财政支出安排的效用价值设为 π，政府部门内部知晓其效用，公众无法知道，公众只知道 $\pi_i (= 1, 2, 3)$ 是标准分布于区间 $[0, 1]$，由于地方政府行动集存在三个策略，设定其收益依次为：$p > s$ 时，地方政府的财政结构中经济性支出为 p_1 单位，社会福利支出为 $1 - p_1$ 单位，财政支出安排的效用价值为 $\pi_1 = f(p_1)$；$s > p$ 时，地方政府的财政结构中经济性支出为 p_2 单位，社会福利支出为 $1 - p_2$ 单位，财政支出安排的效用价值为 $\pi_2 = f(p_2)$；$p \approx s$ 时，地方政府的财政结构中经济性支出为 p_3 单位，社会福利支

出为 $1-p_3$ 单位，财政支出安排的效用价值为 $\pi_3 = f(p_3)$，效用函数为单调递增的，即经济性支出越多，越有利于地区经济增长和财政支出能力的提高。公众问责需要付出一定的成本，包括表达公共服务满意度等需要的皮鞋成本设定为 c；当然，也会获得一定的收益，包括参政议政、维护自身利益所获得的精神层面的效用价值，这里设定为 r。一旦地方政府受到公众问责，将会付出一定的成本，包括影响当年的地方政绩考核及升迁等，设定为 $\delta_i (i=1，2，3)$。

3. 博弈过程与均衡分析

下次博弈开始前的所有博弈结果都能被观察到的重复博弈，可信威胁与承诺会影响现在的行为，这一博弈的解为子博弈完美纳什均衡（SPNE）。一个完全信息动态博弈可能会有很多个纳什均衡，但是有些均衡包含了不可置信地威胁和承诺，子博弈完美纳什均衡就是通过了可信任检测的均衡。在参与者重复关系中，关于未来行动的威胁或承诺将影响到当前的行动。在这个博弈中利用后向归纳法的思路分析子博弈完美结果如下：建立公共服务满意度的问责机制，可以使公众利益诉求对地方政府不可信的威胁变为现实。如果地方政府预测到在进行财政资源安排后，公众在第二阶段观察到财政投入结果并实施是否问责的行动，即表达公共服务满意度，这会影响到地方政府官员的考核和升迁。那么，地方政府在第一阶段的行动将会从其可行集 $\{p>s，p<s，p\approx s\}$ 中选择 $p<s$ 或 $p\approx s$。如果地方政府选择 $p<s$，经济发展受限，将势必影响第三阶段的财政支付能力，引起社会福利支出能力不足，在第四阶段，公众将会问责地方政府，考虑到第四阶段的公众问责，地方政府在第二阶段不会选择 $p<s$，而只会选择 $p\approx s$。因此，将公共服务满意度作为问责机制纳入地方考核，会实现区域内的经济发展和社会福利的财政支出结构均衡。

第一阶段：地方政府有行动集 $\{p>s，p<s，p\approx s\}$；

第二阶段：公众通过问责机制对公共服务供给水平及满意度进行回馈，存在两种策略的行动集 $\{$问责，不问责$\}$。那么，存在六种选择 $\{p>s$，问责}、{p＞s，不问责}、{s＞p，问责}、{s＞p，不问责}、{p≈s，问责}、{p≈s，不问责}。六种选择的收益分别为：

（1）{p＞s，不问责}，地方政府的效用价值为 $f(p_1)$，公众的效用价值为 $f(1-p_1)$；

（2）{p＞s，问责}，地方政府的效用价值为 $f(p_1)-\delta_1$，公众的效用价值为 $f(1-p_1)+r_1-c$；

（3）{s＞p，不问责}，地方政府的效用价值为 $f(p_2)$，公众的效用价值为 $f(1-p_2)$；

（4）{s＞p，问责}，地方政府的效用价值为 $f(p_2)-\delta_2$，公众的效用价值为 $f(1-p_2)+r_2-c$；

（5）{p≈s，不问责}，地方政府的效用价值为 $f(p_3)$，公众的效用价值为 $f(1-p_3)$；

（6）{p≈s，问责}，地方政府的效用价值为 $f(p_3)-\delta_3$，公众的效用价值为 $f(1-p_3)+r_3-c$。

当 $r_i-c\geq0$ 时，即 $r_i\geq c$，公众选择问责的策略才会占优不问责的策略，这意味着公众问责变成可信威胁的条件是付出的成本较低，而得到的收益较高。

由上面的假设可知，$p_1\gg p_3\gg p_2$，则存在 $f(p_1)\gg f(p_3)\gg f(p_2)$，当不存在公众问责的时候（或是公众问责是不可信威胁的时候），地方政府的最优策略选择为 $p＞s$，即偏好经济性支出。

但是，当存在可信的公众问责威胁时，地方政府的最优策略为 $p≈s$，即经济性支出和社会福利支出实现均衡，此时，地方政府选择社会福利和经济均衡的策略条件是：

$$f(p_1)-\delta_1 \ll f(p_2)-\delta_2 \ll f(p_3)-\delta_3$$

下面证明，当存在可信的公众问责威胁时，上面的均衡成立及实现的条件。

由于公众对社会福利支出存在偏好，存在政府因为公众的福利问责付出

的成本 $\delta_1 \gg \delta_2$ 和 $\delta_1 \gg \delta_3$。当这种问责成本足够大时，大于偏好经济性支出获得收益，即 $\delta_1 - \delta_2 \gg f(p_1) - f(p_2)$ 时，对于地方政府而言，策略 $s > p$ 优于 $p > s$。同理，$\delta_1 - \delta_3 \gg f(p_1) - f(p_3)$ 时，对于地方政府而言，策略 $p \approx s$ 优于 $p > s$。在公众问责的情况下，政府存在两个占优策略，即 $p \approx s$ 和 $s > p$。

由于来自上级政府的地方经济考核仍然存在，地方政府没有动力完全偏好社会福利支出，此时 $p \approx s$ 占优于 $s > p$。

此外，即便不考虑来自上级政府的经济考核，公众问责机制也会促使地方政府选择 $p \approx s$ 占优于 $s > p$。原因如下：当考虑第三阶段时，如果政府第一阶段选择 $s > p$，这一期面临的财政支付能力为 $f(p_2)$，假设其偏好和支出占比未变，此时地方政府的经济性支出为 $f(p_2)p_2$，社会福利支出为 $f(p_2)(1 - p_2)$；同理，当地方政府第一阶段选择 $p \approx s$ 时，经济性支出和社会性支出分别为 $f(p_3)p_3$、$f(p_3)(1 - p_3)$。此时，在动态博弈分析中存在以下四种收益。

（1）$\{s > p,$ 不问责$\}$，地方政府的效用价值为 $f[f(p_2)p_2]$，公众的效用价值为 $f[f(p_2)(1 - p_2)]$；

（2）$\{s > p,$ 问责$\}$，地方政府的效用价值为 $f[f(p_2)p_2] - \delta_2$，公众的效用价值为 $f[f(p_2)(1 - p_2)] + r_2 - c$；

（3）$\{p \approx s,$ 不问责$\}$，地方政府的效用价值为 $f[f(p_3)p_3]$，公众的效用价值为 $f[f(p_3)(1 - p_3)]$；

（4）$\{p \approx s,$ 问责$\}$，地方政府的效用价值为 $f[f(p_3)p_3] - \delta_3$，公众的效用价值为 $f[f(p_3)(1 - p_3)] + r_3 - c$。

同前面第二阶段分析，当公众诉求收益大于成本时，公众问责选择策略占优不问责策略，这一可信威胁会影响到地方政府第三阶段的策略选择。根据子博弈完美均衡的后向归纳法的思路，当 δ_2 与 δ_3 无差异或是差异较小时，由于 $f[f(p_3)p_3] - f[f(p_2)p_2] \gg 0$，因此存在 $f[f(p_3)p_3] - f[f(p_2)p_2] \gg \delta_3 - \delta_2$，那么 $p \approx s$ 占优于 $s > p$。

由以上两个动态均衡博弈过程分析可见，通过机制设计将公众问责的不可信威胁变为现实是实现地方财政资源均衡配置的关键。那么，减少公众利益诉求表达和公共服务不满意的问责成本，增大地方政府被问责的惩戒力度，是保证可信威胁的两个重要举措。

（二）机制优化二：转移支付机制下的区域间基本社会福利均等化

由于各地区的经济发展水平及财政支付能力不同，区域内财政支出结构均衡状态下的社会福利支出水平必然存在差异。虽然区域内实现了地方经济发展和社会福利的均衡，但是地区间社会福利的差异过大会影响全国社会福利最大化。从福利经济学角度分析，由于不同财政支出水平地区提供的公共服务存在差异，必然存在社会福利供给低水平和高水平之间的消费边际效率差异，那么从边际效率低的地区转移到边际效率高的地区，存在帕累托改进。因此，本书通过社会福利函数分析，探讨如何通过转移支付实现全国的社会福利最大化。

地区间的转移支付通过中央来完成。将地方政府视为个体，假定其财政支出包括行政类支出（a）、经济性支出（p）、社会福利支出（s），三种支出全部源于自有收入，没有来自其他政府或中央政府的转移支付。设定如下效用函数：

$$U = a^{\alpha} p^{\beta} s^{1-\alpha-\beta} \tag{3.1}$$

由于行政类支出的收入弹性为0，可视为地方政府的一项固定支出，将其支出份额视为常数 a。

地方政府的财政收入源于辖区内的税收，同时按照一定比例 θ 上解给中央政府后，全部用于以上三类财政支出的配置，假设地方政府的预算约束为：

$$y(1-\theta) = a + p + s \tag{3.2}$$

政府通过针对人口财政负担和社会福利的转移支付提高部分地区的财政支出能力，即地方政府获得的转移性收入 tr 用于社会福利支出 s_{tr}，$s_{tr} = tr$。

于是，地方政府的预算约束为：$y(1-\theta) + tr = a + p + s + s_{tr}$。

根据上面的效用函数和预算约束函数建立拉格朗日函数：

$$L(p, s) = a^\alpha p^\beta s^{1-\alpha-\beta} + \lambda[y(1-\theta) - a - p - s] \tag{3.3}$$

求一阶导：

$$\frac{\partial U}{\partial p} = \beta a^\alpha p^{\beta-1} s^{1-\alpha-\beta} - \lambda = 0 \tag{3.4}$$

$$\frac{\partial U}{\partial s} = (1-\alpha-\beta) a^\alpha p^\beta s^{-\alpha-\beta} - \lambda = 0 \tag{3.5}$$

$$\frac{\partial U}{\partial \lambda} = y(1-\theta) - a - p - s = 0 \tag{3.6}$$

从而可以求得解：

令 $M = y(1-\theta) - a$，即地方政府去除行政类支出等刚性支出后的可用于经济性支出和社会福利支出的财政资源之和。那么，存在 $p + s = M$。

$$p = \frac{\beta}{1-\alpha} M, \quad s = \frac{1-\alpha-\beta}{1-\alpha} M \tag{3.7}$$

社会无差异曲线又称为社会福利曲线或社会福利函数，假设全国范围内的社会福利函数可以表达为 W：

$$W = f(U_1, U_2, \cdots, U_n) \tag{3.8}$$

其中，全社会的社会福利函数为所有区域的社会福利函数 U_i 求和，则社会福利的无差异曲线表示为：

$$dW = \left(\sum_{i=1}^n \frac{\partial W}{\partial U_i} \frac{\partial U_i}{\partial s_{tr_i}} \right) + \left(\sum_{i=1}^n \frac{\partial W}{\partial U_i} \frac{\partial U_i}{\partial s_i} \right) = 0 \tag{3.9}$$

式（3.9）是对社会福利函数的全微分，表示政府的社会福利支出 s 和转移性财政社会福利支出 s_{tr} 对全社会福利水平的影响。由于是无差异曲线，所以 $dW = 0$。

令 $v_i = \frac{\partial W}{\partial U_i} \frac{\partial U_i}{\partial s_{tr_i}}$，表示区域 i 获得的 tr 单位的转移性财政社会福利支出，对社会福利的边际效应，$v_i' = \dfrac{v_i}{\sum\limits_{i=1}^n v_i}$ 表示区域 i 在全社会的一种权重。

根据社会福利的无差异曲线，可得社会福利支出 s 和转移性财政社会福

利支出 s_{tr} 的关系，并简化为：

$$MRT_{s,tr} = \frac{ds_{tr}}{ds} = -\frac{\frac{\partial W}{\partial U_i}\frac{\partial U_i}{\partial s}}{\frac{\partial W}{\partial U_i}\frac{\partial U_i}{\partial s_{tr}}} = -\frac{1-\alpha-\beta}{\alpha+\beta}\frac{1}{s}\left[(1-\theta)\left(\sum_{i=1}^{n}v'_iy_i\right)+\sum_{i=1}^{n}tr_i\right]$$

$$(3.10)$$

由于中央的转移支付来源于地方财政的上解，假设全国（整个社会）实行的是预算平衡制度，存在以下全国的预算约束表达式：

$$\sum_{i=1}^{n}tr_i = \theta\sum_{i=1}^{n}y_i \tag{3.11}$$

由此推出社会福利支出 s 和转移性财政社会福利支出 tr 的关系式：

$$\frac{dtr}{ds} = -\frac{1-\alpha-\beta}{\alpha+\beta}\frac{1}{s}\left[(1-\theta)\left(\sum_{i=1}^{n}v'_iy_i\right)+\theta\sum_{i=1}^{n}y_i\right] \tag{3.12}$$

$$\frac{dtr}{ds} = -\frac{1-\alpha-\beta}{\alpha+\beta}\frac{1}{s}\left[\sum_{i=1}^{n}v'_iy_i+\theta\sum_{i=1}^{n}(1-v'_i)y_i\right] \tag{3.13}$$

由于 $1-v'>0$，又 $1-\alpha-\beta>0$，则存在 $\frac{dtr}{ds}<0$，这里社会福利支出和财政社会福利支出转移存在负相关关系，即越是社会福利支出水平低的地区获得的（这里假设区域内已经实现了经济福利和社会福利的均衡，决定区域间社会福利支出水平的原因不包括偏好，唯一原因是财政收入水平的差异）财政转移支付越多，这一转移支付达到的均衡状态将实现全国社会福利最大化。

第四节

本章小结

综上分析可见，伴随着经济转轨和社会转型，我国社会福利发展的供需环境发生改变，存在以下有利因素。一是随着经济发展阶段转变，我国正逐步迈入追求高质量生活的新纪元，不仅要发展经济，还将更加关注人的全面发展与福祉提升。相应地，财政支出结构也经历显著调整，日益向增进社会福利、提升民众生活质量的方向倾斜。二是政府职能重心的调整，由市场经济发展初期的经济建设型政府向市场经济成熟期的服务型政府的转变，更加注重公共服务均等化和公众诉求，财政支出配置更加关注社会绩效，建立经济社会均衡发展基础上的社会福利最大化的政策目标体系。

但是，不利因素也不可忽视。一是1994年的分税制改革重构了我国财政支出责任体系，支出责任下移，地方财政支出成为我国发展经济和提供社会福利的重要力量。由于地区间各自拥有的资源禀赋和制度环境差异，区域间的地方政府财政能力存在差异。伴随着"未富先老"和"未备先老"的老龄化社会的到来，不断加大的社会福利支出的财政压力，加剧财政支付能力和社会福利供给水平的区域非均衡。二是由于各地区完成人口转变的时间先后不一，人口老龄化区域差异大成为我国人口老龄化过程中的显著特征之一。既有像广东那样的经济较发达的"未老先富"型，也有如广西、贵州等省份那样的经济相对落后的"未富先老"型，还有如江苏、山东等省份那样的"边富边老"型。此外，公民利益主体意识的觉醒呼唤公共财政的"公共"职能，促进"国家财政""政府财政"向"公共财政""公民财政"转变，公众利益诉求逐渐成为财政资源配置中除央地二元主体外的第三种力量。伴随着我国人口老龄化程度的加深，社会公共品的消费主体结构有所变化，整个社会的社会福利诉求增强。地方政府作为我国社会福利的主要提供者，不得不正视我国的"未富先老""未备先老"的老龄化，在发展经济、增强财政支付能力的同时不遗余力地提供社会福利，实现经济发展和社会福利的均衡。因此，这需要明确政府在社会福利区域均衡发展中的主体地位，通过相应的财政制度安排和机制设计，保障基本社会福利均等化的同时兼顾经济发展和社会福利的同步协调发展，从而实现全国社会福利最大化。

本书基于社会福利发展的供需环境分析，在中国式财政分权"中央—地方"理论框架中引入公众利益诉求机制，提出一个包含中央政府、地方政府与公众诉求三位一体利益关系的分析框架，理论分析社会福利最大化的最优财政支出配置均衡。利用动态博弈模型和一般均衡分析，证明以上支出配置均衡的实现路径和制度供给机制，包括：一是建立公众问责机制，实现区域内经济性支出和社会福利支出的均衡，达到区域内的经济发展和地方社会福利最大化；二是完善转移支付机制，实现区域间基本社会福利支出均等化，从而实现地方经济福利基础上的全国社会福利最大化。

第四章　社会福利区域非均衡性测度及福利效应分析

社会福利区域非均衡性测度

一、非均衡性测度方法

当前研究地方公共财政支出均衡性的方法主要有变异系数、基尼系数和泰尔指数等。这些指标测量公共支出的分配效应，从社会福利角度评价政府政策的现实价值。李强谊等（2016）采用 Dagum 基尼系数考察我国财政医疗卫生支出强度的地区差距及其分布动态过程。王小平等（2017）利于改进的伊扎基（Yitzhaki）指数测度地方财政科技支出的空间非均衡。吕承超（2016）基于基尼系数和空间极化指数测算我国社会保障发展空间非均衡性。陈志勇等（2017）引入泰尔指数法对我国公共环境支出的非均衡性进行测度。本书主要识别地方财政社会福利支出的区域配置差异性，在考虑经济发展水平、人口老龄化程度及地方财政能力等地区差异性特征的情境下研究社会福利支出的区域非均衡性及其影响因素。

（一）基于不同因素的总体泰尔指数构建

总体泰尔指数（theil index）的测算公式如下：

$$TI = \sum \left[\frac{I_i}{I} \times \log \left(\frac{\frac{I_i}{I}}{\frac{P_i}{P}} \right) \right] \qquad (4.1)$$

通常以人口分布来衡量均等化程度较为普遍，这里为了从地区老龄化程度、经济发展水平和财政能力多层面识别地方财政社会福利支出的区域差异化特征，借鉴陈志勇等（2017）的做法，通过引入识别因素构建改进的泰尔指数进行非均衡测度。

1. 基于地区人口分布的总体泰尔指数

$$TI_{pop} = \sum \left[\frac{I_i}{I} \times \log \left(\frac{\frac{I_i}{I}}{\frac{P_i}{P}} \right) \right] \qquad (4.2)$$

其中，TI_{pop} 表示基于地区人口分布的四大经济区共 31 个省份的总体泰尔指数；I 表示各个省份的财政社会福利支出总额，I_i 表示分省份的财政社会福利支出；P 表示 31 个省份的人口总数，P_i 表示分省份的人口数。基于地区人口分布的总体泰尔指数表示财政社会福利支出与地区人口分布的协调匹配程度，若 $TI_{pop} = 0$，则表明完全协调匹配，该区域达到绝对均等状态；$TI_{pop} \neq 0$，则表明未实现完全协调匹配，该区域泰尔指数值存在偏离状态；TI_{pop} 越接近 0 值，说明财政社会福利支出的区域配置越均衡。

2. 基于地区老龄化程度的总体泰尔指数

$$TI_{old} = \sum \left[\frac{I_i}{I} \times \log \left(\frac{\frac{I_i}{I}}{\frac{O_i}{O}} \right) \right] \qquad (4.3)$$

其中，TI_{old} 表示基于地区老龄人口分布的四大经济区共 31 个省份的总体泰尔指数；I 表示 31 个省份的财政社会福利支出总额，I_i 表示分省份的财政社会福利支出；O 表示 31 个省份的 65 岁以上老龄人口总数，O_i 表示分省份的 65 岁以上老龄人口数。基于地区老龄化程度的总体泰尔指数表示财政社会福利支出与地区老龄人口分布的协调匹配程度，若 $TI_{old} = 0$，则表明完全协调匹配，该区域达到绝对均等状态；$TI_{old} \neq 0$，则表明未实现完全协调匹配，该区域泰尔指数值存在偏离状态；TI_{old} 越接近 0 值，说明财政社会福利支出的区域配置越均衡。

3. 基于地区经济发展水平的总体泰尔指数

$$TI_{gdp} = \sum \left[\frac{I_i}{I} \times \log \left(\frac{\frac{I_i}{I}}{\frac{G_i}{G}} \right) \right] \qquad (4.4)$$

其中，TI_{gdp} 表示基于地区人口分布的四大经济区共 31 个省份的总体泰尔指数；I 表示 31 个省份的财政社会福利支出总额，I_i 表示分省份的财政社会福利支出；G 表示 31 个省份的 GDP 总和，G_i 表示分省份的 GDP。基于地区经济发展水平的总体泰尔指数表示财政社会福利支出与地区经济发展水平的协调匹配程度，若 $TI_{gdp} = 0$，则表明实现了完全协调匹配，该区域达到绝对均等状态；$TI_{gdp} \neq 0$，则表明未实现完全协调匹配，该区域泰尔指数值存在偏离状态；TI_{gdp} 越接近 0 值，说明财政社会福利支出区域配置越均衡。

4. 基于地区财政支出的总体泰尔指数

$$TI_{exp} = \sum \left[\frac{I_i}{I} \times \log \left(\frac{\frac{I_i}{I}}{\frac{E_i}{E}} \right) \right] \qquad (4.5)$$

其中，TI_{exp} 表示基于地区人口分布的四大经济区共 31 个省份的总体泰尔指数；I 表示 31 个省份的财政社会福利支出总额，I_i 表示分省份的财政社会福利支出；E 表示 31 个省份的财政支出（一般预算支出）总和，E_i 表示分省份的财政支出（一般预算支出）。基于地区财政支出的总体泰尔指数表示财政社会福利支出与地区财政能力的协调匹配程度，若 $TI_{exp}=0$，则表明实现了完全协调匹配，该区域达到绝对均等状态；$TI_{exp}\neq0$，则表明未实现完全协调匹配，该区域泰尔指数值存在偏离状态；TI_{exp} 越接近 0 值，说明财政社会福利支出区域配置越均衡。

（二）区域间和区域内不同贡献率的泰尔指数分解

$$TI_{exp} = TI_{exp\_区域间} + TI_{exp\_区域内} \tag{4.6}$$

$$TI_{exp\_区域内} = \sum_{j=1}^{4} \frac{I_j}{I} TI_j \tag{4.7}$$

$$TI_j = \sum_{i=1}^{n} \left[\frac{I_{ji}}{I_j} \times \log\left(\frac{\frac{I_{ji}}{I_j}}{\frac{E_{ji}}{E_j}} \right) \right] \tag{4.8}$$

$$TI_{exp\_区域间} = \sum_{j=1}^{4} \left[\frac{I_j}{I} \times \log\left(\frac{\frac{I_j}{I}}{\frac{E_j}{E}} \right) \right] \tag{4.9}$$

$$贡献率 = \frac{TI_{exp\_区域间}}{TI_{exp}} + \frac{TI_{exp\_区域内}}{TI_{exp}} = 1 \tag{4.10}$$

其中，TI_j 表示第 j 个经济区基于财政支出的泰尔指数，I_{ji} 与 E_{ji} 分别是指第 j 个经济区内第 i 个省份财政社会福利支出额和财政支出额，I_j 与 E_j 分别是指第 j 个经济区域财政社会福利支出总额和财政支出总额。

二、区域非均衡性的测度分析

（一）省际间财政社会福利支出的泰尔指数测算

通过上面构建的 4 个泰尔指数分别测算 1999～2015 年以地区人口分布、人口老龄化程度、经济发展水平和财政能力四个维度的 31 个省份的总体泰尔指数值，具体结果如表 4.1 和图 4.1 所示。

表 4.1   地方财政社会福利支出均等化程度的总体泰尔指数

年份	人口泰尔指数（TI_{pop}）	老龄人口泰尔指数（TI_{old}）	GDP 泰尔指数（TI_{gdp}）	财政支出泰尔指数（TI_{exp}）
1999	0.08516	0.07979	0.08273	0.09948
2000	0.07584	0.07022	0.07585	0.09074
2001	0.07763	0.07469	0.08201	0.09780
2002	0.07139	0.06841	0.08045	0.09490
2003	0.06727	0.06473	0.07061	0.08382
2004	0.06468	0.06121	0.06126	0.07227
2005	0.06524	0.06135	0.05964	0.07275
2006	0.06626	0.06181	0.05783	0.07071
2007	0.06455	0.06047	0.05717	0.07099
2008	0.06531	0.06230	0.05812	0.07308
2009	0.05057	0.04763	0.04752	0.05898
2010	0.05402	0.04989	0.05003	0.06272
2011	0.05334	0.04846	0.05027	0.06373
2012	0.05428	0.04956	0.05198	0.06526
2013	0.05633	0.05203	0.05423	0.06848
2014	0.05727	0.05205	0.05626	0.07077
2015	0.05998	0.05323	0.05903	0.07425

由表 4.1 和图 4.1 中所列的泰尔指数值和变化趋势可以得出以下结论。

（1）从完全均等化的比较角度看，四个维度测算的泰尔指数最低值分别为 0.05057、0.04763、0.04752、0.05898，与零值均有较大偏离，说明我国地方财政社会福利支出与地区总人口、人口老龄化程度、经济发展水平和财政能力间的不匹配程度仍然较大。可见我国地方财政社会福利支出存在区域非平衡现象，表现为：一是供需失衡，即财政社会福利支出与地区人口分

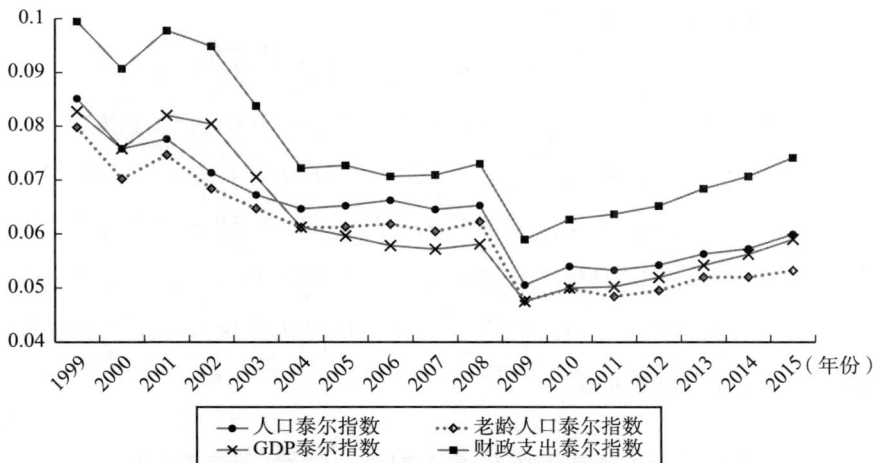

图 4.1　地方财政社会福利支出总体泰尔指数趋势

布、人口老龄化程度不匹配；二是支出和能力失衡，即财政社会福利支出和地区经济发展水平、财政能力不匹配。

（2）比较四个维度的泰尔指数值可见，财政社会福利支出与财政能力的不匹配程度最高，其次是与地区人口分布、与经济发展水平的不匹配程度，财政社会福利支出与人口老龄化程度的不匹配程度在四个维度比较中相对最低，但是也在 0.04 以上（最低点 0.04763），与绝对均等化程度（零值）尚有较大偏离。

（3）基于地区人口分布、人口老龄化程度、经济发展水平和财政支出四个不同维度的财政社会福利支出的总体泰尔指数值存在明显的"V"型变化特征：1999～2009 年，地区间财政社会福利支出的均等化程度提高；到2009 年，情况有所反转，2009～2015 年，地区间财政社会福利支出的均等化程度降低，社会福利支出与地区总人口、老龄化程度、经济发展水平和财政能力间的不匹配程度加大。

（4）基于地区经济发展水平的财政社会福利支出泰尔指数波动起伏最大，1999～2009 年在四个指数中降幅最大，由 1999 年的 0.08273 降到 2009年的 0.04752，而 2009～2015 年这一指数的上升幅度也最大，由 2009 年的

0.04752 上升到 2015 年的 0.05903。

由上面分析可见，我国地方财政社会福利支出存在省际间非均衡，而且近几年有非均衡程度扩大之势，当前不管是社会福利的供需（财政支出与人口分布、老龄化程度），还是支出与能力（社会福利支出与经济发展水平、财政能力）间均存在发展不匹配的非均衡现象。那么，这一非均衡现象和地缘位置、行政区划及区域经济发展等因素是否相关，下面进一步将31 个省份划分为不同经济区，以期探究经济区域内和区域间的财政社会福利支出非均衡及其影响因素。

（二）四大经济区域间财政社会福利支出的泰尔指数测算

本书根据国家统计局 2011 年的划分办法，将我国 31 个省份划分为东部、中部、西部和东北四个经济区域。其中，东部地区包括北京、天津、河北、上海、江苏、浙江、福建、山东、广东和海南 10 个省份，中部地区包括山西、安徽、江西、河南、湖北和湖南 6 个省份，西部地区包括内蒙古、广西、重庆、四川、贵州、云南、西藏、陕西、甘肃、青海、宁夏和新疆 12 个省份，东北地区包括辽宁、吉林和黑龙江 3 个省份。

由上文省级测算可见，社会福利支出与财政能力的不匹配程度最高，因此这部分以财政能力视角分析为例，测算四大经济区财政社会福利支出的泰尔指数。测算结果如表4.2 和图4.2 所示。

表 4.2　　　　基于财政支出的四大经济区社会福利支出泰尔指数

年份	东部地区	中部地区	西部地区	东北地区
1999	0.08993	0.02265	0.10577	0.03587
2000	0.08185	0.02299	0.09472	0.06396
2001	0.08869	0.01623	0.11384	0.07599
2002	0.10029	0.01674	0.10084	0.06367

续表

年份	东部地区	中部地区	西部地区	东北地区
2003	0.08035	0.01698	0.09965	0.05148
2004	0.06374	0.02087	0.10065	0.02114
2005	0.05446	0.02132	0.10535	0.02829
2006	0.04940	0.02519	0.10016	0.03752
2007	0.04747	0.02309	0.10594	0.05886
2008	0.05192	0.01998	0.14359	0.05665
2009	0.05041	0.02230	0.09838	0.03234
2010	0.05090	0.02452	0.10342	0.04421
2011	0.05436	0.02467	0.10242	0.03390
2012	0.05775	0.02638	0.09610	0.03680
2013	0.06212	0.02528	0.10692	0.03401
2014	0.06592	0.02432	0.10680	0.03413
2015	0.06837	0.02443	0.10803	0.02548

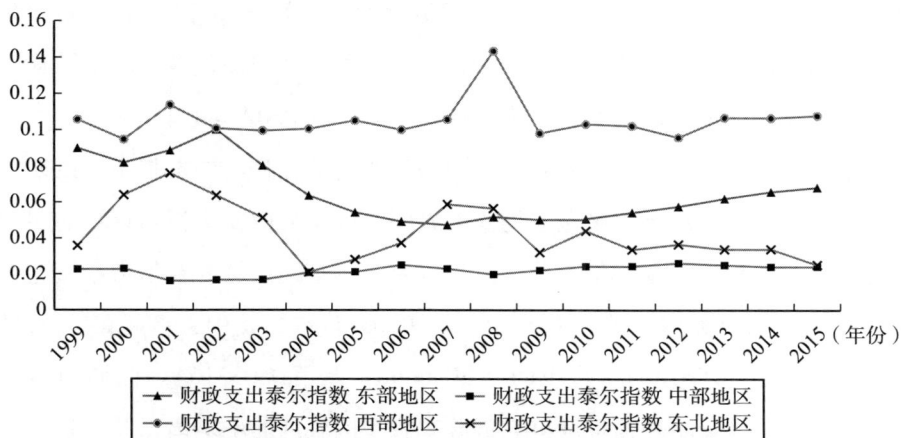

图 4.2　基于财政支出的四大经济区社会福利支出泰尔指数趋势

由表 4.2 和图 4.2 中所列的财政支出泰尔指数值和变化趋势可以得到如下结论。

（1）四大经济区社会福利支出的泰尔指数值都较高，且在先后不同年份出现短暂时间下降后，在 2009 年后都呈现不同程度的上升。东部、中部、西部、东北四大经济区社会福利支出泰尔指数最小值分别出现在 2007 年（0.04747）、2001 年（0.01623）、2000 年（0.09472）、2004 年（0.02114），我国地方财政社会福利支出区域不均衡程度较大，且近几年有上升之势。

（2）四大经济区间的比较发现，社会福利支出泰尔指数差异较大，即各经济区财政社会福利支出和财政能力间的不匹配程度差异较大，最高的地区为西部地区，最低的地区为中部地区，两者均值相差超 0.08（0.10545 - 0.02223 = 0.08322）。其中，西部地区的财政社会福利支出和财政能力间的不匹配程度最高，基本都在 0.1 左右，2008 年泰尔指数值甚至高达 0.14359；东部地区次之，由此可见，财政社会福利支出的区域均衡配置程度与地区经济发展水平无关，虽然东部地区是我国四大经济区中的第一方阵，但是其财政社会福利支出和财政能力间的匹配程度并不高，2002 年不均等程度高达 0.10029；东北地区的社会福利支出泰尔指数值波动较大，最低值为 2004 年的 0.02114，最高值为 2001 年的 0.07599；中部地区的社会福利支出泰尔指数值在四大经济区中最低，平均值为 0.02223，且相对其他区域均等化程度值浮动不大，较为平稳，基本上在 0.02 左右。

下面将进一步分解区域间和区域内差异对均等化程度的贡献率，以期探究产生财政社会福利支出区域非均衡的原因。基于财政支出视角计算的四大经济区社会福利支出泰尔指数分解值如表 4.3 所示，区域内泰尔指数值远大于区域间泰尔指数值，差距基本上都在 0.05 左右，其中，差距最大的是2008 年（差距 0.06166）、最小的是 2006 年（差距 0.03316）。区域内泰尔指数值较高，区域不均衡程度绝大部分来源于区域内的不均衡，其贡献率达到 70% 以上。

表4.3　基于财政支出的四大经济区社会福利支出泰尔指数分解值

年份	$TI_{exp\_区域间}$	$TI_{exp\_区域内}$	TI_{exp}	贡献率（%）	
				$TI_{exp\_区域间}$	$TI_{exp\_区域内}$
1999	0.02618	0.07331	0.09948	26.32	73.69
2000	0.01927	0.07147	0.09074	21.24	78.76
2001	0.01833	0.07947	0.09780	18.74	81.26
2002	0.01439	0.08051	0.09490	15.16	84.84
2003	0.01485	0.06898	0.08382	17.72	82.30
2004	0.01527	0.05700	0.07227	21.13	78.87
2005	0.01872	0.05404	0.07275	25.73	74.28
2006	0.01878	0.05194	0.07071	26.56	73.45
2007	0.01629	0.05471	0.07099	22.95	77.07
2008	0.00571	0.06737	0.07308	7.81	92.19
2009	0.00488	0.05411	0.05898	8.27	91.74
2010	0.00540	0.05732	0.06272	8.61	91.39
2011	0.00593	0.05780	0.06373	9.30	90.70
2012	0.00694	0.05832	0.06526	10.63	89.37
2013	0.00630	0.06218	0.06848	9.20	90.80
2014	0.00682	0.06395	0.07077	9.64	90.36
2015	0.00944	0.06481	0.07425	12.71	87.29

（三）区域内省域间空间异质性类型划分

为进一步识别我国四大经济区内各省份财政社会福利支出的配置非均衡性，结合人均 GDP、人均财政社会福利支出、人口老龄化程度等指标，分别从经济发展水平和财政社会福利支出水平、人口老龄化程度和财政社会福利支出水平、财政能力与财政社会福利支出水平对我国 31 个省份进行类型划分。具体衡量标准为：取各省份每个衡量指标 1999~2015 年的中位数作为各省份的测量指标，以 31 个省份的所有指标的均值为比较基准指标，当测量指标大于基准指标为高水平地区，测量指标小于基准指标为低水平地区，由此可以划分为"高－高"型、"高－低"型、"低－高"型、"低－低"型四种类型，如图4.3所示。四大经济区内各省份并未完全属于同一类型，区域内差异明显。

财政社会福利支出水平

		高	低
经济发展水平	高	北京、上海、辽宁、内蒙古、天津	山东、福建、广东、江苏、浙江
	低	山西、黑龙江、吉林、青海、西藏	河南、安徽、广西、江西、贵州、湖南、四川、河北、湖北、云南、甘肃、重庆、陕西、海南、新疆、宁夏

(a)

财政社会福利支出水平

		高	低
人口老龄化程度	高	辽宁、天津、北京、上海	安徽、广西、湖南、河北、山东、重庆、江苏、浙江
	低	山西、黑龙江、吉林、内蒙古、青海、西藏	河南、江西、贵州、四川、湖北、云南、福建、甘肃、陕西、海南、广东、新疆、宁夏

(b)

财政社会福利支出水平

		高	低
财政支出水平	高	辽宁、内蒙古、青海、天津、西藏、北京、上海	新疆、宁夏
	低	山西、黑龙江、吉林	河南、安徽、广西、江西、贵州、湖南、四川、河北、湖北、山东、云南、福建、甘肃、重庆、陕西、海南、广东、江苏、浙江

(c)

图4.3　我国地方财政社会福利支出水平分类

（四）财政社会福利支出区域非均衡性测度评价

当前研究表明"福利刚性"的存在会加大过度公共福利政策导致的"福利陷阱"的可能性，政府为了维持短期福利水平的不下降而牺牲长期经济增长和长期福利水平（黄少安等，2018）。与现有的观点有所差异，本书认为当前我国的财政社会福利支出不是过度，是支出不足和区域不均衡。与支出不足相比，更严重的是财政社会福利支出的非均衡问题，这种不均衡影响公众对社会福利的满意度，不利于全国社会福利最大化的实现。老龄化背景下地方财政社会福利支出发展不平衡，具体表现为区域内的项目间不平衡和区域间的不平衡。

（1）基于影响因素改进的泰尔指数显示，地方财政社会福利支出区域非均衡。我国地方财政社会福利支出省际间非均衡存在，而且近几年有非均衡程度扩大之势，当前不管是社会福利的供需（财政支出与人口分布、人口老龄化程度），还是支出与能力（社会福利支出与经济发展水平、财政能力）间均存在发展不匹配的非均衡现象。这一非均衡和地缘位置、行政区划及区域经济发展等因素相关不大。经济发展水平较高的东部地区的社会福利支出均等化水平并不高，四大经济区内的各省份并不完全属于同一类型，区域内差异明显。

（2）在老龄化需求压力和我国强调民生财政政策的背景下，社会福利支出成为地方政府的硬性支出任务。但是在我国当前的政府间财政关系和制度安排下，政治任务式的社会福利支出方式会出现两种情况：有支付能力的地区不愿意支付只是保基本，如江苏和浙江两省份，人口老龄化程度较高、经济发展水平也较高，但是财政社会福利支出水平并不高；无支付能力的地区无能力支付还得完成任务，如黑龙江、吉林两省份，经济发展水平不高、人口老龄化程度较高，财政社会福利支出水平高。这将陷入一种低水平的"社会福利陷阱"：一方面，社会福利支出不足；另一方面，这种不高的社会福利支出成为部分地区的人口财政负担，影响经济可持续发展。

（3）虽然我国地区间经济发展水平有差异、人口老龄化程度不同，但是这些都不是决定社会福利支出水平和财政支出结构安排的主要原因。区域间财政支出结构差异较大，福利支出具有被动支出特征，地方政府在财政支出结构安排中并未实现经济发展和社会福利的均衡。本书认为，产生区域间财政支出结构非均衡的原因与经济发展水平和人口结构变化无关，更多地源于既有的财政制度安排和地方考核体系的错位激励。

第二节
区域非均衡性的福利效应分析

自 2000 年我国进入老龄化社会以来，地方政府的社会福利支出刚性增长，但是，我国受众对这类公共服务的满意度并不高，《中国公共财政建设报告 2014》调查社会公众对各项公共服务的满意度评价，义务教育、市政设施和公共基础设施的满意度得分排在前三位，医疗卫生的满意度得分上升最多，但仍然排在末位。"看病难""养老难"仍然是当前居民舆论和社会媒体关注的焦点问题。《论语·季氏》有句话叫"不患寡而患不均"，当前居民对医疗和社保等社会福利支出满意度不高，一方面，源于这些财政支出提供数量和质量不够；另一方面，源于这些公共服务财政供给的区域失衡，这种资源配置不均衡降低了公众的满意度评价：首先，由于经济绩效考核机制的长期扭曲作用，地方政府更加偏好经济类财政支出，因此，地方的市政设施和公共基础设施的供给水平相对较高，医疗卫生和社会保障等公共服务提供不够，这种财政支出中的结构失衡造成医疗卫生和社会保障等公共服务客观上供给不足，降低了公众的满意度评价；其次，相较于市政设施和公共基础设施等公共服务支出，公众更为关注医疗卫生和社会保障等公共支出，对政府提供服务的期望也较高，主观的供给期望加上客观的供给不足加剧了公众对社会福利支出评价的不满意；最后，当前区域间医疗卫生、社会保障等福利支出不均衡，也会使居民存在不满意感，降低对这类公共服务的满意度评价。

一、作用机制：公众诉求、非均衡性感知与福利效应评价

（一）基于公共满意度的福利效应度量

本书借鉴福利经济学的相关理论，界定区域均衡的社会福利标准。福利经济学认为，每个社会的目标都是追求其社会福利的最大化。而社会福利的高低取决于个人福利的高低，因此，福利的度量主要是个人福利的度量。福利通常被认为是个体消费一定商品或服务获得的满足程度。公民对公共服务的满意度反映出公众诉求被回应的主观评价，是个人消费公共服务的幸福或快乐。因此，公共服务满意度可以视作判断地区财政资金产出和社会福利实现水平的一个有效度量。

党的十九大报告对新时代我国社会主要矛盾转化做了重新表述，强调增强人民群众的公共服务获得感。因此，提高公共服务满意度和人们幸福感应该成为考察地方政府财政支出绩效的重要内容。更加平衡、充分、公平和公正地实现人民的利益要求成为我国推进发展、深化改革的焦点（王浦劬和季程远，2018）。那么，如何高效提供公共服务以最大限度地提高辖区受众的公共满意度和服务感知力，实现社会福利效应提高，应引起当前地方政府重视。

（二）公众诉求、非均衡性感知与公共服务满意度：基于相对剥夺理论的分析

朗西曼（Runciman，1966）提出"相对剥夺"（relative deprivation）概念，认为人们将自己的处境与参照群体（与自己特征相近的群体）比较的过程中，意识到自己不具有某种资源，但参照群体或个人拥有该资源，会产生强烈拥有该资源的合理期望，这种一定程度的消极情绪就是"相对剥夺感"。相对剥夺是一种主观的感受。斯特拉克和伊特扎基（Stark & Yitzhaki，

1988）将相对剥夺概念引入经济学领域研究。近年来，国内外学者分别从客观指标和主观指标两个方面研究相对剥夺。主观指标主要采用问卷调查反映个体的主观不平等感知程度。客观指标主要采用一些测度均衡程度的指标度量不均等性，如 Yitzhaki 指数、Kakwani 指数等。相关研究文献有：李颖晖（2015）分别基于结构地位与相对剥夺视角，研究教育程度对收入分配公平感的影响路径；倪志良等（2016）实证检验了横向、纵向和预期相对剥夺对农民幸福感的影响；任国强等（2011）把相对剥夺理论引入基尼系数的子群分解公式；王小平等（2017）基于相对剥夺理论的客观 Yitzhaki 指标测度地方财政科技支出的空间非均衡。

相对剥夺理论认为，人们在评价利益获得与社会公平程度时，并不完全依照既得利益的绝对价值，而是取决于相对价值，包括：现实可比的参照群体、个体生活的纵向经历、个人的价值尺度及期待水平等（李颖晖，2015）。因此，相对剥夺感的产生不仅取决于参照群体的选择，还取决于个人利益诉求。王宁（2007）指出，相对剥夺感包括横向相对剥夺感和纵向相对剥夺感两个维度，个体的自我定位和投入期待会强化相对剥夺感。由于社会福利支出的受众关注度更高，居民更容易比较本地和其他地区的社会福利支出差异，这种区域间的比较差异，可能引发公众对财政社会福利支出的非均衡性感知，从而影响公众的公共服务满意度，产生相对剥夺感。本部分基于相对剥夺理论的分析，分别从客观和主观两个方面度量财政社会福利支出的不均衡，检验社会福利支出不均衡的影响效应，并加入公众利益诉求变量，考察公众诉求、均衡性感知共同作用下的公共服务满意度。

二、计量模型与数据来源

（一）计量模型与变量说明

本书借鉴相对剥夺理论的主观指标和客观指标的构造方法，前者主要采用问卷调查反映个体的主观不平等感知程度，后者主要采用一些测度均衡程度的指标度量不均等性。本书以医疗卫生服务为例，分别采用问卷调查中的主观均衡性感知和客观的经济指标度量社会福利支出的均衡程度，并选择有序概率模型（ordered probit model）分析公众诉求、均衡性感知对公共服务满意度的影响效应，设定如下模型：

$$Satisfaction_{im} = \alpha Appeal_{im} + \beta Imbalance_{im} + \gamma X_{im} + \varepsilon_{im} \qquad (4.11)$$

其中，被解释变量 $Satisfaction_{im}$ 表示 m 省份居民 i 对医疗卫生公共服务的总体满意度，α、β、γ 均为系数向量，ε_{im} 为随机扰动项，$Appeal_{im}$ 表示公众利益诉求，$Imbalance_{im}$ 表示医疗卫生公共服务的供给均衡程度，X_{im} 表示影响公共服务满意度的控制变量。

（1）医疗卫生公共服务的总体满意度（$Satisfaction_{im}$）。2013 年中国综合社会调查（CGSS）问卷中关于医疗卫生服务的满意度的问题是"综合考虑各个方面，您对医疗卫生公共服务的总体满意度如何"。由图 4.4 的直方图可见，我国居民对医疗卫生公共服务完全不满意的（打分为 0）有 0.3%，完全满意的（打分为 100）有 1.4%，有 20.67% 的居民对公共服务满意度打分不及格。

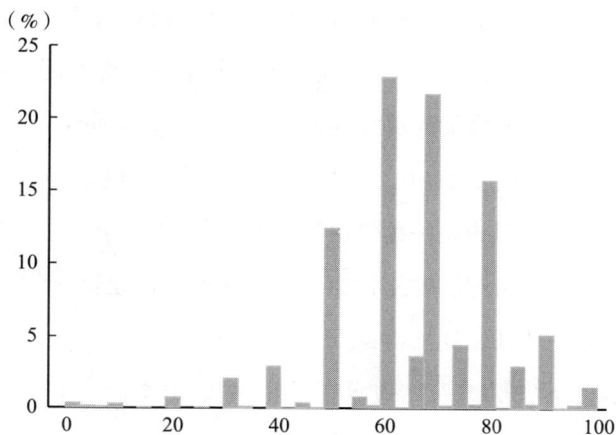

图 4.4　医疗卫生服务公共满意度

资料来源：《2013 年中国综合社会调查（CGSS）》。

（2）公众诉求（$Appeal_{im}$）。用主成分分析（PCA）[1] 提取出公众利益诉求的衡量变量。从分析结果中得知，相关系数矩阵中的相关系数几乎全都大于 0.4，证明其运用主成分分析方法是可行的。生成 1 个主成分的特征值大于 1，所以选取 1 个复合变量是合理的。复合变量公共利益诉求（pub_appeal）包括"赞同自由批评政府的程度"（gov_1）、"赞同自由生育的程度"（gov_2）、"赞同自由工作和生活的程度"（gov_3）三个指标，三个指标值越高，表示公众越不希望政府干预过多，倾向于小政府，公众的利益诉求越小；反之，三个指标越低，表示公众希望政府干预，倾向于大政府，公众的利益诉求越大。

（3）公共服务资源的均衡程度（$Imbalance_{im}$）。依据相对剥夺理论，从客观指标和主观指标分别测度地方财政社会福利支出非均衡的影响效应。

首先，用公众的均衡性感知作为主观指标，做基础回归。用主成分分析提取出复合变量，度量公众对公共服务资源的均衡程度感知。从分析结果中得知，相关系数矩阵中的相关系数几乎全都大于 0.5，证明其运用主成分分析方法是可行的。生成 1 个主成分的特征值大于 1，所以选取 1 个复合变量是合理的。复合变量均衡程度感知（pub_satif）包括"医疗卫生公共服务资源的充足程度"（pub_enough）、"医疗卫生公共服务资源的便利程度"（pub_conven）、"医疗卫生公共服务资源的普惠程度"（pub_gene）、"医疗卫生公共服务资源的均衡程度"（pub_equil），前三个变量反映医疗卫生资源提供的结构均衡程度，体现的是一种供给数量和供给质量的问题，越是医疗资源提供充足、便利说明结构越均衡，第四个变量衡量的是区域间提供的均等化程度，体现的是一种区域间均等的问题。

其次，选取 m 省份的人均财政医疗卫生支出水平和该省份内医疗服务

---

① 主成分分析的目的在于降维，通过少数几个方差大的特征维度代表整个样本数据集（Rao，1965）。

供给的基尼系数作为客观指标，分别测度公共服务供给的结构均衡和区域间均等化程度。由于县域经济数据无法找到医疗卫生财政支出数据，故用该县所在省份的人均财政医疗卫生支出水平反映地区供给水平，使用某一省份所有县（或县级市）的医院或卫生所的床位数和该县的人口数算出基尼系数，度量该省内的医疗服务均等化程度。

（4）控制变量（X_{im}）。控制变量分为三个层次：一是人口统计学变量，包括性别、年龄、户籍、受教育程度、政治面貌、健康状况、是否是少数民族等；二是个体特征变量，包括社会公平感、自评家庭经济状况、自评社会地位等；三是社会环境变量，包括人均 GDP、人口老龄化程度、地区类型（城乡）、城乡差异、财政透明度等。

（二）数据来源

本书的微观居民调查数据来自 2013 年中国综合社会调查（CGSS），是中国人民大学中国调查与数据中心实施的以我国 20 个省、4 个自治区、4 个直辖市（不含新疆、西藏、海南、港澳台地区）共 134 个县/区作为初级抽样的 11438 个样本。在剔除了数据错误和数据缺失的被调查样本后，最终得到有效样本 10385 个。本书选取的财政医疗支出数据来源于《中国财政年鉴》（2013 年），县级单位内的医院或卫生院床位数据来源于《中国县域经济统计年鉴》（2014 年）①，考虑到北京、上海、天津三个直辖市的城市化水平，其县域经济数据可能带来选择偏误，本书在计算医疗支出水平和省域内社会福利基尼系数时去掉这三个直辖市的数据。表 4.4 列示了以上所有变量及其描述性统计。

---

① 考虑到其他的数据用的是财政医疗支出数据，这相当于医疗卫生服务的投入，而县级单位内的医院或卫生院床位数据相当于财政投入的产出，故后者滞后一期。

表 4. 4   **主要变量的统计性描述**

变量	变量说明	平均值	标准差	最小值	最大值	样本量
Satisfaction	医疗卫生服务公共满意度，0~100	65.990	15.480	0.000	100.000	5700
Imbalance	公共服务均衡程度（主观指标）	0.000	1.000	-2.941	3.154	5500
Gini	公共服务均衡程度：区域均衡（客观指标），省内县域间医院床位数差异	0.279	0.052	0.203	0.403	9900
lnper_medi	公共服务均衡程度：结构均衡（客观指标），人均医疗卫生支出取对数	6.360	0.280	6.079	7.121	11000
Appeal	公众诉求，主成分分析得到的复合变量	0.000	1.000	-2.588	2.712	11000
sex	性别，1=男性，0=女性	0.503	0.500	0.000	1.000	11000
age	年龄	48.770	24.640	17.000	2000.000	11000
edu	受教育年限	10.430	3.216	6.000	19.000	11000
health	健康状况自评，1~5	3.711	1.083	1.000	5.000	11000
minority	是否少数民族，1=是，0=否	0.085	0.278	0.000	1.000	11000
hukou	户籍，1=非农户口，0=农业户口	0.401	0.490	0.000	1.000	11000
party	是否党员，1=是，0=否	0.102	0.302	0.000	1.000	11000
fairness	社会公平感，1~5	2.999	1.038	1.000	5.000	11000
eco_status	家庭经济地位，1=远低于平均水平，2=低于平均水平，3=平均水平，4=高于平均水平，5=远高于平均水平	2.684	0.681	1.000	5.000	11000
soc_class	社会地位自评	4.314	1.680	1.000	10.000	11000
p_gdp	人均GDP	4.997	2.238	2.309	9.810	11000
popaging	人口老龄化程度：老年抚养比	0.121	0.019	0.091	0.183	11000
ur_differ	城乡差异	2.756	0.513	2.034	3.803	11000
fiscaltra	信息公开程度，财政透明度	37.370	11.140	19.440	57.010	11000
area_type	地区类型，1=非农，0=农村	0.614	0.487	0.000	1.000	11000

三、实证分析

（一）基础回归

表4.5中列（1）~列（3）反映了有序概率模型下医疗卫生服务均衡程度和公众利益诉求对公众满意度的影响的回归结果。模型（1）只分析了公众的医疗卫生资源均衡程度感知对公共服务满意度的影响，模型（2）在模型（1）的基础上加入了公众利益诉求变量，模型（3）加入了均衡程度感知和公众诉求的交叉项。

表4.5　　　　　　　　医疗卫生公共服务满意度的回归结果

变量	Ordered Probit 模型			OLS		
	（1）	（2）	（3）	（4）	（5）	（6）
Imbalance	0.622 *** (27.33)	0.618 *** (26.83)	0.617 *** (26.92)	7.603 *** (25.99)	7.527 *** (25.77)	7.485 *** (26.12)
Appeal	—	-0.041 ** (-1.96)	-0.038 * (-1.81)	—	-0.646 ** (-2.41)	-0.572 ** (-2.24)
Imbalance × Appeal	—	—	0.037 ** (2.08)	—	—	0.776 *** (3.28)
sex	-0.006 (-0.18)	-0.005 (-0.16)	-0.006 (-0.18)	0.035 (0.09)	0.046 (0.12)	0.031 (0.08)
age	0.003 *** (3.23)	0.003 *** (2.94)	0.003 *** (2.90)	0.035 ** (2.82)	0.032 ** (2.49)	0.031 ** (2.46)
edu	-0.001 (-0.23)	-0.001 (-0.17)	-0.000 (-0.07)	-0.011 (-0.16)	-0.004 (-0.05)	0.008 (0.12)
health	0.029 (1.51)	0.033 * (1.69)	0.033 * (1.71)	0.336 (1.36)	0.379 (1.52)	0.386 (1.55)
minority	0.278 *** (4.18)	0.267 *** (4.09)	0.274 *** (4.30)	3.215 *** (4.04)	3.035 *** (3.87)	3.192 *** (4.22)

续表

变量	Ordered Probit 模型			OLS		
	(1)	(2)	(3)	(4)	(5)	(6)
hukou	−0.000 (−0.01)	−0.004 (−0.09)	−0.005 (−0.11)	−0.056 (−0.11)	−0.096 (−0.18)	−0.119 (−0.22)
party	0.090* (1.71)	0.079 (1.49)	0.079 (1.49)	0.999 (1.51)	0.830 (1.25)	0.850 (1.26)
fairness	0.066*** (3.64)	0.067*** (3.65)	0.068*** (3.71)	0.846*** (3.71)	0.845*** (3.71)	0.854*** (3.81)
eco_status	0.054** (1.98)	0.057** (2.07)	0.055** (2.02)	0.698** (2.07)	0.746** (2.21)	0.709** (2.12)
soc_class	0.019 (1.37)	0.019 (1.37)	0.019 (1.36)	0.266 (1.58)	0.260 (1.54)	0.256 (1.53)
p_gdp	−0.006 (−0.34)	−0.008 (−0.49)	−0.009 (−0.52)	−0.051 (−0.24)	−0.088 (−0.42)	−0.097 (−0.46)
popaging	4.493*** (2.59)	4.253** (2.43)	4.270** (2.43)	51.098** (2.45)	47.298** (2.25)	47.644** (2.27)
ur_differ	−0.026 (−0.31)	−0.030 (−0.37)	−0.032 (−0.39)	−0.361 (−0.35)	−0.411 (−0.40)	−0.456 (−0.44)
fiscaltra	0.003 (1.13)	0.003 (1.26)	0.003 (1.24)	0.030 (0.99)	0.034 (1.12)	0.033 (1.10)
area_type	−0.174*** (−3.33)	−0.166*** (−3.19)	−0.168*** (−3.23)	−2.002*** (−3.09)	−1.908*** (−2.98)	−1.948*** (−3.05)
_cons	—	—	—	52.466*** (11.22)	52.906*** (11.27)	53.160*** (11.34)
N	4890	4839	4839	4890	4839	4839
Pseudo R^2/R^2	0.081	0.0816	0.0819	0.2977	0.2998	0.3028

注：① ***、** 和 * 分别表示1%、5%和10%的显著性水平；②括号中的标准误是经过县级聚类校正的稳健标准误。

由表4.5的回归结果可见：

（1）均衡程度的提高在概率上增加了居民公共服务满意的可能性，这种影响效应达到1%的显著性水平［模型（1）~（3）］。这说明，在其他条件不变的情况下，公众对医疗卫生供给均衡程度（包括供给充足度的结构均衡和区域间均等化的区域均衡）每提高 1 个百分点，公众对公共服务满意度打分将提高 0.622 个百分点。因此，提高公共服务供给均衡度对提高公共服务供给质量和建设服务型社会有着重要的操作意义。

（2）公众利益诉求在 5% 的显著水平上负向影响公共服务满意度［模型（2）］，这说明表达利益诉求值越小，对政府提供服务的期望度也小，可能对公共服务满意度的评价越高，由模型（2）可见，公众利益诉求每提高 1 个百分点，公众服务满意度会降低 0.041 个百分点。此外，公众利益诉求动机稀释了均衡程度感知对满意度的影响效应，加入利益诉求后，均衡程度感知对公共服务满意的边际影响效应由模型（1）中的 0.622 降低到模型（2）中的 0.618。均衡性感知和公众诉求的交叉项在 5% 的显著水平上正向影响着公共服务满意度［模型（3）］。

（3）年龄在 1% 的显著水平上正向影响着公共服务满意度［模型（1）~（3）］，本书认为随着年龄的增长，对医疗卫生服务的需求越多，对其关注度也较高，越能感受到我国医疗卫生服务的改进和完善，对其满意度也提高。健康在 10% 的显著水平上正向影响着公共服务满意度，这很好理解，健康的人较之不健康的人评价事务可能更积极一点。少数民族的居民在 1% 的显著水平上正向影响公共服务满意度。社会公平感知度越高和家庭经济状况越好的人对公共服务满意度评价更高，分别在 1% 和 5% 的统计水平上正向显著。老龄化程度更高的地区公共服务满意度更高，这和年龄因素类似，老年人口增多的外生冲击下，当地政府势必提供医疗卫生服务供给，这在一定程度上提高了受众的满意度水平。农村地区较城镇地区的医疗卫生公共服务满意度更高，这一点和日常经验认知有所区别，即城镇地区的医疗卫生服务水平一般比农村地区高，应该公共服务满意度更高才对。本书认为，随着我国公共服务均等化政策的不断推进，我国公共服务政策不断向少数民族和农村地区倾斜，这些地区的医疗卫生服务水平不断完善，从时间纵向比较看，这些地区的医疗卫生不管是服务数量还是服务质量都较原来提高不少，基于相对剥夺理论，通过和自身享受水平的前后比较，这些地区的公共服务满意度必然较高。

（4）模型（4）~（6）反映了 OLS 模型下医疗卫生服务均衡程度和公众利益诉求对公众满意度的影响的回归结果。主要解释变量除了系数大小存在差异外，回归系数方向和显著性水平都没有太大变化，这在一定程度上说明模型的稳健性和结论的可靠性。

（二）人群间的异质性效应

由上文的实证分析可见，公众的均衡性感知显著提高公共服务满意度，且受众的利益诉求负向影响居民的满意度。那么，下文将细分居民样本，从不同视角进一步验证公众利益诉求的异质性影响。以问卷中"上次居委会/村委会选举，您是否参加了投票"界定居民参加选举的积极性，基层选举体现的是中国式民主，是我国公民参政议政的一种重要形式，一定程度上反映出居民表达公众利益诉求的积极性，一般认为积极参加基层选举的人会更加积极参政议政，表达公众利益诉求的意愿更高。按照是否参加基层选举将居民进行分层回归，如表 4.6 所列，模型（1）~（3）显示的是参加基层选举人群的医疗卫生公共服务满意度的回归结果，模型（4）~（6）显示的是不参加基层选举人群的医疗卫生公共服务满意度的回归结果。

表 4.6　　　　不同人群的医疗卫生公共服务满意度的回归结果（一）

变量	参加选举的人群			不参加选举的人群		
	(1)	(2)	(3)	(4)	(5)	(6)
Imbalance	0.609 *** (18.90)	0.605 *** (18.48)	0.605 *** (18.56)	0.640 *** (24.21)	0.635 *** (23.86)	0.633 *** (23.48)
Appeal	—	−0.052 ** (−2.08)	−0.051 ** (−2.08)	—	−0.036 (−1.35)	−0.028 (−1.08)
Imbalance × Appeal	—	—	0.021 (1.08)	—	—	0.049 ** (1.97)

续表

变量	参加选举的人群			不参加选举的人群		
	(1)	(2)	(3)	(4)	(5)	(6)
sex	0.038 (0.76)	0.043 (0.87)	0.043 (0.87)	−0.041 (−0.99)	−0.044 (−1.06)	−0.045 (−1.10)
age	0.004 ** (2.48)	0.004 ** (2.40)	0.004 ** (2.36)	0.002 (1.53)	0.002 (1.32)	0.002 (1.35)
edu	−0.003 (−0.35)	−0.001 (−0.16)	−0.001 (−0.13)	0.003 (0.35)	0.002 (0.26)	0.003 (0.36)
health	0.009 (0.33)	0.014 (0.52)	0.015 (0.56)	0.049 ** (2.11)	0.052 ** (2.21)	0.051 ** (2.18)
minority	0.307 *** (3.91)	0.296 *** (3.74)	0.299 *** (3.79)	0.257 *** (3.07)	0.249 *** (3.01)	0.262 *** (3.25)
hukou	0.099 (1.24)	0.096 (1.19)	0.095 (1.19)	−0.057 (−1.07)	−0.060 (−1.10)	−0.061 (−1.14)
party	0.002 (0.03)	−0.019 (−0.26)	−0.019 (−0.26)	0.164 ** (2.32)	0.160 ** (2.27)	0.163 ** (2.29)
fairness	0.064 ** (2.29)	0.062 ** (2.20)	0.062 ** (2.23)	0.069 *** (3.37)	0.072 *** (3.48)	0.072 *** (3.53)
eco_status	0.016 (0.40)	0.016 (0.37)	0.014 (0.34)	0.084 ** (2.45)	0.088 *** (2.58)	0.086 ** (2.56)
soc_class	0.047 *** (2.87)	0.047 *** (2.87)	0.047 *** (2.87)	−0.011 (−0.59)	−0.011 (−0.60)	−0.010 (−0.57)
p_gdp	−0.014 (−0.64)	−0.019 (−0.86)	−0.019 (−0.86)	0.001 (0.04)	−0.001 (−0.03)	−0.001 (−0.06)
popaging	4.840 ** (2.34)	4.548 ** (2.19)	4.550 ** (2.19)	4.163 ** (2.04)	3.954 * (1.92)	4.003 * (1.93)
ur_differ	−0.073 (−0.78)	−0.082 (−0.89)	−0.084 (−0.91)	0.020 (0.21)	0.017 (0.18)	0.014 (0.15)
fiscaltra	0.001 (0.33)	0.001 (0.45)	0.001 (0.44)	0.004 (1.41)	0.004 (1.50)	0.004 (1.48)
area_type	−0.207 *** (−2.64)	−0.202 ** (−2.56)	−0.204 *** (−2.59)	−0.145 ** (−2.47)	−0.136 ** (−2.28)	−0.137 ** (−2.31)

续表

变量	参加选举的人群			不参加选举的人群		
	（1）	（2）	（3）	（4）	（5）	（6）
N	2089	2065	2065	2801	2774	2774
Pseudo R^2	0.0824	0.0829	0.083	0.0808	0.0814	0.082

注：① *** 、** 和 * 分别表示1%、5% 和10% 的显著性水平；②括号中的标准误是经过县级聚类校正的稳健标准误。

具体回归结果分析如下：

（1）比较两组人群的均衡性感知对公共服务满意度的影响效应，发现人群分层后的影响效应仍然在1% 的统计水平上显著，但是两组人群影响效应系数存在差异，不参加选举的人群的影响效应明显高于参加选举的人群。这一定程度说明公众利益诉求调节了均衡性感知对公共服务满意度的作用，一般认为参加选举的人群表达利益诉求的动机和意愿更强，对政府提供优质公共服务的期望更高，这会影响其对公共服务供给质量的评价。

（2）公众利益诉求在两组人群中影响效应的显著性差异进一步证实了上面的判断。由模型（2）和模型（3）可见，和基础回归部分的结论相一致，公众利益诉求在5% 的显著水平上负向影响公共服务满意度，即倾向于大政府的居民，对政府的公共服务供给数量和质量期望较高，倾向于对公共服务满意度评价不高；反之倾向于小政府的居民，对政府的公共服务职能期望不高，会满意于当前的公共服务供给。此外，比较模型（2）和模型（3）发现，在考虑了均衡性感知和公众诉求的交叉项后，公众利益诉求的负向影响的边际效应由0.052 个百分点下降到0.051 个百分点。模型（5）和模型（6）的回归结果显著性证实，不参加选举的人群，表达利益诉求的意愿较弱，这些人的利益诉求对公共服务满意评价的影响不具有统计学意义。但值得一提的是，均衡性感知和公众诉求的交叉项在5% 的显著水平上正向影响居民的公共服务满意度，即公众利益诉求调节了均衡性感知对满意度的影响，存在调节效应。

由基础回归部分可知，医疗卫生满意度具有较强的年龄敏感性，下文将进一步按照年龄进行人群分层，如表4.7所示。60岁在我国称为"花甲"，是部分男性和女性的退休年龄，也是划分是否进入老龄化的一个重要的年龄节点，故本书将研究样本分为"年龄大于60岁的人群"和"年龄小于60岁的人群"两组。模型（1）~模型（3）显示的是年龄大于60岁人群的医疗卫生公共服务满意度的回归结果，模型（4）~模型（6）显示的是年龄小于60岁人群的医疗卫生公共服务满意度的回归结果。

具体回归结果分析如下所示。

（1）比较两个年龄层次的人群可见，均衡性感知均在1%的显著水平上影响公共服务满意度，但是年龄大的人群的影响效应明显大，这和前文的结论相一致，因为这里测度的是医疗卫生的公共服务满意度，老龄人口对其关注度更高，因此医疗卫生的供给质量和均衡程度成为影响这类人群服务满意度评价的重要因素。

（2）大于60岁的老龄人口表达利益诉求的动机和意愿并不强烈，因此在这一分组中利益诉求作用公共服务满意度的影响效应不具有统计学意义。反之，年龄小于60岁的人群大多处于工作状态，表达利益诉求的意愿尚强烈，因此这类人群中利益诉求是影响公共服务满意度的重要因素。

（3）值得一提的是，虽然大于60岁的老龄人口的利益诉求作用效应不显著，但加入了均衡性感知和利益诉求的交叉项后，交叉项在10%的显著水平上影响公共服务满意度，而且还调节了均衡性感知影响满意度的系数大小，由0.637提高到0.643。这进一步证实公众利益诉求调节了均衡性感知对满意度的影响，老龄人口的均衡性感知是影响医疗卫生公共服务满意的重要因素。

表 4.7　　　　不同人群的医疗卫生公共服务满意度的回归结果（二）

变量	年龄大于 60 岁的人群			年龄小于 60 岁的人群		
	（1）	（2）	（3）	（4）	（5）	（6）
Imbalance	0.637 *** (15.50)	0.635 *** (15.41)	0.643 *** (15.68)	0.620 *** (25.88)	0.615 *** (25.38)	0.612 *** (25.09)
Appeal	—	−0.014 (−0.44)	−0.016 (−0.56)	—	−0.049 ** (−2.11)	−0.044 * (−1.89)
Imbalance × Appeal	—	—	0.056 * (1.80)	—	—	0.034 * (1.81)
sex	−0.007 (−0.11)	−0.008 (−0.14)	−0.010 (−0.16)	−0.003 (−0.07)	−0.001 (−0.04)	−0.002 (−0.06)
edu	0.011 (1.09)	0.011 (1.09)	0.012 (1.19)	−0.008 (−1.22)	−0.007 (−1.12)	−0.007 (−1.03)
health	0.002 (0.06)	0.006 (0.17)	0.008 (0.25)	0.032 (1.52)	0.036 * (1.67)	0.036 * (1.68)
minority	0.329 *** (2.69)	0.312 ** (2.47)	0.340 *** (2.72)	0.258 *** (3.40)	0.248 *** (3.34)	0.252 *** (3.42)
hukou	−0.030 (−0.31)	−0.028 (−0.29)	−0.030 (−0.32)	0.026 (0.52)	0.019 (0.39)	0.018 (0.36)
party	0.202 ** (2.46)	0.191 ** (2.29)	0.195 ** (2.28)	0.064 (0.99)	0.052 (0.82)	0.052 (0.81)
fairness	0.101 *** (3.33)	0.101 *** (3.28)	0.101 *** (3.33)	0.059 *** (2.85)	0.060 *** (2.87)	0.060 *** (2.89)
eco_status	0.089 * (1.94)	0.092 ** (1.99)	0.086 * (1.87)	0.042 (1.36)	0.045 (1.45)	0.044 (1.43)
soc_class	0.010 (0.42)	0.010 (0.41)	0.009 (0.38)	0.022 (1.54)	0.022 (1.53)	0.023 (1.55)
p_gdp	0.020 (0.80)	0.017 (0.71)	0.018 (0.73)	−0.013 (−0.77)	−0.015 (−0.90)	−0.016 (−0.93)
popaging	3.154 (1.42)	3.206 (1.42)	3.173 (1.40)	4.878 *** (2.63)	4.528 ** (2.42)	4.557 ** (2.43)
ur_differ	0.038 (0.39)	0.037 (0.38)	0.040 (0.41)	−0.049 (−0.56)	−0.053 (−0.62)	−0.057 (−0.65)

续表

变量	年龄大于 60 岁的人群			年龄小于 60 岁的人群		
	（1）	（2）	（3）	（4）	（5）	（6）
fiscaltra	0.002 （0.50）	0.002 （0.61）	0.002 （0.56）	0.003 （1.30）	0.004 （1.39）	0.004 （1.38）
area_type	−0.163 * （−1.66）	−0.156 （−1.57）	−0.161 （−1.62）	−0.180 *** （−3.00）	−0.171 *** （−2.84）	−0.172 *** （−2.87）
N	1201	1189	1189	3689	3650	3650
Pseudo R^2	0.0856	0.0857	0.0864	0.0795	0.0802	0.0805

注：① *** 、** 和 * 分别表示 1%、5% 和 10% 的显著性水平；②括号中的标准误是经过县级聚类校正的稳健标准误。

（三）地区间的异质性效应

由上面的基础回归可见，医疗卫生公共服务满意度的回归结果具有城乡差异，下面将样本划分为城镇地区和农村地区两个样本分别进行回归，并比较回归结果（见表 4.8）。具体结论分析如下所示。

（1）比较两组样本关于均衡性感知对公共服务满意度的回归结果可见，农村地区的影响效应明显大于城镇地区，模型（4）~模型（6）的系数比模型（1）~模型（3）平均提高约 0.03。长期以来城乡公共服务差距是我国公共服务提供非均等化的一个现实问题，尽管近年来我国不断对农村地区进行公共服务供给的政策倾斜，但是供给质量不高、区域不均衡仍然是这些地区面临的一个现实问题，特别是医疗卫生公共服务的受众关注度更高，这一类公共服务供给不均衡成为农村地区居民公共服务满意度评价的重要影响因子。

（2）两类地区居民的公众利益诉求对公共服务满意度的影响效应在统计学上都不显著。但是，在城镇地区，均衡性感知和公众利益诉求的交叉项在 5% 的显著水平上影响公共服务满意度。

表 4.8　　　　　　不同地区的医疗卫生公共服务满意度的回归结果

变量	城镇地区			农村地区		
	(1)	(2)	(3)	(4)	(5)	(6)
Imbalance	0.610 *** (25.99)	0.608 *** (25.28)	0.603 *** (25.26)	0.642 *** (15.62)	0.634 *** (15.27)	0.634 *** (15.30)
Appeal	—	−0.038 (−1.37)	−0.031 (−1.14)	—	−0.042 (−1.37)	−0.041 (−1.35)
Imbalance × Appeal	—	—	0.056 ** (2.29)	—	—	0.013 (0.49)
sex	0.001 (0.03)	0.002 (0.05)	0.000 (0.00)	−0.019 (−0.38)	−0.017 (−0.34)	−0.017 (−0.34)
age	0.003 ** (1.96)	0.003 * (1.73)	0.002 (1.64)	0.004 *** (2.83)	0.004 *** (2.78)	0.004 *** (2.78)
edu	−0.004 (−0.46)	−0.004 (−0.51)	−0.003 (−0.45)	−0.002 (−0.23)	−0.001 (−0.10)	−0.001 (−0.08)
health	0.043 * (1.75)	0.049 ** (1.96)	0.048 * (1.90)	0.019 (0.67)	0.018 (0.65)	0.019 (0.67)
minority	0.194 * (1.85)	0.182 * (1.77)	0.196 * (1.94)	0.288 *** (3.83)	0.280 *** (3.66)	0.282 *** (3.72)
hukou	−0.010 (−0.22)	−0.009 (−0.20)	−0.011 (−0.24)	0.065 (0.43)	0.038 (0.26)	0.038 (0.26)
party	0.107 * (1.74)	0.097 (1.57)	0.097 (1.54)	0.026 (0.22)	0.017 (0.14)	0.019 (0.16)
fairness	0.093 *** (3.98)	0.093 *** (3.85)	0.092 *** (3.87)	0.029 (1.20)	0.032 (1.30)	0.033 (1.32)
eco_status	0.041 (1.19)	0.042 (1.21)	0.041 (1.20)	0.082 ** (2.07)	0.088 ** (2.18)	0.087 ** (2.15)
soc_class	0.028 (1.61)	0.028 (1.57)	0.028 (1.56)	0.005 (0.22)	0.006 (0.29)	0.006 (0.29)
p_gdp	0.002 (0.13)	0.002 (0.09)	0.002 (0.09)	−0.028 (−0.84)	−0.034 (−0.99)	−0.034 (−1.00)
popaging	7.560 *** (3.96)	7.345 *** (3.80)	7.422 *** (3.85)	−0.256 (−0.10)	−0.530 (−0.22)	−0.539 (−0.22)
ur_differ	−0.017 (−0.18)	−0.011 (−0.12)	−0.010 (−0.11)	−0.011 (−0.11)	−0.024 (−0.23)	−0.026 (−0.25)

续表

变量	城镇地区			农村地区		
	(1)	(2)	(3)	(4)	(5)	(6)
fiscaltra	0.003 (1.15)	0.003 (1.13)	0.003 (1.12)	0.003 (0.94)	0.004 (1.12)	0.004 (1.11)
N	3060	3033	3033	1830	1806	1806
Pseudo R^2	0.081	0.0816	0.0823	0.0806	0.0809	0.0809

注：① *** 、 ** 和 * 分别表示1% 、5% 和10% 的显著性水平；②括号中的标准误是经过县级聚类校正的稳健标准误。

四、稳健性检验

为了进一步证实研究结论的稳健性和可靠性，本书采取调整核心变量的方式做回归，具体回归结果如表4.9所示。

表4.9　　　　　　　　　调整核心变量的回归结果

变量	(1)	(2)	(3)
Imbalance	0.622 *** (27.29)	—	—
Gini	—	-1.728 *** (-2.59)	-1.593 ** (-2.32)
lnper_medi	—	-0.141 (-0.68)	-0.180 (-0.87)
Appeal	—	-0.096 *** (-4.71)	—
gov_5	-0.068 ** (-2.23)	—	-0.074 ** (-2.38)
sex	-0.008 (-0.24)	-0.054 (-1.58)	-0.058 * (-1.69)
age	0.003 *** (3.47)	0.005 *** (4.74)	0.005 *** (5.25)

续表

变量	（1）	（2）	（3）
edu	−0.001 （−0.10）	−0.010 * （−1.77）	−0.011 * （−1.83）
health	0.029 （1.48）	0.057 *** （2.85）	0.052 *** （2.58）
minority	0.269 *** （4.14）	0.301 *** （4.74）	0.309 *** （5.03）
hukou	0.008 （0.18）	−0.068 （−1.39）	−0.055 （−1.13）
party	0.092 * （1.76）	−0.011 （−0.18）	0.014 （0.24）
fairness	0.064 *** （3.51）	0.127 *** （6.54）	0.134 *** （6.70）
eco_status	0.052 * （1.87）	0.085 *** （2.87）	0.077 *** （2.65）
soc_class	0.017 （1.25）	0.040 *** （3.05）	0.038 *** （2.92）
p_gdp	−0.003 （−0.21）	0.007 （0.23）	0.013 （0.43）
popaging	4.353 ** （2.52）	4.878 ** （2.10）	5.075 ** （2.15）
ur_differ	−0.023 （−0.27）	0.065 （0.58）	0.079 （0.68）
fiscaltra	0.003 （1.16）	−0.002 （−0.74）	−0.003 （−0.93）
area_type	−0.169 *** （−3.20）	−0.108 * （−1.86）	−0.110 * （−1.86）
N	4884	4230	4286
Pseudo R^2	0.0815	0.0184	0.0169

　　注：①*** 、** 和 * 分别表示1%、5%和10%的显著性水平；②括号中的标准误是经过县级聚类校正的稳健标准误。

（1）模型（1）调整了公众利益诉求的度量变量，由"赞同自由批评政府的程度"（gov_1）、"赞同自由生育的程度"（gov_2）、"赞同自由工作和生活的程度"（gov_3）三个指标的复合变量（pub_appeal）调整为 gov_5，即问卷中"有子女的老人的养老主要应由谁负责"，gov_5 = 3，主要政府负责；gov_5 = 2，政府和私人家庭均摊；gov_5 = 1，主要私人家庭（子女或老人自己）负责，本书认为赋值越高，对政府提供服务的期望越高，公众利益诉求越高。由模型（1）的回归结果可见，更换度量变量后的公众利益诉求仍然在5%的显著水平上负向影响医疗卫生服务的满意度，公众利益诉求每提高一个百分点，公共服务满意度下降0.068个百分点。

（2）模型（2）调整了医疗卫生服务资源均衡程度的变量，由公众的均衡性感知这一主观相对剥夺指标调整为客观相对剥夺指标，分别用基尼系数度量省域内的医疗卫生供给区域间不均衡，用人均财政医疗卫生支出度量地区医疗卫生供给水平，体现结构均衡程度。由模型（2）的回归结果可见，区域间的不均衡客观上在1%的显著水平上负向影响公众对公共服务满意度的评价，但是人均医疗卫生支出对公共服务满意度的作用效应不显著。虽然随着老龄化社会的到来和我国民生类公共服务供给的重视，医疗卫生支出不断增加，但是这种增加的公共服务远远未跟上老龄化程度和社会的需求，因此医疗卫生提供数量不足仍然是当前我国地方政府需要重视的一个任务和工作要点。

（3）模型（3）同时调整了医疗卫生服务资源均衡程度和公众利益诉求两个衡量变量，回归结果仍然稳健，不管是回归显著性和作用方向都和基础回归的结论相一致。

本部分利用2013年中国综合社会调查（CGSS）微观个体样本和省级、县级宏观数据，采用有序概率模型（ordered probit model）验证公众诉求、均衡性感知对公共服务满意度的影响效应，具体结论如下所示。

（1）不管是使用主观相对剥夺指标（公众的均衡性感知），还是客观相对剥夺指标（基尼系数和人均财政支出水平），均衡程度提高在概率上增加了居民公共服务满意的可能性，这种影响效应达到1%或5%的显著性水平。

（2）公众利益诉求动机和意愿对公共服务满意度不仅具有直接影响，还具有调节均衡性感知的间接影响效应。

第三节
本章小结

本章通过构建改进的泰尔指数考察地区间财政社会福利支出与人口分布、人口老龄化程度、经济发展水平和财政能力的匹配程度。测度结果发现：地方财政社会福利支出呈现区域非均衡。我国地方财政社会福利支出存在区域非均衡性，而且近几年有非均衡程度扩大之势，当前不管是社会福利的供需（财政支出与人口分布、老龄化程度），还是支出与能力（社会福利支出与经济发展水平和财政能力）间均存在发展不匹配的非均衡现象。这一非均衡和地缘位置、行政区划及区域经济发展等因素相关不大。经济发展水平较高的东部地区的社会福利支出均等化水平并不高，且四大经济区内各省份并不完全属于同一类型，区域内差异明显。

虽然我国地区间经济发展水平有差异、人口老龄化程度不同，但是这些都不是决定社会福利支出水平和财政支出结构安排的主要原因。区域间财政支出结构差异较大，福利支出具有被动支出特征，地方政府在财政支出结构安排中并未实现经济发展和社会福利的均衡。本书认为，产生区域间财政支出结构非均衡的原因与经济发展水平和人口结构变化无关，更多地源于既有的财政制度安排和地方考核体系的错位激励。

当前存在的社会福利区域非均衡性感知影响公众的社会福利评价和满意度，不利于社会福利的提升。提高公共服务的受众感知，将公众满意度作为考察地方公共服务提供质量和效果的重要指标，这是学界的一致主张，也是近年来地方政府财政支出结构改革的一个方向。本书利用微观调查和宏观数据相结合，提出并验证了地方政府提高公共服务满意度的重要改革路径。

（1）在增加相关服务财政支出的同时，提高域内的公共服务均衡程度，将增加域内的居民公共服务满意度。因此，提高社会福利供给均衡度对实现社会福利有效供给及建设服务型社会有着重要的政策意义。

（2）公众利益诉求对公共服务满意度有着负向影响，因此提高公共服务的受众满意度不仅涉及居民对公共服务的需求，也包括居民对政府角色的认知，合理界定政府和市场的界限，在地方财政能力有限的情况下，政府有所为、有所不为，在医疗卫生等社会福利支出中正确定位政府角色，优化相关宣传可以提高民众对于公共服务的正面心理预期。在当前强调民生政策的背景下，我国地方政府不断提高社会福利支出水平，但是应该正视老龄化背景下我国不断提高的刚性社会福利支出，这可能对地方政府产生财政压力，我国应借鉴西方的社会福利陷阱，做好政府角色定位，并给居民形成良好的公共服务预期，从而增强受众的公共服务感知和满意度。

（3）上级政府要拓宽公众利益诉求渠道，加强基层民主建设，增强居民表达公众利益诉求的动机和意愿，让公共服务满意度评价真正切民意、达民心，从而将其作为提高辖区内地方公共服务供给水平的重要绩效考核手段。

第五章　地方政府社会福利供给的激励机制研究

第四章社会福利的区域非均衡性测度显示：我国地方财政社会福利支出存在区域非均衡性，而且近几年有扩大之势。虽然我国地区间经济发展水平有差异、人口老龄化程度不同，但是这些都不是决定社会福利支出水平和财政支出结构安排的主要原因。本书认为，产生区域间财政支出结构非均衡的原因与经济发展水平和人口结构变化无关，更多地源于既有的财政制度安排和地方考核体系的错位激励。下面将基于地方财政支出项目的横向配置特点分析，发现地方财政经济性支出偏好，并从理论分析和实证检验两个方面分别研究地方政府社会福利供给的激励机制：理论分析地方政府财政支出偏好的影响因素及其作用机制，建立财政支出政策选择模型，并基于省级面板数据检验老龄化背景下公众诉求和经济考核下的激励效应，实证激励错位下的地方社会福利支出不足。

第一节
地方财政支出项目的横向配置特点

地方财政支出结构反映财政支出的流向，也能进一步说明地方政府的财政支出偏好。下面采用 Kernel 密度估计从动态角度考察我国地方财政支出

项目的横向配置特点。Kernel 密度估计是非参数估计方法之一，其基本原理
是采用平滑的峰值函数（"核"）来拟合观察到的数据点，从而对真实的概
率分布曲线进行模拟。假设随机变量 X_1，…，X_n 独立同分布，根据经验分
布函数得到密度函数 Kernel 估计，且密度函数 $f(x)$ 未知。本书选择比较常
用的高斯核函数进行估计：

$$f(x) = \frac{1}{\sqrt{2\pi}}\exp\left(-\frac{x^2}{2}\right) \qquad (5.1)$$

　　本部分以 1999 ~ 2015 年间我国 31 个省份的面板数据为基础考察地方财
政支出项目间的横向配置特点。由于 2007 年我国进行了财政支出分类改革，
为了确保数据的可比性，本书将样本区间设定为 1999 ~ 2006 年和 2007 ~
2015 年两个样本期间。按照第一章对财政社会福利支出的概念界定，将地
方财政支出分为四类，即经济性支出、行政类支出、一般民生类支出和社会
福利支出，用四类支出占一般预算支出的比重来刻画地方政府的支出结构。
其中，1999 ~ 2006 年，借鉴贾俊雪和郭庆旺（2008）的方法，用基本建设
支出近似度量经济性支出，用行政管理费支出近似度量行政类支出，用科学
事业费支出、教育事业费支出和文体广播事业费支出之和近似度量一般民生
类支出，用卫生经费支出、抚恤和社会福利救济费支出、行政事业单位离退
休经费和社会保障补助支出近似度量社会福利支出；2007 ~ 2015 年，用教
育支出、科学技术支出、文化体育和传媒支出、环境保护支出、城乡社区
事务支出之和衡量民生类支出，以一般公共服务、外交支出、国防支出、
公共安全支出之和衡量行政类支出，财政社会福利支出是财政医疗卫生支
出和财政社会保障支出之和，经济性支出由一般预算支出减去行政类支
出、一般民生类支出和社会福利支出计算而得。分别绘制 1999 ~ 2006 年
和 2007 ~ 2015 年两个样本期的地方财政支出结构的核密度图，如图 5.1
和图 5.2 所示。

（a）经济性支出占比

（b）行政类支出占比

（c）一般民生类支出占比

（d）社会福利支出占比

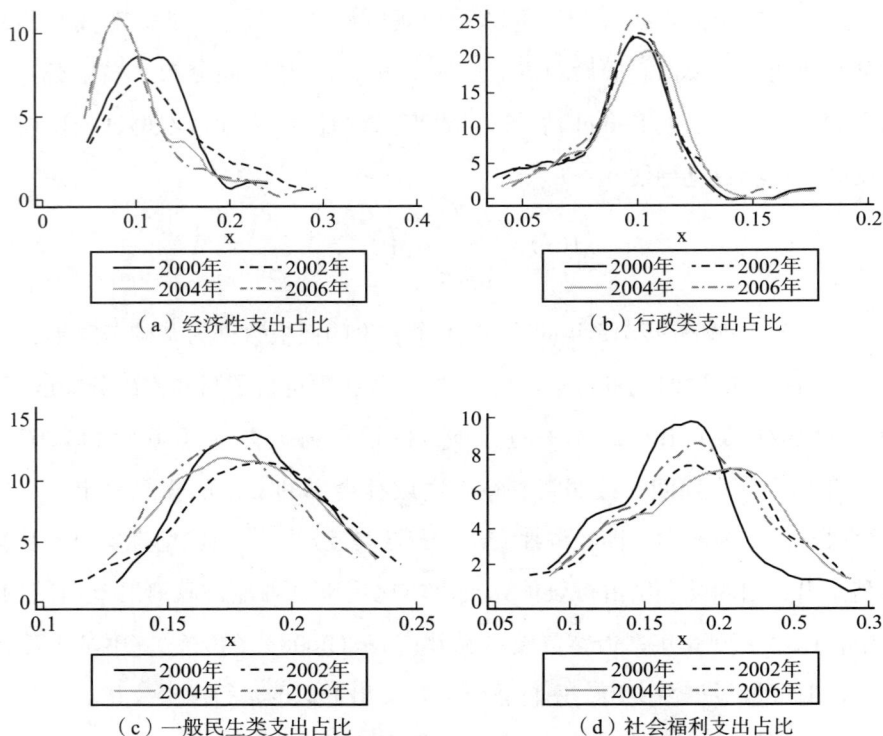

图 5.1　1999～2006 年地方财政支出结构的核密度估计

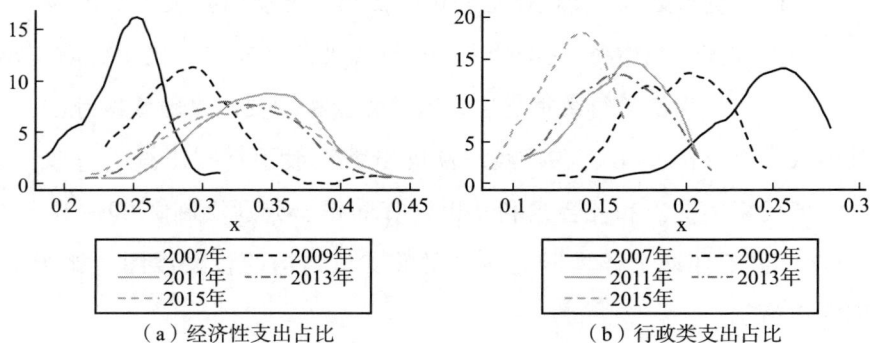

（a）经济性支出占比

（b）行政类支出占比

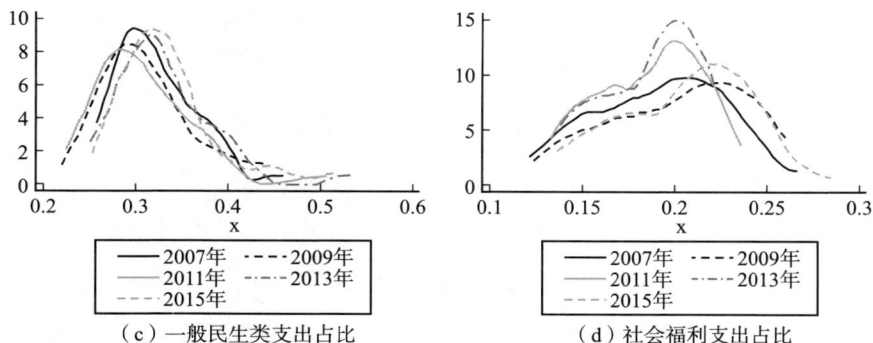

（c）一般民生类支出占比　　　　　（d）社会福利支出占比

图 5.2　2007 ~ 2015 年地方财政支出结构的核密度估计

（1）如图 5.1 所示，1999 ~ 2006 年，地方行政类支出占比变化不大，经济性支出向左偏移，2002 年以后一般民生类支出也有一定程度的向左偏移，2000 ~ 2004 年社会福利支出明显向右偏移，支出占比提高，但是 2006 年呈现明显的反向变动特点。可见，这一时期随着老龄化程度的加深，地方政府的职能定位有所调整，表现在财政支出结构变动中社会福利支出增加，经济性支出（特别是基本建设支出）减少。

（2）如图 5.2 所示，2007 ~ 2015 年，这一时期地方财政支出结构变化趋势较上期差异较大，经济性支出占比明显右移，行政类支出大幅左移，2009 ~ 2013 年一般民生类支出小幅右移，但是 2015 年又呈现反向变动特征，且左移幅度大于前一阶段的右移，支出结构占比甚至低于 2007 年的均值水平，2007 ~ 2009 年社会福利支出占比继续右移，但是接下来几年，即 2011 ~ 2015 年社会福利支出占比呈现反向变动特点。可见，这一时期地方政府行政类支出大幅减少，一般民生类支出占比和社会福利支出占比并未提高，经济性支出仍然是地方政府的支出偏好。

地方财政支出分项目的 Kernel 密度估计可见，1999 ~ 2006 年社会福利支出占比增长，以基本建设支出为主的经济性支出减小；但是 2007 ~ 2015 年，前期的财政支出状况有所逆转，经济性支出仍然是地方政府的支出偏好，行政类支出占比减少，一般民生类支出和老龄人口关心的社会福利支出并未明显提高占比，这与我国老龄化社会和当前不断增强的民众利益诉求并不相适宜。

本书认为产生这一现象的可能原因有：一是社会福利支出水平较高，基本符合当前的社会福利需求。现实证明这一假设原因是不成立的，当前我国的老龄化具有"未备先老"的特征，社会福利供给水平尚显不足，并未建立完备的、适宜老龄社会需求的公共服务供给体系，尚存在增大政府的社会福利支出的需求和调整财政支出结构的空间。二是由经济发展阶段和地方政府考核的内在错位激励导致的，社会福利支出供给动力不足，不仅表现在供给能力上，还表现在供给意愿上。

第二节
地方财政社会福利支出的激励机制分析

一、财政社会福利支出的影响因素及其作用机制

德国经济学家阿道夫·瓦格纳（1890）提出著名的"瓦格纳法则"，即随着工业化社会的发展，社会进步带来的政治压力和工业化社会发展需求增大政府的财政支出，财政支出需求主要表现在三个方面：一是都市化进程中不断集中的人口对政府保护和管理服务的需求扩大；二是对政府干预经济及提供公共产品的需求扩大；三是对政府提供文化、教育、卫生与福利服务的需求扩大。人口老龄化是当前我国面临的一个重要的社会外生冲击，不仅对经济社会产生一系列影响，也将影响我国的财政收支环境。国内外学术界的理论研究和经验研究均证实，人口老龄化带来财政支出压力。2014 年新预算法的实施，强化对地方政府财政的硬预算，地方政府财政支出规模受限。此时，为了实现财政平衡，地方政府有必要调整优化支出结构。理论上，地

方政府财政支出政策调整要考虑三个问题：第一，符合地区经济发展水平和财政支付能力；第二，符合政府客观职能定位要求；第三，符合辖区内公众的公共品需求。

社会福利与居民直接利益相关，是公共财政支出的重要内容，与人口变化的关系尤其紧密（鲁蓓，2016）。当前，我国老龄化社会背景下，财政社会福利支出的影响因素及其作用机制如图5.3所示。一是人口老龄化的直接作用。面临老龄化社会的快速到来，地方政府根据人口结构变化，主动提高财政社会福利支出；二是公众诉求的外在压力作用。人口老龄化作为当前地方政府最大的公共服务需求冲击，客观上提高了对非经济性公共品的消费需求，地方政府有提高社会福利支出的外在偏好需求压力；三是发展经济的内在激励作用。为了提高财政的自给能力，实现地方财政可持续性和保持政府政绩，地方政府仍将偏好经济性支出，社会福利支出意愿不强。

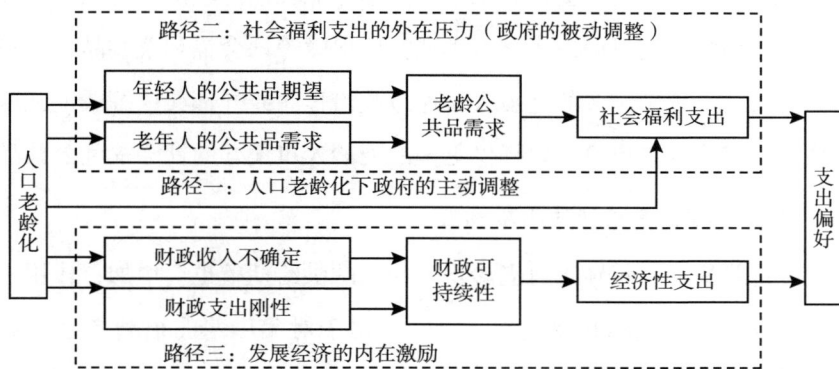

图5.3　人口老龄化影响地方政府财政选择的作用路径

（一）人口老龄化的直接作用

第一种情况是理论上的理想状态，随着老龄化社会的加速到来，地方政府根据辖区内人口结构变化和公众诉求，及时调整财政支出结构，实现基本社会福利的供需均衡。前面第四章已经分析，当前的社会福利支出并未实现供需均衡，地方政府并未主动调整财政支出结构，甚至存在支出结构固化的现象。

（二）公众诉求的外在压力作用

经典财政理论认为，财政的本质在于其公共性，这意味着公众诉求是决定政府职能和财政支出安排的重要因素。公众诉求对政府的财政支出结构安排产生重要影响。老龄化背景下，提高社会福利支出的外在需求压力增大，具体表现在以下两点。

1. 中间投票人作用机制下的社会福利需求

依据中间投票人（Downs，1957）理论，假设个人偏好都是单峰的，那么在一个多数决策模型中，反映中间投票人意愿的政策会获胜，中间投票人的政策选择会使整体福利损失最小。[1] 老龄化背景下，社会人口结构变化，老年人口只关注短期的社会福利水平，并不考虑长期的经济发展和下一代的福利改变，因此他们只偏好医疗卫生和社会保障等社会福利公共品，不关注经济性公共品。越来越多的老龄人口通过政治程序或外部舆论等渠道施压政府，从而改变公共支出模式以提供更多的老龄人口偏好的社会福利公共品。

2. 年轻人对社会福利的供给期望

老龄化背景下，年轻人对老龄化公共品的供给期望也会增加，作用机制表现在两点：一是代际利他主义。年轻人出于对父母辈的福利考虑，对所在辖区的社会福利产品的供给期望会增强。特别是中国人受儒家"孝"文化影响，强化了这种代际利他主义特质。二是社会福利供给的自我预期。在当前老龄化程度日益加深的社会环境中，年轻人未雨绸缪，考虑到自己将来的养老福利问题，对未来公共品供给结构形成预期，使用有限的

---

① 唐斯（Downs）在 1957 年出版的《民主的经济理论》中提出中间投票人理论。

用脚投票机制①来实现自我居住地选择和迁移，对地方政府形成一定的外在压力。蒂伯特（Tiebout，1956）的"用脚投票"理论认为，在人口流动成本较低或者不存在时，居民通过自由流动的方式迁移到财政收入与支出结构令自己满意的地区；为了避免本地有税收创造能力的居民流失，地方政府将提高财政的运行效率并提高公共品供应的满意程度。居民通过"用脚投票"机制促进地方政府间围绕公共品供给竞争，实现了政府税收、公共品供给与居民偏好相匹配。近年来，我国地方政府间竞争已经不局限于 GDP 和税收竞争，逐步转向以经济社会全面发展为基础的综合考量，那么这种有限的"用脚投票"机制一定程度上也会对地方政府提供社会福利产品产生一定外在压力。

（三）发展经济的内在激励作用

人口老龄化影响财政收支，并出现不断扩大的财政赤字缺口，影响我国地方财政的可持续性。正如刘尚希（2016）所言，我国经济新常态下，财政收入增速减缓，人口老龄化的风险开始凸显，财政化解公共风险的压力很大。那么调整财政支出结构、发展地方经济以稳定财政增收能力是地方政府的必然选择。根据财政支出的经济性质可以将其划分为经济性支出和消费性支出两类。经济性支出，又称为生产性支出或投资性支出，顾名思义，其对经济具有乘数效应。我国过去的宏观经济实践显示出政府对经济性财政支出政策的强烈偏好，在涉及基础设施等公共资本的支出方面更是有意倾斜（饶晓辉和刘方，2014）。因此，在老龄化引发支出刚性和收入不确定性的背景下，为实现地方财政可持续性，加之既有经济考核体现的内在强激励，地方政府存在着提高经济性财政支出以促进经济增长的内在激励和支出偏好。在地方财政支出规模一定的情况下，这种经济性支出偏好势必影响政府

---

① 由于我国的户籍制度并未完全放开，房价等迁移成本较大，都限制了"用脚投票"机制的实现，所以本书称之为有限的"用脚投票"机制。

的社会福利供给。

1. 人口老龄化下的财政支出刚性

国内外学术界的理论研究或经验检验均证实人口老龄化带来财政支出压力。托里（Torrey，1982）、多尔蒙特等（Dormont et al.，2006）、桑兹等（Sanz et al.，2007）分别基于美国、欧洲、经济合作与发展组织（OECD）成员方不同经济体的经验数据，研究指出，随着人口老龄化的不断加剧，财政支出压力显著增大，或将引发财政危机。财政支出压力具体表现为：人口老龄化导致社会保障资金支付危机（Carthy et al.，2002；韩玲慧，2013）；人口老龄化对医疗消费支出有显著正向影响（Matteo，2005；孟昕和克里斯汀·杨，2006）；人口老龄化的社会成本特别是健康和公共服务成本将增加（Denton et al.，1997；黄成礼等，2010；王学义等，2013）；人口快速老龄化引发政府相应费用支出增加，财政对基本养老保险和医疗卫生等社会福利的补贴费用大幅增加（李晶，2013；孙开等，2015），这些巨额财政补贴支出将引发财政支付危机（罗倩妮，2011）；此外，与人口老龄化相关的社会福利支出成本上升，加大了财政支出压力更多的不确定性（高培勇等，2014）。

2. 人口老龄化下的财政收入不确定性

人口老龄化影响财政收入平稳增长，使政府无法平衡不断增长的财政刚性支出，当财政收支差额过大、无法弥补时，必然引发财政危机。人口老龄化影响财政收入的作用机制主要集中在三个方面：一是人口老龄化不利于经济增长，从而影响财政增收能力。吴俊培等（2015）实证研究发现人口老龄化引起的公共健康支出，挤占了物资投资、公共人力资本投资等支出，间接抑制了经济增长；王德文等（2004）、胡鞍钢等（2012）、郑伟等（2014）研究认为，老龄化的人口结构变化通过劳动力供给、储蓄和技术进步等渠道对经济增长施加直接或间接影响；但是，也有部分学者认为人口老龄化与经济增长存在非线性关系。李军（2005）引入中间投票人理论解释人口老龄化的倒"U"型经济影响效应，刘小勇（2013）利用中国数据实证检验了倒

"U"型效应，并估算出阈值。二是人口老龄化改变了税基。人口老龄化使健康保健品、医疗护理服务等高层次服务消费比例提高，由此将扩大增值税、消费税和营业税等间接税的税基（龚锋等，2015）；但是，较高的抚养比会导致个人所得税等直接税降低（Razin et al.，2002）。三是为缓解财政压力的税收平滑政策引起税收负担升高。安德森（Andersen，2008）认为，税收平滑方法并不能完全适用于解决人口结构变化引起的财政问题，需要具备一定的政策条件；科尔等（Kohl et al.，1998）实证了政府通过增税来缓解老龄化财政压力的影响效应；拉辛等（Razin et al.，2004）则认为老年人也会反对税率提升。日本的实践证实了这一点，近年来以弥补社会保障基金亏空为主要目的的消费税增税，被过半的日本国民反对（町田俊彦，2015）。

3. 地方考核体系下发展经济的内在激励

当前研究地方政府行为经历了三种研究框架的变迁和发展：一是"经济人"假设。公共选择理论和现代财政联邦主义理论将理性"经济人"假设引入政治市场和政治决策，认为政治市场中的个体具有经济人特征，政治（政府）行为是为了追求个体利益最大化，而非社会福利的最大化，因而公共利益成为难题（Weingast，2009）。二是"政治人"假设。地方官员既是理性的经济人，更是理性的政治人。周黎安（2004，2007）提出政治激励模式，从官员晋升激励的视角提出了官员"政治人"假设。三是"经济政治人"假设。政府官员具有双重角色属性，既是追逐经济利益最大化的"经济人"，又是渴望获得政治晋升的"政治人"。吴延兵（2017）强调地方政府（官员）的"经济政治人"属性，即同时追求任职期间经济利益和政治利益（行政晋升）的最大化。因此，正如陶然等（2010）、李永友（2017）等提出的，转型期我国地方政府为实现晋升的目标，务实的选择是最大化所辖地区经济社会的综合治理效果。根据"经济政治人"假设，当前我国并不存在政治提拔与经济增长指标完全挂钩的考核体系。

1978年党的十一届三中全会将全党、全国的工作重点转移到以经济建设为中心上来，此后的党政政绩考核也以经济增长指标为核心，并一直持续到现在。以山东省为例，中共山东省委、山东省人民政府 2007 年出台的《关于健全推动科学发展促进社会和谐考核监督体系的意见（试行）》规定，对地市级政府的绩效考核指标共分为可持续发展（155 分）、经济发展（245分）、社会发展（145 分）、文化建设（100 分）、政治建设（100 分）、群众满意度（不列入总权重分值，但作为考核系数）、民生状况（155 分）、党的建设（100 分）八个类别，其中经济发展占总分 1000 分中的 245 分，超过 1/5。近年来，我国部分省市政府宣布不考核 GDP 和工业增加值。但是，这种"不唯 GDP"的考核办法，只是取消了对 GDP 这个综合指标的考核，仍然考核第一、第二、第三产业等单项经济指标。虽然当前地方考核已不限于 GDP，但是完善、科学的综合考核体系并未建立，地方政府发展经济的内在激励仍然存在。

综合理论界的研究和我国的考核实践，本书借鉴"经济政治人"假设，认为政府（官员）具有"经济人"和"政治人"的双重属性，既追逐经济利益最大化，又期望获得政治晋升等政治利益。因此，当前地方政府间的竞争不再仅是与经济增长挂钩，而是追求辖区内经济和社会综合治理的最大化改善。在经济社会转型期的我国，地方政府如何选择？这将是下文理论分析和实证检验的内容。

二、地方政府财政支出政策选择模型

现有的相关研究模型普遍设定在一个单一的制度环境中，例如，假定政府间竞争表现为经济和税收竞争，政府只重视短期效用，公共服务供给结构扭曲。这一研究范式缺少多因素综合作用下的系统分析，无法理清多路径下的作用机制和影响效果。老龄化背景下地方政府面临发展经济的内在激励和社会福利支出需求的外在压力。在财政支出规模受限的情况下，这两种作用有着相反的效应。本书建立一个简单的财政政策选择模型，理论分析人口老龄化背景下政府财政支出政策存在的外在压力和内在激励。

假设存在以下情形：

（1）如果户籍制度完全放开、人口迁移成本较小（甚至为 0）时，公众有动力迁移到公共服务提供水平较高的地区，这种"用脚投票"机制会给地方政府产生政治压力，使其对民众的公共需求有所反应。

（2）借鉴吴延兵（2017）的"经济政治人"假设，强调地方政府（官员）的"经济政治人"属性，即同时追求任职期间经济利益和政治利益（行政晋升）的最大化。转型期我国地方政府为实现晋升的目标，务实的选择是最大化所辖地区经济社会的综合治理效果（陶然等，2010；李永友，2017）。根据"经济政治人"假设，当前我国并不存在政治提拔与经济增长指标完全挂钩的单一考核体系。

（3）地方政府有 4 种财政支出项目：行政类支出、经济性支出、具有普惠性质的一般民生类支出（如教育、公共文化等）、用于老龄化服务的社会福利支出。本书认为，当前我国行政类支出和一般民生类支出的收入弹性较小，这里假定为 0，将这两类支出作为固定支出从当前的财政支出预算中切割出去，本书着重研究的是老龄化背景下地方政府在经济性支出和社会福利支出两者中的选择问题。

假设 t 期存在预算约束：$E_t - T_t \leq D_t$

由于财政制度的预算硬约束，政府并不能随意扩大负债 D_t，假设 $D_t = D$；此外，为了获得选民支持，政府并不能随意提高税率，税收的变化主要取决于税基，这里设定为地方经济增速，即 $T_{t+1} = \theta_{t+1} T_t$，且政府的财政支出结构特别是经济性支出 g_e 对 θ_{t+1} 有影响，即存在以下公式：$\theta_{t+1} T_t = f(g_e) = kg_e$，因此得到政府的财政支出规模约束公式：

$$E_t \leq D + kg_e \tag{5.2}$$

这里假定政府只有两种财政支出选择，作用于发展经济的经济性支出 g_e 和用于老龄化服务的社会福利支出 g_l，即：$E_t = g_e + g_l$。

假设在 t 期政府最大化其任期内效用，取决于当期效用和获得连任机会，设定以下公式：

$$V_t = U + \pi_{t+1}\overline{V}_{t+1} \tag{5.3}$$

其中，当期效用 U 取决于政府的财政支出，即：

$$U = U(E_t) = U(g_e + g_1) \tag{5.4}$$

政府是否获得连任的机会 π_{t+1} 取决于地方考核。由于本书的"经济政治人"假设，即地方政府在经济和社会两个方面的治理表现，这里的地方考核设定为两部分：一是公众的福利诉求，二是地方的经济考核。设定如下公式：

$$\pi_{t+1} = pg_e + q(g_1) \tag{5.5}$$

其中，$q(g_1)$ 表示社会福利诉求。根据中间投票人理论，决定政治过程结果的是中间投票人，即 $g_1 = f[(N_t + N_{t-1})/2]$。其中，$N_t = (1 + \eta_t - \delta_t)N_{t-1}$，$\eta_t$ 为每期的出生率，δ_t 为本地劳动力向其他地区的流出人口。可见随着 η_t 的降低、人口老龄化，参与地区公共品供给决策的中间投票人中的老年人口增多，社会福利需求增多。人口迁移 (δ_t) 影响财政支出的作用机制有两个方面：一方面，当本地的人口迁移到外地后，本地的老龄化程度更加严重①，强化了中间投票人的老龄化效应机制，使本地社会福利支出的供给压力更大；另一方面，年轻人具有代际利他主义特质②，加之基于当前老龄化社会背景下对未来自己养老问题的担忧，存在增加老龄化服务支出的期望。因此，地方政府面临本地选民对社会福利支出的外在需求压力 $q(g_1)$，且 $q'(g_1) > 0$。此外，pg_e 设定为经济考核。

$\overline{V}_{t+1}$ 是政府获得连任后任期内的收益之和，即：

$$\overline{V}_{t+1} = U + \pi_{t+2}U + \pi_{t+2}\pi_{t+3}U + \cdots \tag{5.6}$$

由上，建立拉格朗日函数：

$$L_t = U(g_e + g_1) + [pg_e + q(g_1)]\overline{V}_{t+1} + \lambda[D + kg_e - (g_e + g_1)] \tag{5.7}$$

求一阶条件得到：

---

① 根据我国经验，流动人口中年轻人居多，中国人有叶落归根的思想，老年人多不愿意迁移出常住地区。

② 中国的孝道文化强化了这种代际利他主义特质。

$$\frac{\partial L_t}{\partial g_e} = U' + p\,\overline{V}_{t+1} + \lambda(k-1) = 0 \tag{5.8}$$

$$\frac{\partial L_t}{\partial g_l} = U' + q'\overline{V}_{t+1} - \lambda = 0 \tag{5.9}$$

$$\frac{\partial L_t}{\partial \lambda} = D + kg_e - (g_e + g_l) = 0 \tag{5.10}$$

由一阶条件推导出最优财政支出方程：

$$kU' + \left[p + (k-1)q'\right]\overline{V}_{t+1} = 0 \tag{5.11}$$

$$g_l = D + (k-1)g_e \tag{5.12}$$

由此可以得出，地方政府的财政选择：

$$U' = \frac{p + (k-1)q'}{k}\overline{V}_{t+1} \tag{5.13}$$

$$\frac{dg_l}{dg_e} = k - 1 \tag{5.14}$$

可见，地方政府的当期效应取决于公众福利诉求（q'）和经济考核的系数（p），并且和经济性支出的经济增长乘数（k）成正相关关系。因此，本书认为在"经济政治人"假设下，公众诉求和经济考核都将影响地方政府的财政支出政策选择。下面，将用我国地方政府的经济数据检验以上结论，实证分析人口老龄化背景下地方政府财政支出政策存在的外在压力和内在激励机制。

第三节
地方财政社会福利支出的实证检验

一、模型设定及变量选取

沿用上述理论模型的逻辑思路，构建财政支出选择的计量模型如下：

$$\begin{aligned}
\text{Welfarexp}_{it} = & \alpha + \gamma_1 \text{popaging} + \gamma_2 \text{popaging} \times \text{focusindex} \\
& + \gamma_3 \text{popaging} \times \text{fiscalcom} + \gamma_4 \text{focusindex} \\
& + \gamma_5 \text{fiscalcom} + \beta X_{it} + u_i + \varepsilon_{it}
\end{aligned} \quad (5.15)$$

$$\begin{aligned}
\text{Productexp}_{it} = & \alpha + \gamma_1 \text{popaging} + \gamma_2 \text{popaging} \times \text{focusindex} \\
& + \gamma_3 \text{popaging} \times \text{fiscalcom} + \gamma_4 \text{focusindex} \\
& + \gamma_5 \text{fiscalcom} + \beta X_{it} + u_i + \varepsilon_{it}
\end{aligned} \quad (5.16)$$

其中，下标 i 和 t 分别代表第 i 省份和第 t 年，被解释变量 Welfarexp 和 Productexp 分别是省级预算内财政支出中社会福利支出和经济性支出所占的比例。考虑加入人口老龄化程度（popaging）、公众诉求（focusindex）及政府间财政竞争（fiscalcom）。α 和 β 分别是系数矩阵，X_{it} 表示由控制变量构成的向量，γ_1、γ_2、γ_3、γ_4、γ_5 是系数，u_i 为个体效应，ε_{it} 为误差项。

由于省级以下的人口结构数据不易获得，所以本书采用省级样本研究地方政府。选取 2007～2015 年除西藏外的 30 个省份作为研究对象，共 270 个样本量。数据来自《中国统计年鉴》（2008～2016 年）。数据描述如表 5.1 所示。

表 5.1　　　　　　　　　　主要变量及其描述性说明

变量	变量名称	平均值	标准差	最小值	最大值	样本量	定义及数据来源
welfareexp	社会福利支出	0.192	0.033	0.117	0.307	270	社会福利支出/一般预算支出
productexp	经济性支出	0.307	0.053	0.185	0.453	270	经济性支出/一般预算支出
popaging	人口老龄化程度	0.125	0.024	0.074	0.200	270	老年抚养比：65 岁及以上人口数/15～64 岁人口数，滞后一期
pgdp	经济发展水平	10.037	0.580	8.642	11.653	270	上期人均实际 GDP 的对数
edu	居民受教育程度	8.754	0.938	6.764	12.146	270	平均受教育程度：各级教育程度人口比重与相应年限乘积

续表

变量	变量名称	平均值	标准差	最小值	最大值	样本量	定义及数据来源
open	经济对外依存度	0.332	0.405	0.036	1.750	270	各省进出口总量占GDP比例，滞后一期
fiscaltra	财政制度环境	31.544	13.956	14.000	77.700	270	财政透明：上海财经大学《中国财政透明度报告》
fiscaldec	财政纪律松弛程度	5.911	2.880	2.308	14.592	270	财政支出分权度：各省预算内人均本级财政支出/中央预算内人均本级财政支出
fiscalcom	财政竞争	0.441	0.163	0.243	1.067	270	地方政府税收竞争：各省实际宏观税率/我国宏观税率
focusindex	公众诉求	133.120	76.326	8.000	349.000	150	公众诉求：以"老龄化""养老"为关键词的百度搜索指数
fiscial_unba	内在激励	0.479	0.199	0.049	0.852	270	财政不平衡指数：1－一般预算收入/一般预算支出

（一）财政支出偏好

按照本书的研究需要，主要考虑社会福利支出和经济性支出。将财政支出分为三类，即经济性支出、民生类支出和行政类支出。民生类支出包括教育、科学技术、文化体育与传媒、社会保障和就业、社会保险基金支出、医疗卫生、环境保护、城乡社区事务；行政类支出包括一般公共服务、外交、国防、公共安全。借鉴张卫国等（2010）的做法[①]，用一般预算支出减去消费性支出之后的部分作为地方政府生产性支出的衡量指标。社会福利与人口

[①] 张卫国等（2010）用政府预算内财政支出扣除科、教、文、卫支出和行政管理费用之后的部分作为地方政府实物投资的代理变量，发现地方政府实物投资对经济增长有着显著的影响，且随着时间的推移，实物投资支出占GDP的比重在不断扩大。

变化的关系尤其紧密，是公共财政支出的重要内容，主要体现在教育、医疗保障、养老和残疾人福利及其他支出（包括贫困、失业和基本生活保障等）（鲁蓓，2016）。考虑到数据的可得性，本书选取财政社会保障支出、财政医疗卫生之和衡量社会福利支出。这里设定财政支出偏好为年度分项支出占地方一般预算支出的比重，包括 welfareexp 和 productexp 两个指标，分别代表社会福利支出和经济性支出占当年地方财政支出的比重。

（二）人口老龄化程度

人口老龄化是指一定地区范围内老年人口所占比重不断上升的动态过程，它不是一种绝对数量的描述，而是人口生育率降低和人均寿命延长导致的人口年龄比例的变动趋势。当前测量人口老龄化程度的常见指标有老少比、老年人口系数、抚养比、平均年龄、年龄中位数、老龄化率等指标，本书采用抚养比做基础回归。65 岁以上老年人口抚养比（popaging）是衡量人口老龄化社会经济影响的常用指标，65 岁以上老年人口抚养比 = 65 岁及以上人口数/15～64 岁人口数。[①] 为了避免反向因果产生的内生性问题，即政府财政社会福利支出对人口老龄化产生的影响，这里滞后一期，用 $popaging_{i, t-1}$ 代替 $popaging_{i, t}$。

（三）控制变量（X_{it}）

1. 经济发展水平（pergdp）

依据瓦格纳的财政支出扩张论，随着经济发展，公共开支会增大，且增长速度要大于经济增长速度。郭泽保（2004）理论分析随着经济发展和收入提高，居民对公共产品的需求不断增加。本书采用上期人均实际 GDP 的对数检验瓦格纳定律，另外考虑到经济发展水平对财政支出结构的影响可能

---

① 按照国际上通行的人口年龄结构划分类型，15～64 岁被视为劳动年龄人口，0～14 岁和 65 岁以上则被视为非劳动年龄人口。

不是线性的，这里加入平方项。

2. 居民受教育程度（edu）

格莱泽等（Glaeser et al.，2004）实证检验表明，居民受教育程度越高，维权意识和表达诉求的意愿越高。郭泽保（2004）认为，提高教育文化素养有利于树立现代公民意识，使公民积极参与有关决策活动和对公共事务的监督、管理活动。这里采用平均受教育程度衡量居民受教育程度（edu）。按照"样本含小学文化程度人口数×6 + 初中×9 + 高中×12 + 大专及以上×16）/6 岁以上抽样总人口"这一方法计算而来，数据来源于历年《中国统计年鉴》。

3. 经济对外依存度（open）

对外依存度是衡量地方经济对外依赖程度的指标。地方政府为了吸引外国投资，往往会通过提高软硬件社会环境的方式来改善投资环境。本书采用各省份进出口总量与地区生产总值的比值，反映各地区的经济对外依存度。为了避免反向因果产生的内生性问题，即政府财政支出结构对对外开放度的影响，这里借鉴文献（梅冬州和龚六堂，2012；毛捷等，2015）做法，用 $open_{i,t-1}$ 代替 $open_{i,t}$。

4. 财政制度环境（fiscaltra）

根据公共选择理论，特定的制度环境影响政府财政支出安排，使其偏离公众需求意愿，无法完全实现公共性的本质要求。理论研究和各国实践表明，信息披露制度环境是有效约束政府财政活动的重要制度安排。本书使用财政透明度衡量信息披露制度环境。财政透明度是体现财政管理信息公开的重要指标（彭军和邓淑莲，2009），查里等（Chari et al.，1997）从委托代理的角度去研究预算透明度和财政支出的关系，认为提高预算透明度能够从制度角度规范财政支出行为，对政府及官员施加有效的财政制度制约。本书的财政透明度数据来自上海财经大学发布的《中国财政透明度报告》，该报告从 2009 年开始发布，截至 2017 年 12 月的报告，已经对我国省级政府财政透明度进行了9次评估。① 正如报告所言，总体来看，透明度得分高的省份主要是领导重视财政信息公开。

5. 财政纪律松弛程度（fiscaldec）

根据我国财政管理实践，本书选择财政分权指标反映财政纪律松弛程度。傅勇等（2007）认为，财政分权影响财政支出的结构偏向，财政越分权，地方政府利用财政资源发展本地经济的自主权就越大，越有可能改变财政支出的结构。对于财政分权指标，多从地方政府的财政收支角度来衡量（傅勇等，2007；范子英等，2009）。根据研究需要，本书采用财政支出分权度来表示财政分权指标，借鉴傅勇和张晏（2007）的做法，采用 FD = 各省预算内人均本级财政支出/中央预算内人均本级财政支出，该指标值越大，表示地方的财政分权程度越高。

6. 财政竞争（fiscalcom）

李永友等（2008）实证检验中国式分权制度所内生出来的地方政府竞争，辖区间激烈的财政竞争使财政支出结构表现出不同程度的扭曲。地方政府为吸引社会资本投资及重要纳税居民，常采取减免税政策作为激励手段。鉴于这一策略在地方财政竞争中的显著作用，部分学者采用各地区实际相对税率来作为财政竞争的代理变量。借鉴这一做法，本书采用各地区实际相对税率度量财政竞争度（fiscalcom），反映地方政府通过税收手段参与财政竞争的激烈程度，该指数越小，表明地方参与财政竞争的程度越高。

计算公式如下：

$$财政竞争指数 = 各省的实际宏观税率/我国宏观税率 = \frac{Tax_{it}/GDP_{it}}{Tax_t/GDP_t}$$

(5.17)

---

① 《中国财政透明度报告》使用问卷的形式对省级地方政府财政透明度进行评估，该问卷将所有的财政信息分为9个部分，并对各个部分赋以权重，问卷由113个问题组成。该得分描述了各省年度决算的财政信息公开程度，信息要素包括一般公共预算、政府性基金预算、财政专户资金预算、国有资本经营预算、政府资产负债等9个方面。

其中，Tax_{it} 表示 i 地区在 t 年的税收，GDP_{it} 表示 i 地区在 t 年的 GDP，Tax_{it}/GDP_{it} 衡量的是 i 地区在 t 年的实际税率，Tax_t 表示我国在 t 年的税收，GDP_t 表示我国在 t 年的 GDP，Tax_t/GDP_t 衡量的是我国在 t 年的实际平均税率。

二、基本统计分析

如图 5.4 左图所示，2007～2015 年，各省份财政社会福利支出在一般预算支出中占比与人口老龄化程度（老年抚养比）是正向相关的，即随着人口老龄化程度的加深，财政社会福利支出占比是不断提高的。但是，将各省份社会福利支出人均化后发现，随着人口老龄化程度的加深，人均支出量却呈负相关关系，见图 5.4 右图所示。这说明，随着老龄化社会的到来，社会福利支出成为地方政府的一项重要财政支出，呈增长之势，但是这种增长并不和人口老龄化程度相适应，典型反映在人均社会福利支出水平的下降。如图 5.5 所示，社会福利支出增速并未跟上人口老龄化增速。

那么，具体到各个省份情况如何？通过 2007～2015 年 30 个省份的财政支出结构趋势图（见图 5.6）可见，分省份看，地区间的支出偏好不尽相同。

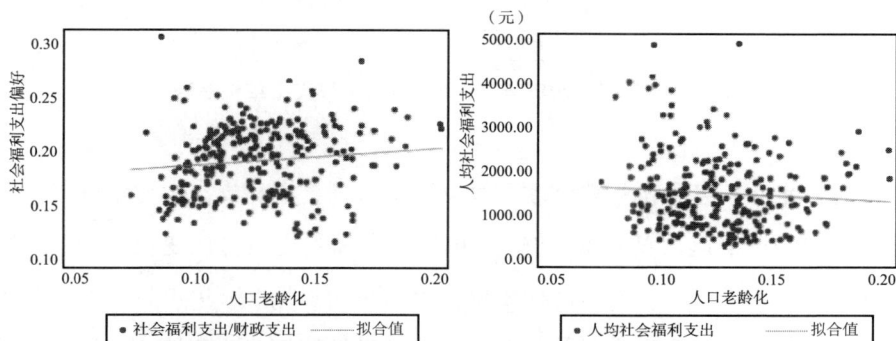

图 5.4 人口老龄化与社会福利支出的散点图（2007～2015 年）

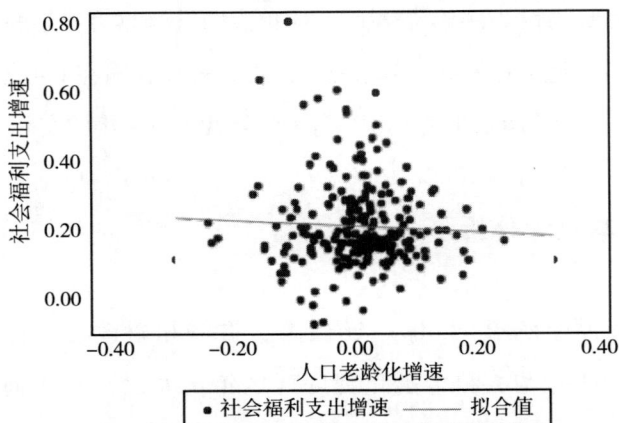

图 5.5　老龄化增速与社会福利支出增速的散点图（2007～2015 年）

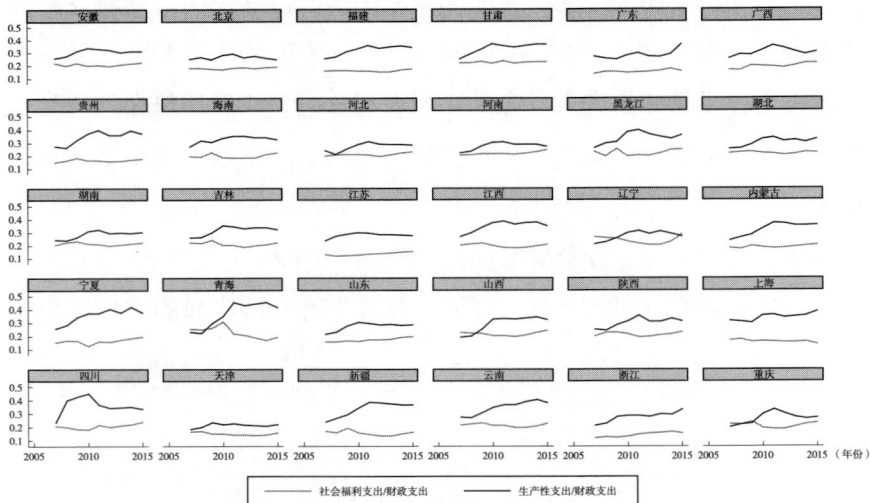

图 5.6　2007～2015 年 30 个省份的财政支出结构趋势

　　总体来看，各省份一般财政预算支出中，社会福利支出占比增速慢于经济性支出占比增速。以上海为例，9 年来社会福利支出占比变化不大，2014 年开始还有下降趋势，而经济性支出占比却呈明显增长。9 年来，大多数省份老龄化福利支出占比变化并不明显，典型省份如福建、天津、上海，相较于这些省份人口老龄化程度不断加深，这种不变的财政支出结构显得有些滞后了；还有不少省份老龄化福利支出占比不升反降的，如青海。部分省份的支出结构是滞后于人口老龄化程度的。2007～2015年，我国各省份的人口老龄化程度不断加深，公众的社会福利需求不断提高，地方政府的社会福利支出偏好却和预想的有所差别，那么产生这种差别的原因是什么？下文将作进一步研究。

三、基础回归分析

在有限的财政预算约束中，地方政府可以将财力投入基础设施等经济性公共品中，也可以投入社会福利中，存在着发展经济和提高社会福利的矛盾，地方政府所做的相机抉择行为可以很好地显示行为偏好。使用固定效应模型估计人口老龄化影响财政支出偏好的效应，结果如表5.2所示。列（1）～列（2）的被解释变量是社会福利支出占比，列（3）～列（4）的被解释变量是经济性支出占比。列（1）中人口老龄化在1%的统计水平正向影响财政社会福利支出，列（3）中人口老龄化在5%的统计水平负向影响经济性支出。在加入了经济社会环境（经济发展水平、居民受教育水平、经济对外依存度）、制度环境（财政透明度、财政分权度、财政竞争）等控制变量后，人口老龄化影响财政社会福利支出和经济性支出的效应显著性和作用方向并没有改变，如列（2）和列（4）所示。这验证了人口老龄化影响地方财政选择的作用路径一，即人口老龄化显著正向影响社会福利性支出，显著负向影响经济性支出。

表 5.2   基础回归结果

变量	welfareexp		productexp	
	（1）	（2）	（3）	（4）
popaging	0.004*** （0.001）	0.003*** （0.001）	−0.004** （0.002）	−0.005*** （0.001）
pgdp		−0.072 （0.103）		0.869*** （0.215）
squ_pdgp		0.006 （0.005）		−0.039*** （0.010）
edu		0.004 （0.005）		−0.043*** （0.010）
open		0.028* （0.015）		−0.041 （0.033）
fiscaltra		0.000 （0.000）		0.000 （0.000）
fiscaldec		−0.009*** （0.002）		0.023*** （0.004）
fiscalcom		−0.040 （0.046）		−0.174** （0.081）
_cons	0.145*** （0.015）	0.274 （0.515）	0.353*** （0.022）	−4.088*** （1.103）
N	270	270	270	270

注：①***、**和*依次表示在1%、5%和10%的统计水平上显著；②静态面板均为固定效应模型；③被解释变量均为社会福利支出占比和经济性支出占比；④括号中显示的是基于White异方差稳健性标准误计算而得到的t值。

四、稳健性检验

（一）内生性问题讨论

由于人口数据是时间序列数据，年份虚拟变量与人口老龄化数据存在多重共线性，在基准回归中没有控制时间固定效应，如果不控制年份虚拟变量，可能会出现遗漏变量偏差。工具变量法是解决遗漏变量偏差的重要方法，采用两阶段最小二乘法进行稳健性检验。为避免工具变量选择存在偏差，分别选取解释变量滞后 1～3 期变量的平均值作为工具变量，对基准回归模型进行两阶段 OLS 回归，回归结果如表 5.3 所示。列（1）～列（2）是选取解释变量滞后 1～3 期变量的平均值作为工具变量，人口老龄化在 1% 的显著水平正向影响社会福利支出，边际效应系数为 0.0121；人口老龄化在 10% 的显著水平负向影响经济性支出，边际效应系数为 −0.0099，这与基础回归结论基本一致。

表 5.3　　　　　　　　　　　两阶段最小二乘法回归

变量	welfareexp	productexp
	（1）	（2）
popaging	0.0121 *** (0.0041)	− 0.0099 * (0.0054)
pgdp	− 0.7235 (0.2325)	0.6823 * (0.3555)
squ_pdgp	0.0377 *** (0.0110)	− 0.0334 *** (0.0167)
edu	0.0169 *** (0.0069)	− 0.0329 *** (0.0087)
open	0.0469 *** (0.0232)	− 0.0870 *** (0.0353)
fiscaltra	− 0.0001 (0.0001)	0.0003 *** (0.0001)
fiscaldec	− 0.0079 *** (0.0033)	0.0188 *** (0.0051)
fiscalcom	− 0.1115 *** (0.0452)	− 0.0623 (0.0652)
N	210	210

注：①*** 和 * 依次表示在 1% 和 10% 的统计水平上显著；②括号中显示的是基于 White 异方差稳健性标准误计算而得到的 t 值。

（二）调整核心变量

将被解释变量调整为财政社会福利支出与财政经济性支出占比（fiscal-struc），回归结果如表 5.4 所示。人口老龄化在 1% 的统计水平上影响财政支出结构，边际效应系数是 0.017，即老龄化程度越高，地方财政越偏好社会福利支出。调整被解释变量的稳健性检验结果和基础回归结论一致。

表 5.4 调整核心变量的稳健性检验

变量	fiscalstruc
popaging	0.017 *** (0.005)
pgdp	− 2.183 *** (0.738)
squ_pdgp	0.104 *** (0.035)
edu	0.112 *** (0.032)
open	0.140 (0.092)
fiscaltra	0.000 (0.001)
fiscaldec	− 0.079 *** (0.012)
fiscalcom	0.431 (0.278)
_cons	11.095 *** (3.795)
N	270

注：① *** 表示在 1% 的统计水平上显著；②括号中显示的是基于 White 异方差稳健性标准误计算而得到的 t 值。

（三）调整实证检验方法

考虑组间异方差、同期截面相关以及组内自相关问题，分别采用最小二乘虚拟变量法（LSDV）、面板矫正标准误（PCSE）估计，回归结果如表 5.5 所示。列（1）~ 列（2）为采用最小二乘虚拟变量法（LSDV）的估计结果，表明人口老龄化在 1% 的显著水平上正向影响财政社会福利支出，5% 的显著水平上正向影响财政社会福利支出与财政经济性支出占比，边际效应系数是分别是 0.0020 和 0.0096。列（3）~ 列（4）为采用面板矫正标准误（PCSE）的估计结果，表明人口老龄化在 1% 的显著水平正向影响财政社会福利支出，5% 的显著水平正向影响财政社会福利支出与财政经济性支出占比，边际效应系数是分别是 0.0022 和 0.0096。这与基础回归结论基本一致，老龄化影响地方财政支出偏好。

表 5.5　　　　　　　　　调整实证方法的稳健性检验

变量	welfareexp	fiscalstruc	welfareexp	fiscalstruc
	（1）	（2）	（3）	（4）
popaging	0.0020 *** (0.0006)	0.0096 *** (0.0041)	0.0022 *** (0.0007)	0.0096 *** (0.0041)
pgdp	0.0807 (0.1040)	− 0.8301 * (0.4824)	0.1067 (0.1684)	− 1.2607 *** (0.6397)
squ_pdgp	− 0.0056 (0.0051)	0.0358 (0.0237)	− 0.0062 (0.0083)	0.0572 * (0.0314)
edu	0.0186 *** (0.0042)	0.1106 *** (0.0200)	0.0132 *** (0.0057)	0.0915 *** (0.0267)
open	− 0.0316 *** (0.0061)	− 0.0126 (0.0346)	− 0.0296 *** (0.0105)	0.0402 (0.0544)
fiscaltra	0.0001 (0.0001)	− 0.0018 *** (0.0006)	0.0001 (0.0001)	− 0.0004 (0.0007)
fiscaldec	0.0003 (0.0013)	− 0.0152 *** (0.0057)	− 0.0013 (0.0022)	− 0.0251 *** (0.0106)

续表

变量	welfareexp	fiscalstruc	welfareexp	fiscalstruc
	（1）	（2）	（3）	（4）
fiscalcom	− 0. 0063 （0. 0221）	− 0. 2889 *** （0. 1059）	− 0. 0099 （0. 0302）	− 0. 2890 *** （0. 1467）
_cons	− 0. 2310 （0. 5302）	4. 5498 * （2. 4911）	− 0. 3783 （0. 8631）	6. 8927 *** （3. 3255）
N	270	270	270	270

注：①*** 和 * 依次表示在1%和10%的统计水平上显著；②括号中显示的是基于 White 异方差稳健性标准误计算而得到的 t 值。③列（1）和列（3）中的被解释变量为财政社会福利支出，列（2）和列（4）中的被解释变量为财政社会福利支出与财政经济性支出占比。

五、影响效应的非对称性分析

我国人口老龄化进程加快，但不同区域情况差异较大。为了揭示不同财政状况和人口老龄化程度下老龄化影响地方财政选择的效应差异，分别按照财政自给率和人口老龄化程度进行样本分组，考察非对称影响效应。

（一）基于财政自给率分组的非对称性分析

财政自主水平是衡量财政能力的指标之一，反映地方政府的财政自由程度。财政自主水平越高，地方政府的财政自由程度越高，自主调整地区公共服务财政支出的可能性越高，受到人口等社会因素外部冲击的影响越小。因此，人口老龄化背景下，财政自主水平高的地区更可能根据辖区人口结构的变化主动调整支出结构，提供更多的福利性公共品。为了验证这一研究设想，按照财政自给率进行分组，进行影响效应的非对称性检验。具体分组办法如下：首先提取 2007～2015 年各省份的中位数，去除年度差异，将其视为各省份的财政自主能力水平，再取这些指标的中位数，大于中位数的视为财政自主性较高的地区，小于该中位数的视为财政自主性较低的地区。

按照财政自主度分组后的回归结果如表 5.6 所示。列（1）和列（3）样本为财政自主水平高的省份，列（2）和列（4）样本为财政自主水平低的省份，列（1）和列（2）的被解释变量为社会福利支出占比，列（3）和列（4）的被解释变量为经济性支出占比。列（1）和列（2）比较发现，对于财政自主水平不同的两类地区，人口老龄化均显著正向影响社会福利支出，但存在效应系数和显著水平差异。列（3）和列（4）比较发现，人口老龄化均显著负向影响社会福利支出，边际效应系数相等但存在显著水平差异。本书认为，对于财政状况良好的地区，财政自由度程度较高，面对老龄化的人口冲击，更有可能主动调整社福利支出水平，这和人口老龄化影响地方财政支出作用路径一的理论分析一致。

表 5.6　　　　　　　　　　按财政自给率分组后的回归结果

变量	welfareexp		productexp	
	（1）	（2）	（3）	（4）
popaging	0.004 *** (0.001)	0.003 * (0.002)	-0.006 *** (0.001)	-0.006 * (0.003)
pgdp	-0.257 * (0.138)	0.289 (0.282)	1.308 *** (0.406)	1.326 *** (0.319)
squ_pdgp	0.015 * (0.007)	-0.012 (0.014)	-0.059 *** (0.019)	-0.064 *** (0.016)
edu	0.014 (0.008)	-0.006 (0.007)	-0.041 *** (0.019)	-0.037 *** (0.015)
open	0.028 (0.019)	0.097 *** (0.031)	-0.039 (0.036)	-0.199 *** (0.064)
fiscaltra	-0.000 (0.000)	0.000 (0.000)	0.000 (0.000)	0.000 (0.000)
fiscaldec	-0.008 *** (0.003)	-0.010 *** (0.002)	0.012 (0.008)	0.027 *** (0.003)
fiscalcom	-0.108 *** (0.045)	-0.017 (0.059)	0.036 (0.122)	-0.242 *** (0.077)

续表

变量	welfareexp		productexp	
	（1）	（2）	（3）	（4）
_cons	1. 178 （0. 683）	− 1. 413 （1. 323）	− 6. 580 *** （2. 143）	− 6. 116 *** （1. 534）
N	135	135	135	135

注：① *** 和 * 依次表示在1% 和10% 的统计水平上显著；②括号中显示的是基于 White 异方差稳健性标准误计算而得到的 t 值。

（二） 基于老龄化程度分组的非对称性分析

由于我国各地区完成人口结构转变的时间先后不一，存在人口老龄化程度区域不均衡。不同人口老龄化程度地区，受到的社会福利支出外部压力不同，人口老龄化对地方财政可持续性的冲击也有差异。人口老龄化程度高，对财政产生的支出压力更大，地方财政可持续性面临的挑战更大。因此，可能存在不同人口老龄化程度地区的影响效应非对称性。按照人口老龄化程度进行分组，进行影响效应的非对称性检验。具体分组办法如下：首先提取2007～2015 年各省份老龄化程度的中位数，去除年度差异，再取这些指标的中位数，大于中位数的视为老龄化程度较高的地区，小于该中位数的视为老龄化程度较低的地区。

按照人口老龄化程度分组后的回归结果如表5.7 所示。其中，列（1）和列（3）样本为人口老龄化程度高的省份，列（2）和列（4）样本为人口老龄化程度低的省份，列（1）和列（2）的被解释变量为社会福利支出占比，列（3）和列（4）的被解释变量为经济性支出占比。列（1）和列（2）回归结果可见，在人口老龄化程度高的地区，人口老龄化在1% 的统计水平上显著正向影响社会福利支出偏好，边际影响系数是0. 004。在人口老龄化低的地区，人口老龄化影响社会福利支出不显著。列（3）和列（4）回归结果可见，在人口老龄化程度高的地区，人口老龄化在1% 的统计水平上显著负向影响经济性支出，边际影响系数是 − 0.005。在人口老龄化程度低的地区，人口老龄化影响经济性支出不显著。由此可见，在人口老龄化程度高的地区，人口老龄化的直接效应更大，加速的人口老龄化是地区社会福利支出不断提高的重要因素。按人口老龄化程度分组的回归结果和研究假设相一致，即存在不同人口老龄化程度地区的影响效应非对称性。

表 5.7　　　　　　　　按人口老龄化程度分组后的回归结果

变量	welfareexp		productexp	
	（1）	（2）	（3）	（4）
popaging	0.004 *** (0.001)	0.002 (0.002)	− 0.005 *** (0.001)	− 0.002 (0.003)
pgdp	0.164 (0.142)	− 0.272 * (0.144)	0.778 *** (0.209)	0.983 *** (0.321)
squ_pdgp	− 0.006 (0.007)	0.016 *** (0.007)	− 0.034 *** (0.010)	− 0.045 *** (0.015)
edu	0.007 (0.009)	0.002 (0.008)	− 0.061 *** (0.019)	− 0.025 (0.014)
open	0.015 (0.025)	0.021 * (0.011)	− 0.033 (0.036)	− 0.061 (0.036)
fiscaltra	0.000 (0.000)	0.000 (0.000)	0.000 (0.000)	0.000 (0.000)
fiscaldec	− 0.011 *** (0.004)	− 0.009 *** (0.002)	0.019 (0.011)	0.025 *** (0.003)
fiscalcom	− 0.083 *** (0.029)	− 0.020 (0.064)	0.044 (0.131)	− 0.321 *** (0.065)
_cons	− 0.916 (0.732)	1.308 * (0.708)	− 3.529 *** (1.128)	− 4.812 *** (1.592)
N	117	153	117	153

注：① *** 和 * 依次表示在 1% 和 10% 的统计水平上显著；②括号中显示的是基于 White 异方差稳健性标准误计算而得到的 t 值。

六、外在压力与内在激励的多路径效应

人口结构加速老龄化的社会背景下，人口老龄化正向影响财政社会福利支出，公众关于养老服务等的诉求强化了影响效应，对地方政府财政支出形成外在压力，因而，存在公众诉求外在压力的调节效应。另外，人口老龄化背景下地方财政可持续性受到挑战，也会影响地方政府的财政支出偏好，存在财政可持续性内在激励的中介效应。这两类机制效应都会影响人口老龄化背景下地方财政的支出偏好。

（一）外在压力的调节效应

外在压力是外部舆论对本地区财政行为产生的监督作用。公众诉求一定程度反映公众需求趋势和强度，影响政府职能和财政政策安排。采用公众诉求的表达强度，即公众关注度，反映地方政府面临的外部压力。郑思齐等（2013）使用 Google 趋势指数构造公众关注指数，考虑到使用 Google 搜索引擎具有一定的专业门槛，而百度中文搜索引擎在中国市场占有份额较高，是当前大众首选的搜索工具，使用百度趋势指数衡量公众关注程度更适合中国问题研究。以"老龄化""养老"为关键词的 PC 端和移动端搜索指数日均值作为人口老龄化公众关注度（focusindex）的衡量指标。在基础回归模型中加入公众诉求、公众诉求与人口老龄化程度的交互项，构建回归模型如下：

$$welfareexp_{it}(\,productexp_{it}\,) = \alpha + \gamma_1 popaging_{it} + \gamma_2 focusindex_{it} + \gamma_3 popaging_{it}$$
$$\times focusindex_{it} + \beta X_{it} + u_i + \varepsilon_{it} \qquad (5.18)$$

其中，被解释变量 welfareexp 和 productexp 分别是财政社会福利支出偏好和经济性支出偏好，解释变量 popaging 为人口老龄化程度，focusindex、popaging × focusindex 分别表示公众诉求、公众诉求和人口老龄化程度的交互项，X 表示由控制变量构成的向量，α、β 和 γ_1、γ_2、γ_3 是系数矩阵，下标 i 和 t

分别代表第 i 省份和第 t 年，u_i 为个体效应，ε_{it} 为误差项。

外在压力的调节效应回归结果如表 5.8 所示。列（1）和列（2）显示，公众诉求影响地方政府财政选择，不仅在 1% 的统计水平上显著正向影响财政社会福利支出，而且在 5% 的统计水平上显著正向影响经济性支出。这检验了研究假设，即中国地方政府（官员）具有"经济人"和"政治人"双重属性。但是，在考虑了人口老龄化需求后，公众诉求对社会福利和经济性支出偏好的作用方向截然相反，表现为：公众诉求和人口老龄化程度的交互项对财政社会福利支出的影响效应不显著，在 5% 的统计水平上负向作用经济性支出。研究结论检验了人口老龄化影响地方财政选择的作用路径二，即人口老龄化影响地方财政选择的作用效应受到公众诉求外在压力的影响，公众诉求具有调节效应。

（二）内在激励的中介效应

地方财政的可持续发展是地方财政与地方经济相互促进、财政运行健康有序的发展状态。财政收支平衡反映区域内用于满足公共需求的资源配置情况，当前主要从收支结构分析地方财政收支平衡状况。借鉴亨特（Hunter，1974）对财政不平衡度的测度方法，构造财政不平衡指数 = 1 － 一般预算收入／一般预算支出。为避免互为因果，选择滞后一期变量。该指数越大，说明财政收支越不平衡，可以一定程度度量人口老龄化背景下，财政收入不确定和财政支出刚性共同作用下的财政可持续性问题。在人口老龄化引发的财政收入不确定和支出刚性预期下，为了实现财政收支平衡，政府有提高经济性支出以提高财政增收能力的内在激励。因此，构建中介效应模型，检验人口老龄化通过影响财政可持续，作用财政支出的选择机制。

$$\text{fiscial\_unba}_{it} = \alpha + \gamma_1' \text{popaging}_{it} + \beta X_{it} + u_i + \varepsilon_{it} \tag{5.19}$$

$$\text{welfareexp}_{it}(\text{productexp}_{it}) = \alpha + \gamma_1'' \text{popaging}_{it} + \gamma_4 \text{fiscial\_unba}_{it} + \beta X_{it} + u_i + \varepsilon_{it} \tag{5.20}$$

其中，被解释变量 welfareexp 和 productexp 分别是财政社会福利支出偏好和经济性支出偏好，解释变量 popaging 为人口老龄化程度，fiscal_unba 是财政不平衡指数，X 表示由控制变量构成的向量，α、β 和 γ_1'、γ_1''、γ_4 是系数矩阵，下标 i 和 t 分别代表第 i 省份和第 t 年，u_i 为个体效应，ε_{it} 为误差项。

老龄化影响财政支出偏好的总效应是 $\gamma_1' \times \gamma_4 + \gamma_1''$，$\gamma_1''$ 是直接效应，$\gamma_1' \times \gamma_4$ 是通过中介变量（财政平衡）影响财政支出偏好的间接效应，中介效应在总效应中的占比为 $\dfrac{\gamma_1' \times \gamma_4}{\gamma_1' \times \gamma_4 + \gamma_1''}$。

基于财政可持续的中介效应检验结果如表 5.8 所示。列（3）~列（5）中的估计系数 γ_1'、γ_1'' 均具有统计水平意义。但是估计系数 γ_4 的显著水平存在差异，在列（4）中不显著，在列（5）中正向显著，这表明人口老龄化通过财政平衡影响财政社会福利支出的中介机制不显著，人口老龄化通过财政可持续影响经济性支出的中介机制显著。以上结论检验了人口老龄化影响地方财政选择的作用路径三，即人口老龄化影响地方财政支出选择，除了直接影响效应，还包括通过影响地方财政可持续性，进而影响地方财政支出选择的间接效应。增强财政可持续性的内在激励具有中介效应机制。经计算可知，人口老龄化影响经济性支出偏好的直接效应为 −0.003，中介效应 0.001。直接效应为负表明，人口老龄化显著负向影响经济性支出；间接效应为正表明，在考虑人口老龄化引发的财政可持续性因素后，地方政府更加偏好经济性支出以发展经济增强地方财政的可持续性。

表 5.8　　外在压力的调节效应与内在激励的中介效应的回归结果

变量	welfareexp	productexp	fiscal_unba	welfareexp	productexp
	（1）	（2）	（3）	（4）	（5）
popaging	−0.000 (0.001)	0.001 (0.002)	0.004 *** (0.002)	0.003 *** (0.001)	−0.003 * (0.001)
focusindex	0.001 *** (0.002)	0.001 ** (0.002)			

续表

变量	welfareexp	productexp	fiscial_unba	welfareexp	productexp
	（1）	（2）	（3）	（4）	（5）
popaging × focusindex	−0.002 （0.001）	−0.002 ** （0.002）			
fiscial_unba				−0.007 （0.042）	0.342 *** （0.060）
pgdp	0.402 *** （0.172）	0.117 （0.357）	0.426 （0.360）	−0.161 （0.113）	0.617 *** （0.260）
squ_pdgp	−0.019 *** （0.008）	−0.013 （0.018）	−0.020 （0.018）	0.011 * （0.005）	−0.029 *** （0.012）
edu	−0.003 （0.004）	−0.004 （0.011）	−0.034 *** （0.008）	0.004 （0.005）	−0.026 *** （0.009）
open	0.032 （0.021）	−0.062 （0.044）	−0.111 *** （0.034）	0.036 *** （0.017）	−0.034 （0.037）
fiscaltra	−0.000 （0.000）	0.000 * （0.000）	−0.000 （0.000）	0.000 （0.000）	0.000 * （0.000）
fiscaldec	−0.016 *** （0.005）	0.016 * （0.008）	0.009 *** （0.003）	−0.010 *** （0.002）	0.021 *** （0.004）
fiscalcom	−0.092 （0.062）	−0.007 （0.085）	−0.312 *** （0.076）	−0.056 （0.048）	−0.042 （0.092）
_cons	−1.745 * （0.912）	0.374 （1.807）	−1.282 （1.789）	0.696 （0.563）	−2.965 *** （1.371）
N	150	150	240	240	240

注：① *** 、** 和 * 依次表示在 1%、5% 和 10% 的统计水平上显著；②括号中显示的是基于 White 异方差稳健性标准误计算而得到的 t 值。

第四节
本章小结

本章采用中国 2007~2015 年除西藏外的 30 个省份作为样本，研究人口老龄化背景下地方政府的财政选择。研究结果表明，人口老龄化影响地方财政支出偏好，当前的地方财政支出选择是外在压力和内在激励的多路径效应结果。

（1）人口老龄化具有直接效应，显著正向影响社会福利性支出，显著负向影响经济性支出。进一步的异质性分析表明，人口老龄化影响地方财政选择具有财政自给率和人口老龄化程度的非对称性。财政状况好的地区，地方政府自主调整地区公共服务财政支出的自由程度越高；人口老龄化程度高的地区，不管是效应的显著性还是效应系数，人口老龄化的效应更大。

（2）公众诉求外在压力具有调节效应。人口老龄化作为当前最大的公共服务需求冲击，地方政府面临公众社会福利支出偏好的外在压力，这一外在压力下地方政府可能作出被动调整。这种被动支出调整包括两个方向：一是有效回应公众诉求，提高社会福利支出；二是变外在压力为发展经济的内在激励，提高经济性支出。

（3）在当前社会福利支出责任地方化的财政体制下，人口老龄化影响地方财政可持续性，存在增强财政可持性内在激励的中介效应机制。人口老龄化影响地方财政的支出选择，除了人口老龄化的直接效应，还包括人口老龄化通过影响地方财政可持性，进而影响地方财政支出选择的间接效应。

基于以上分析，提出以下政策建议。

（1）尽快完善地方政府考核体系，考虑建立一个以经济社会综合治理效果最大化的政绩考核机制。只有此，地方政府才会积极应对人口结构变化，作出财政支出结构的主动调整。

（2）完善地方公共支出的需求表达机制，并将公众诉求和社会福利满意度真正纳入地方考核中。唯有此，才可以使公众诉求的外在压力直接作用于地方政府，提高社会福利支出的主动性。

（3）改善当前财政支出责任地方化的状态。对于社会福利等基本公共服务支出，由中央政府负担主要支出责任，建立考虑人均社会福利支出水平的转移支付制度，减轻地方政府刚性支出预期下对财政支出能力的担忧。

第六章　地方政府社会福利供给的财政能力研究

　　第四章社会福利的区域非均衡性测度显示：我国地方财政社会福利支出存在区域非均衡性。财政社会福利支出与人口分布、人口老龄化程度、经济发展水平和财政能力的地区间匹配程度差异较大。比较四个维度的泰尔指数值可见，财政社会福利支出与财政能力的不匹配程度最高，与地区人口分布、经济发展水平的不匹配程度次之，财政社会福利支出与人口老龄化程度的不匹配程度最低。这一区域非均衡性和地缘位置、行政区划及区域经济发展等因素相关不大。因此，本书认为虽然我国地区间经济发展水平存在差异、人口老龄化程度不同，但这些都不是决定社会福利支出水平和财政支出非均衡的主要原因。我国的社会福利具有被动支出特征，地方政府在财政支出结构安排中并未实现经济发展和社会福利的均衡。

　　面临经济社会的转型、公众福利诉求的增强和我国"未备先老"的快速老龄化，提高社会福利供给已经被我国政府作为一项重要的民生政策推进。但是，我国的老龄化还具有"未富先老"的特征，快速到来的老龄化不仅提高了福利成本，也一定程度影响经济增长，这会给地方政府带来财政压力。中国财政科学研究院发布的《2017年地方财政经济运行调研总报告》显示，当前我国经济增速放缓，财政增收能力受限，地方财政收支矛盾凸显，财政兜底风险加大。在我国中央政府重民生的政策基调下，部分省份脱离发展实际搞民生，例如，在自身财力不足的情况下，西部某省份竟提出

"民生支出占财政支出比重不低于 80% 和新增财力的 80% 用于民生"的财政支出政策（刘尚希，2017）。"未富先老"的现实背景下，地方财政支付能力有限，这种硬化的社会福利支出一定程度上制约了地方经济的发展。特别是对于财政能力弱的地区，社会福利支出在财政支出中占比过高，已经成为影响经济发展的人口财政负担。因此，有必要调整当前的财政制度，降低部分地方政府的老龄化成本，平衡地区间的人口财政负担差异，实现财政社会福利支出的区域间均衡。

本章研究地方政府社会福利供给的财政能力，包括理论分析和实证检验两部分：首先，进行地方财政社会福利支出的财政能力分析。从纵向和横向两个视角比较和测度我国地方政府社会福利支出的财政能力失衡，提出经济发展、财政能力与社会福利支出的关系及其作用路径；其次，采用面板向量自回归模型（PVAR）分析我国地方财政社会福利支出与经济增长、财政自主度之间的动态关联性，分解经济发展、财政能力对社会福利支出的影响，以及财政社会福利支出对经济可持续发展的影响。

第一节
地方财政社会福利支出的财政能力分析

学界关于财政能力的界定并未统一。王绍光等（2002）将政府从社会获取财政资源的能力称作国家汲取能力，认为我国 1994 年的分税制改革成功地阻止了国家财政汲取能力下滑，但效果还不太显著。刘汉屏等（2002）提出，财政能力包括财政自给能力、公共支出的基本保障能力和财政政策能力。刘溶沧等（2002）提出，财政能力是地区间提供均等化公共服务的能力，将收入能力、支出能力纳入财政能力的评价体系。李学军等（2007）认为，财政能力是政府在财政资源方面的运筹能力，包括财政资源的汲取、使用及其管理、协调能力。政府的财政能力大小与其掌握的财政资源有关，也与如何配置资源的财政制度有关。卢洪友等（2009）指出，财政能力是地方政府汲取财政资源以有效供给公共品或公共服务的能力。本书的财政能力，简称为财力，主要是指一定财政收入水平下的财政支付能力。

当前研究表明，政府间社会福利事权与财权划分存在诸多基础性与结构性问题。我国当前以地方为主体的社会福利财政体制必然会导致各地财政能力不同而带来社会福利支出方面的差异（李凤月和张忠任，2015）。我国社会福利财政呈现纵向失衡的现象，即中央政府和地方政府的自有财政收入与社会福利支出责任不对称（刘继同，2011）。政府间的社会福利转移支付并没有起到调节收入分配差异和均衡区域财政社会福利能力的功能，存在结构失衡和区域差异（李珍和曹清华，2007）。徐倩等（2012）考察了我国财政社会福利支出的总量变化和结构演进，结果显示我国的财政社会福利支出存在着明显的地区差异和城市偏向。严雅娜等（2016）基于2004～2013年省级面板数据实证分析社会福利的地区差距和影响因素，实证研究结果表明：社会福利省际差距长期存在，近年来差距水平基本保持不变。财政分权、转移支付和地方财力均显著影响社会福利水平，地方财力是决定地区间社会福利差异的重要原因。柯卉兵（2007）指出，地方政府财政能力的强弱引发地区间社会福利公共产品和服务供给水平的差异。杨红燕等（2014）研究了财政分权、财政自给率、人均GDP、人口老龄化对财政社会福利支出省际差异的影响。由现有研究可见，地区间的资源禀赋和制度环境差异导致地方政府间财政能力存在差异，而这种差异必然影响地方政府的公共品供给能力和支出偏好。由财政能力差异导致的社会福利供给区域间的差异必然存在。

一、地方社会福利支出与财政能力的匹配研究

在我国，不论是中央与地方政府之间，还是地方与地方政府之间，均存在着财力不均衡。财力不均衡包括纵向财力不均衡和横向财力不均衡。纵向

财力不均衡是指各级政府间事权和支出责任不一致，即中央政府集中的财政收入比重明显高于支出比重，形成财政盈余，而地方财政收入比重低于财政支出比重，形成财政缺口。由于各地区资源禀赋和地理环境决定下的财源分布不均匀，经济发展水平决定下的税基差异，地方政府之间财政能力就会存在差异，形成横向财力不均衡。这里分别从纵向和横向两个维度研究地方政府的社会福利支出和财力间的失衡。

（一）纵向比较分析

我国当前的中央地方财政关系是在 1994 年分税制改革基础上建立的，此次改革后地方政府财权变小，但事权却没有发生本质变化。地方财政承担了财政医疗卫生和社会保障等社会福利支出的主要责任。虽然中央本级支出对地方转移支付保持了增长，但地方支出增速高于中央，地方政府承担了更多的社会福利财政压力。

如表 6.1 所示，2007～2015 年中央政府财政社会福利支出由 343.63 亿元增长到 2015 年的 723.07 亿元，虽然总量逐年递增，但中央支出在全国福利支出中占比非常低，呈现下降态势，由 2007 年的 6.29% 下降到 2015 年的 3.80%。相比较于中央支出，地方财政承担了财政社会福利支出的大部分责任，地方政府社会福利支出由 2007 年的 5104.53 亿元提高到 2015 年的 18295.62 亿元，9 年间支出总量增长了近 2.6 倍；地方支出在全国福利支出中占比非常高，呈上涨趋势，由 2007 年的 93.71% 上升到 2015 年的 96.20%。由数据比较分析可见，财政社会福利支出呈现出明显的地方化倾向。其中，医疗卫生支出责任地方化倾向更为严重，比较 2007～2015 年的 9 年年均占比，中央占比仅为 1.2% 左右，地方占比则为 98.8%，2015 年 99.29% 的医疗卫生支出责任都由地方承担。可以预计，如果当前的地方收支政策不调整，随着人口老龄化程度的不断加深，财政社会福利支出和医疗卫生支出等社会福利支出必将成为地方政府沉重的人口财政负担。

表 6.1　　　　　　　　2007～2015 年中央地方政府社会福利支出事权安排

年份	财政社会福利支出					财政医疗卫生支出				
	全国（亿元）	中央（亿元）	地方（亿元）	中央占比（%）	地方占比（%）	全国（亿元）	中央（亿元）	地方（亿元）	中央占比（%）	地方占比（%）
2007	5447.16	342.63	5104.53	6.29	93.71	1989.96	34.21	1955.75	1.72	98.28
2008	6804.29	344.28	6460.01	5.06	94.94	2757.04	46.78	2710.26	1.70	98.30
2009	7606.68	454.37	7152.31	5.97	94.03	3994.19	63.50	3930.69	1.59	98.41
2010	9130.62	450.30	8680.32	4.93	95.07	4804.18	73.56	4730.62	1.53	98.47
2011	11109.40	502.48	10606.92	4.52	95.48	6429.51	71.32	6358.19	1.11	98.89
2012	12585.52	585.67	11999.85	4.65	95.35	7245.11	74.29	7170.82	1.03	98.97
2013	14490.54	640.82	13849.72	4.42	95.58	8279.90	76.70	8203.20	0.93	99.07
2014	15968.85	699.91	15268.94	4.38	95.62	10176.81	90.25	10086.56	0.89	99.11
2015	19018.69	723.07	18295.62	3.80	96.20	11953.18	84.51	11868.67	0.71	99.29

资料来源：《中国财政年鉴》（2008～2016 年）。

（二）横向比较分析

1. 基于人均社会福利支出视角

当前研究表明，我国存在地区间横向的财力不均衡，地区间经济发展不平衡和既有的财政制度安排是引起地方政府财政能力差异的主要原因。吴湘玲和邓晓婴（2006）选择预算收入占 GDP 的比重、政府财政自给率两个指标估测我国地方政府财政能力的地区非均衡性，认为形成区域差异的原因既包括自然条件、经济差异等经济地理因素，也包括特殊历史时期的制度因素。卢洪友等（2009）认为，形成我国地方政府财政汲取能力和公共品供给能力强弱不同的原因是地方政府间资源禀赋和制度环境差异。此外，近年来财税体制改革，特别是"营改增"改革，对地区间财政能力不均衡也产生了不利影响。唐明等（2017）表明"营改增"改革使我国进入大共享税时代，地方主体税种缺失，过渡期增值税分享体制不利于地区间财力平衡，按生产地的分享原则扩大了地区间的财力差距。

关于不均衡的测量主要有以下几种方法：基尼系数（gini coefficient）、泰尔指数、阿特金森指数（atkinsom index）等。基尼系数主要是通过洛仑兹曲线计算用于进行不平均分配的收入占全体总收入的百分比。泰尔指数主要是在信息熵测量的基础上，分别考察维度内部和维度间引起的非均等化程度对总体非均等化程度的贡献比率，因此又叫泰尔熵标准。阿特金森指数是测度收入分配不公平程度的社会福利指数，具有洛伦茨准则一致性和可分解性的特征。本书沿袭研究惯例，采用泰尔指数分解法，以人口比重为权重，以财政收入自主性分组，分解组内与组间不平等性（林晨蕾和郑庆昌，2015）。

其计算公式为：

$$T = \sum_{i=1}^{4} H_i \times \log \frac{H_i}{P_i} + \sum_{i=1}^{4} P_i \times T_i = 组间差距 + 组内差距 \quad (6.1)$$

其中，H_i 为第 i 区域人均社会福利支出占总人均社会福利支出的比例，P_i 为第 i 区域人口数占人口总数的比例，T_i 是未加权的组内的泰尔指数，公式为：

$$T_i = \sum_j \left(\frac{h_{ij}}{h_i} \right) \times \log \frac{\frac{h_{ij}}{h_i}}{\frac{p_{ij}}{p_i}} \quad (6.2)$$

其中，h_i 是第 i 组的人均社会福利支出，h_{ij} 为第 i 组中第 j 省的人均社会福利支出，p_i 是第 i 组的人口，p_{ij} 为第 i 组第 j 省的人口。

财政自主度在一定程度上反映了地方政府的财政自由程度。那么，财政自主度越高，本级政府"自给自足"能力越强，对上级政府转移支付的依赖程度越低，从而调整地区公共服务财政支出的自由裁量权越大。这里采用一般预算财政收入占一般预算财政支出的比值衡量财政自主度。表6.2中按照我国地方政府财政自主能力水平进行分组。财政能力分组具体处理过程如下：首先提取1999～2015年各省份的中位数，去除年度差异，将其视为各省份的财政自主能力水平，再取这些指标的中位数，大于中位数的视为财政自主性较高的地区，小于该中位数的视为财政自主性较低的地区，具体分组情况如表 6.2 所示。由表 6.2 可见，我国财政自主水平的平均水平是 0.5078。其中，较强省份的平均水平为 0.6632、较弱省份的平均水平为 0.3622，前者是后者的近 2 倍。

表 6.2　　　　　　　　我国财政自主能力水平及其分组

财政自主水平弱的省份		财政自主水平强的省份	
省份	财政自主水平	省份	财政自主水平
安徽	0.4552	上海	0.8700
江西	0.4485	北京	0.8663
四川	0.4475	广东	0.8419
湖南	0.4456	江苏	0.8229
内蒙古	0.4416	浙江	0.8075
陕西	0.4319	天津	0.7679
广西	0.4248	山东	0.7063
云南	0.3924	福建	0.6906
黑龙江	0.3791	辽宁	0.5932
吉林	0.3710	重庆	0.5346
贵州	0.3625	河北	0.5206
新疆	0.3480	山西	0.5160
宁夏	0.3054	湖北	0.4804
甘肃	0.2736	海南	0.4687
青海	0.1957	河南	0.4609
西藏	0.0727	平均水平	0.6632
平均水平	0.3622		
全国平均水平		0.5078	

由表6.3和图6.1可见：（1）基尼系数、泰尔指数和阿特金森指数均显示，1999～2015年省际人均社会福利支出差异和不平等性呈逐年下降趋势，说明我国人均社会福利支出的区域差异已经大大缩小。（2）按照财政自主度分组后的人均社会福利支出泰尔指数组群分解显示，省级政府间的人均社会福利支出组间不平等远远小于组内差异。组间不均等的泰尔系数已经较小，渐渐接近于0，2008年的组间不均等程度已经为0。但是，组内差异仍然很大，不均等程度值离完全均等值0还差距甚远。由于是按照财政能力进行的分组，组内差异大、组间差异小的现象表明：财政支付能力不是引起人均社会福利支出水平区域不平衡的主要原因。这和既有文献提出的，地区间的财政能力影响公共服务供给水平的观点并不一致。

表6.3　　　　　1999～2015年各省人均社会福利支出的横向不平等性

年份	平均支出（元）	标准差	基尼系数	泰尔指数	阿特金森指数	组内不平等	组间不平等
1999	134.6677	80.17949	0.24185	0.11175	0.09362	0.10897	0.00278
2000	170.9334	96.04235	0.22937	0.10172	0.08536	0.10000	0.00172
2001	214.1049	116.11500	0.22189	0.09665	0.08096	0.09575	0.00090
2002	268.6728	141.86550	0.21416	0.09119	0.07680	0.09110	0.00009
2003	311.8385	159.65900	0.21605	0.08944	0.07624	0.08888	0.00056
2004	357.6970	194.63890	0.22337	0.09755	0.08182	0.09732	0.00023
2005	422.5547	222.42390	0.21175	0.09142	0.07571	0.09134	0.00008
2006	510.8203	275.39140	0.21010	0.09168	0.07546	0.09111	0.00057
2007	686.0472	406.20700	0.20126	0.09750	0.07543	0.09655	0.00095
2008	876.8580	478.02660	0.19941	0.08609	0.06915	0.08609	0.00000
2009	1119.2240	521.85640	0.19213	0.07278	0.06217	0.07127	0.00152

续表

年份	平均支出（元）	标准差	基尼系数	泰尔指数	阿特金森指数	组内不平等	组间不平等
2010	1260.1930	687.90970	0.16942	0.06212	0.05144	0.06092	0.00121
2011	1560.9600	688.76950	0.15802	0.05022	0.04347	0.04886	0.00136
2012	1747.6560	759.33210	0.15206	0.04762	0.04104	0.04657	0.00105
2013	1955.0960	741.27540	0.14355	0.04025	0.03566	0.03895	0.00129
2014	2217.3420	776.47750	0.13666	0.03588	0.03221	0.03488	0.00100
2015	2629.9420	956.88880	0.13068	0.03480	0.03072	0.03413	0.00066

　　注：这里按照财政自主能力分组，分别测算财政能力强的省份和财政能力弱的省份之间的人均社会福利支付水平差异和不平等性。

　　资料来源：根据历年《中国财政年鉴》计算而得。

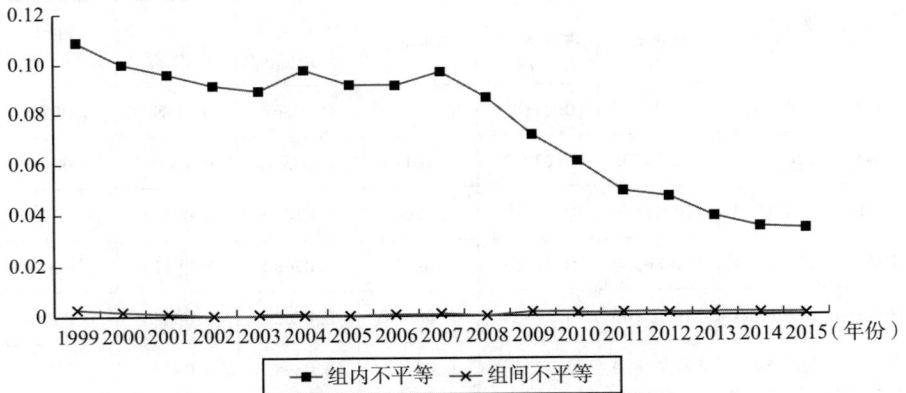

图 6.1　按财政自主度分组的泰尔指数组群分解

2. 基于财政支出结构视角

　　本部分比较各地区的财政社会福利支出水平和在财政支出结构中占比的趋同性或趋异性，考察地区间横向财政失衡。如图 6.2 所示，各地区社会福利支出在财政支出中的占比差异较大，甘肃、黑龙江、吉林、辽宁、青海、山西、重庆等省份占比较高。分省份看，财政支出中的社会福利占比并未随着人口老龄化程度的提高而提高，有的省份反而有下降，如吉林、辽宁、青海、天津、重庆。

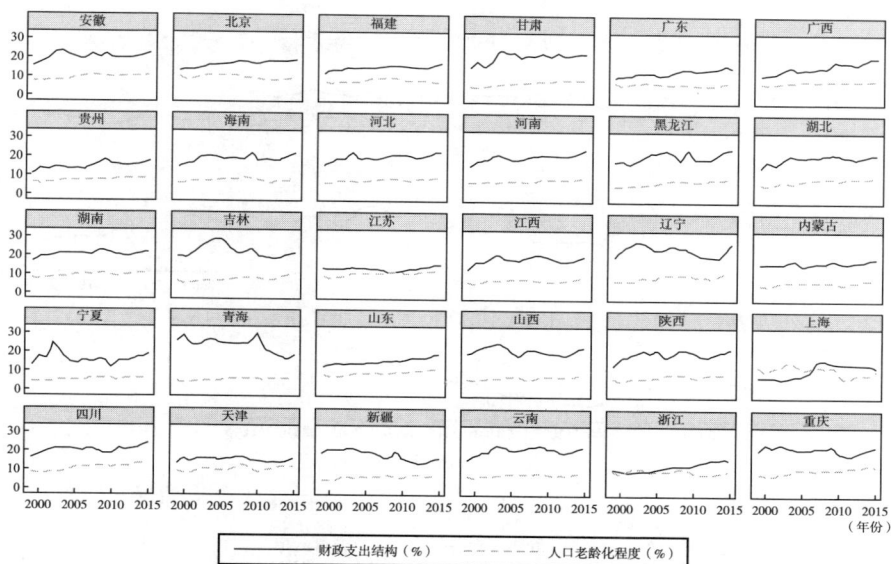

图 6.2　分省份的财政支出结构（社会福利支出/财政支出）和人口老龄化趋势

下文将比较分析省际间社会福利支出占一般预算财政支出的比例。如图 6.3 所示，上图为财政自给能力较强的省份，下图为财政自给能力较弱的省份，比较分析可见，以北京、福建、广东、山东、上海、天津、浙江为代表的经济较发达地区，社会福利支出在总支出中的占比仅为 10% ~ 20%，而财政自给能力较弱的地区，社会福利支出占比较高，为 15% ~ 25%。进一步比较分析省际间社会福利支出占一般预算财政收入的比例，如图 6.4 所示。上图中以北京、福建、广东、山东、上海、天津、浙江为代表的经济较发达地区，社会福利支出在总支出中的占比仅为 20% 左右，而下图中财政自给能力较弱的地区，社会福利支出占比更高，基本均为 50% 以上。

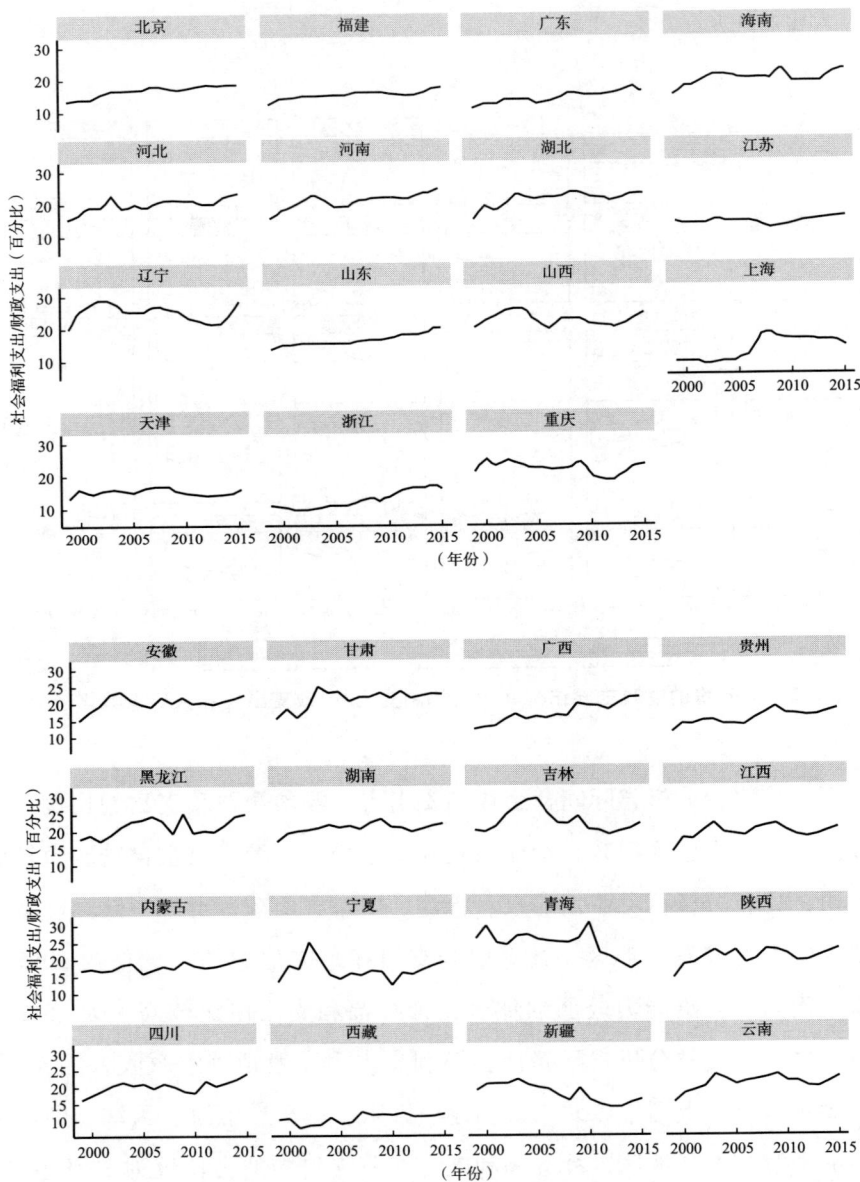

图 6.3 依据财政能力分组的省际间社会福利支出占比 （＝财政支出）

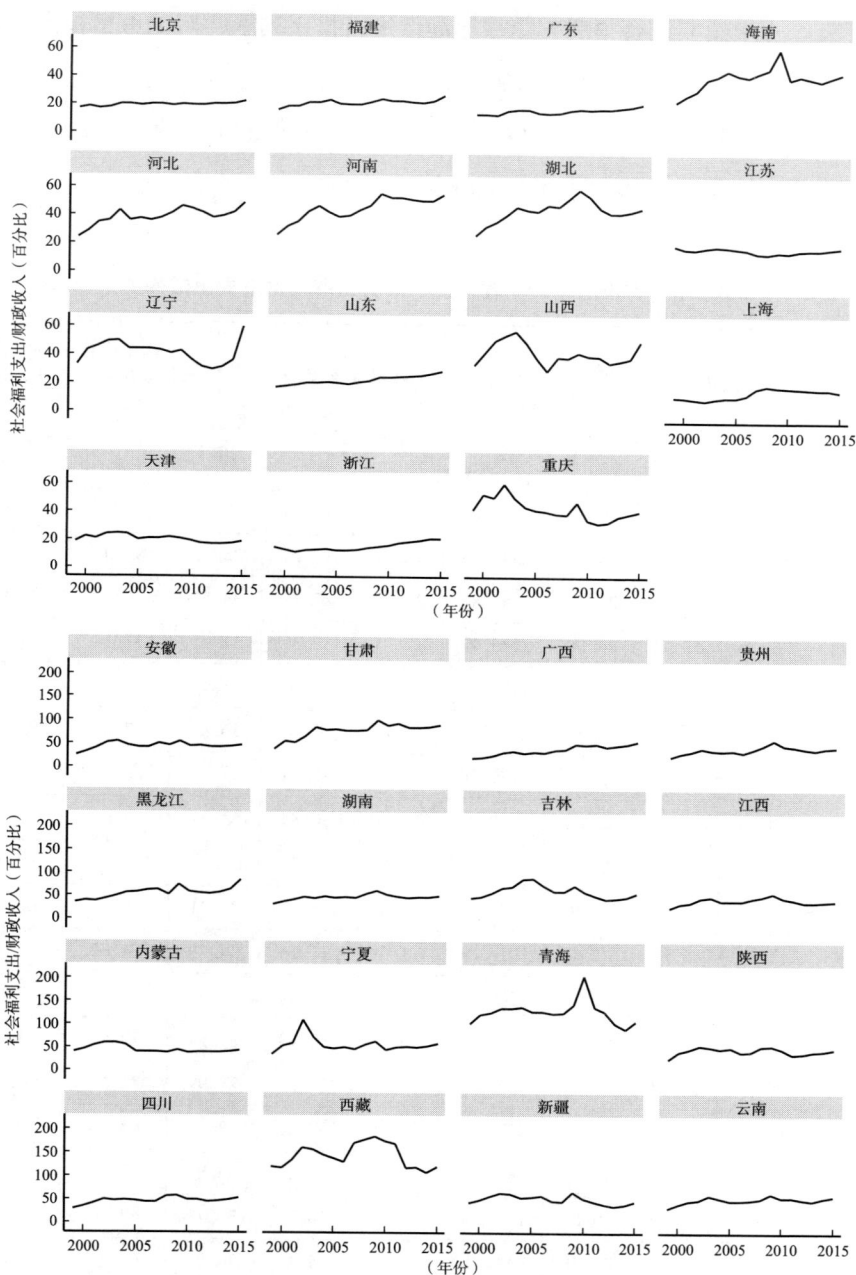

图6.4 依据财政能力分组的省际间社会福利支出占比 （＝财政收入）

　　表6.4中按照社会福利支出占比高低进行排序列示，对比考察社会福利支出占比较高（排名前十）的省份：辽宁、黑龙江、河南、山西、四川、重庆、河北、陕西、云南、甘肃，以及排名较后的省份（排名后五）的省份：天津、广东、浙江、江苏、上海。

表6.4　　　2015年各省份的老龄化程度、财政自给率、财政支出结构关系比较

省份	人口老龄化程度（%）	财政自给率（%）	社会福利支出占比（%）	人均社会福利支出（元）	行政类支出占比（%）	经济性支出占比（%）	一般民生类支出占比（%）	社会福利支出/一般民生类支出（%）	社会福利支出/经济性支出（%）
辽宁	12.87	47.47	28.50	2914.07	13.86	26.88	30.77	92.62	106.02
黑龙江	10.84	29.00	24.94	2630.56	10.67	35.75	28.65	87.06	69.76
河南	9.85	44.36	24.47	1754.82	14.74	27.22	33.57	72.88	89.89
山西	9.19	47.98	24.08	2249.27	12.41	32.31	31.21	77.14	74.53
四川	12.94	44.75	23.98	2191.82	13.39	33.66	28.97	82.80	71.25
重庆	13.29	56.83	23.30	2929.21	12.69	27.16	36.85	63.23	85.80
河北	10.17	47.04	23.06	1749.20	14.22	28.38	34.34	67.14	81.25
陕西	10.35	47.07	22.88	2640.05	12.56	30.84	33.71	67.88	74.19
云南	8.41	38.37	22.73	2259.37	13.54	38.36	25.36	89.62	59.26
甘肃	9.36	25.14	22.70	2582.79	13.46	36.54	27.31	83.11	62.12
安徽	11.18	46.85	22.47	1916.04	11.49	31.16	34.88	64.42	72.10
湖北	11.23	49.01	22.40	2348.03	14.96	32.54	30.09	74.45	68.84
湖南	11.22	43.91	22.27	1880.47	16.01	30.18	31.54	70.60	73.77
海南	8.44	50.64	22.21	3022.66	15.99	32.81	28.99	76.63	67.69
吉林	10.91	38.21	22.01	2571.77	13.10	32.21	32.69	67.34	68.34
广西	9.76	37.27	21.51	1823.39	15.40	30.26	32.83	65.53	71.08
江西	9.06	49.08	20.60	1990.90	13.90	34.77	30.73	67.04	59.24
内蒙古	9.56	46.19	20.28	3434.47	11.59	35.13	33.00	61.45	57.72
山东	11.66	67.02	19.47	1631.00	14.29	28.37	37.87	51.40	68.62
宁夏	7.36	32.80	19.35	3299.10	10.50	37.45	32.69	59.20	51.67

续表

省份	人口老龄化程度（%）	财政自给率（%）	社会福利支出占比（%）	人均社会福利支出（元）	行政类支出占比（%）	经济性支出占比（%）	一般民生类支出占比（%）	社会福利支出/一般民生类支出（%）	社会福利支出/经济性支出（%）
青海	7.10	17.63	19.06	4907.47	11.71	41.26	27.97	68.14	46.19
北京	10.65	82.33	18.67	4934.35	10.94	24.55	45.85	40.71	76.04
贵州	9.48	38.16	17.80	1986.49	16.49	37.36	28.35	62.77	47.64
福建	9.01	63.58	17.32	1805.05	13.52	34.34	34.82	49.74	50.42
新疆	7.13	34.98	16.19	2610.09	16.39	36.86	30.57	52.96	43.92
天津	10.29	82.51	15.77	3295.45	10.43	21.97	51.83	30.43	71.79
广东	7.37	73.02	15.46	1828.07	14.58	36.43	33.53	46.11	42.44
浙江	11.27	72.37	15.46	1854.49	15.31	33.27	35.96	42.98	46.45
江苏	12.69	82.88	15.35	1864.74	14.28	27.44	42.92	35.77	55.95
上海	12.82	89.15	13.67	3505.28	8.65	38.50	39.18	34.90	35.52

注：按照社会福利支出占比高低进行排序列示。

（1）社会福利支出占比较高（排名前十）的省份基本都是财政支付能力较弱的省份，财政自给率全部在50%以下，即当年财政支出的一半以上依靠中央政府的转移支付；对应的排名较后（排名后五）的省份基本都是财政自给率较高的省份，当年财政支出中的近80%源于自有收入。

（2）财政支出结构安排和人口老龄化程度关联度不高。如表6.4所示，不管是排名前十的省份还是排名后五的省份，人口老龄化程度都比较高，接近10%。

（3）虽然经济较发达省份的财政自给率较高，但人均社会福利支出水平并不高，比如，浙江和江苏的人口老龄化程度分别在11.27%和12.69%，而人均社会福利支出水平只有1854.49元和1864.74元。而与之相比较的是辽宁、黑龙江、四川、重庆等省份，人口老龄化程度依次为12.87%、10.84%、12.94%、13.29%，虽然这些省份的财政自给率不高，但是其人均社会福利支出水平基本都在 2000 元以上，分别是 2914.07 元、2630.56 元、2191.82 元、2929.21 元。

（4）社会福利支出在一般财政支出中占比较高的省份，其社会福利支出与一般民生类支出的比值较高，社会福利支出与经济性支出的比值也较高。

通过横向比较社会福利支出与财政能力的失衡，发现不仅表现在区域间人均社会福利差异，还表现为社会福利支出在财政支出结构中占比的区域差异较大。当然，一般认为地区经济发展水平高、财政支出总量大，社会福利在财政支出中的占比就小，其人均社会福利支出并不一定低；反之，经济发展水平低的地区，社会福利在财政支出中占比低，其人均社会福利支出水平并不一定高。人均社会福利支出水平应该和经济发展水平、财政支出能力相一致。但是，我国的社会福利供给却表现为：经济发展水平和财政自主度高的地区，社会福利支出在财政支出中的占比较低，其人均社会福利支出水平也不高；经济发展水平和财政自主度低的地区，社会福利支出在财政支出中的占比较高，其人均社会福利支出水平也不低。而且这一现象也和人口老龄化程度关系不大。

通过以上地方社会福利支出与财政能力的匹配研究，发现当前财政制度安排下地方政府的财政能力失衡，包括：纵向的财力失衡，即央地事权和财力划分不合理，社会福利支出责任地方化；横向的财力失衡，即财政自主性的区域差异大。本书认为，虽然我国地区间经济发展水平有差异、人口老龄化程度不同，但是这些都不是决定社会福利支出水平和财政支出结构安排的主要原因。在当前的财政制度安排和地方考核的错位激励下，社会福利支出已经成为地方政府的一项硬性支出：对于财政支付能力强的地区，只是完成政治任务式的保基本，表现为在支出结构中占比不高、人均支出水平不高，以促进经济发展为目标的经济性支出仍然是这些地方政府的支出偏好；对于财政支付能力弱的地区，完成社会福利支出这项硬性支出已经成为当地民生支出的主要内容，伴随着财政能力受限和刚性支出下的经济支出的占比较小，这不利于这些地区经济的可持续性发展。

二、经济发展、财政自主度与社会福利支出的关系研究

综上可见，社会福利支出占比在不同财政自主能力的省际间差异较大。社会福利支出占比并不是越高越好，在"未富先老"的情况下，由于老龄化带来的过高的社会福利支出，在地方财政有限的财政预算情况下，可能挤占教育等民生支出和经济类支出，不利于地方经济的可持续发展。中国人民大学孙文凯研究员（2016）① 也有类似观点，以东北为例，指出过高的人口财政负担意味着政府的消费性支出过多，减少了财政支出中用于经济增长和其他民生的份额，可能对经济有负面影响。

在我国当前的财政体制安排下，存在以下经济发展、财政自主度与财政社会福利支出的关系路径（见图6.5）。

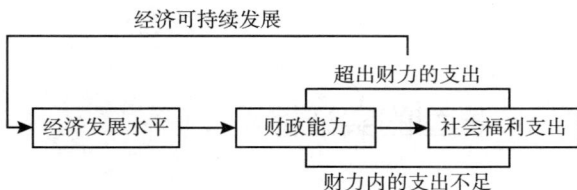

图6.5　经济发展、财政自主度与财政社会福利支出关系路径

如图6.5所示，地区经济发展水平影响财政自主度和财政支付能力，进而影响该地区的社会福利支出水平。当前社会福利支出作为一项重要的民生支出引起公众关注和中央政府重视，地方政府将其作为一项硬性的政治任务来完成，由于是被动的支出行为，容易出现财政支出和能力的失衡：一部分地区的社会福利支出超出了自身的财政支付能力，表现为社会福利支出在财

---

① 东北振兴：人口财政负担不可忽视 ［EB/OL］．财新网，2016－09－13.

政支出中占比过高，过高的财政支出结构占比一定程度挤占了经济类支出，进而影响地区经济的可持续发展；一部分地区的社会福利支出在财政能力许可范围内表现为不足，社会福利支出在财政支出中占比低，且人均社会福利支出水平与经济发展水平不相适应，这种不足的社会福利支出水平会影响辖区内居民的社会福利满意度。

基于以上分析，在当前的财政体制安排下，社会福利支出责任地方化，基本的、一定量的社会福利支出成为地方政府的硬性支出，这种硬性支出具有被动性特征，并不和地区的经济发展水平和财政支付能力相适应。这种被动的、硬性支出一方面可能成为部分财政能力弱的地区的人口财政负担，另一方面由于外在压力和内在激励的因素（见第五章论述），地方政府虽然不断提高支出水平，但只是保基本的被动支出，并未和老龄化程度相适应。下文将采用面板 PVAR 模型检验经济发展、财政能力和社会福利支出的动态关系，以期对地方政府的人口财政负担作出定性评析。

第二节
基于 PVAR 模型的实证检验

一、模型设定与变量选择

基于 1999～2015 年间 17 年 30 个省级（除西藏）面板数据，本章选取 PVAR 模型进行估计，具体原因如下：首先，普通 VAR 模型对时间序列的长度要求较高，而 PVAR 模型大大降低了对时间序列的长度要求。PVAR 模型对时间序列的长度要求具体如下：假设 T 为时间长度，m 为滞后项阶数，当 $T \geq m + 3$ 时，就可以进行参数估计；当 $T \geq 2m + 2$ 时，就可以估计稳态下的滞后项参数。[①]　其次，运用面板数据进行实证研究，不仅可以扩大样本量，而且可以增加自由度，减少自变量间多重共线性的影响。因此，使用PVAR 模型的正交冲击反应可以规避因果内生性。

PVAR 模型主要包含以下三个步骤。

（1）PVAR 估计。首先，去除个体效应和时间效应。为了避免由于个体效应和回归元素相关而造成的系数估计有偏，分别采用组内均值差分法去除年度时间效应，前向均值差分法去除省份个体效应。其次，采用广义矩估计法获得系数的有效估计。

（2）脉冲响应函数估计。采用脉冲响应分析各变量对其他变量的冲击反应。脉冲响应函数估计描绘了在初期给某一变量一个冲击，对内生变量的当前值和未来值所带来的影响。

（3）预测误差方差分解。采用预测误差方差分解识别系统中某个变量的方差在多大程度上是由其他变量扰动引起的。该分解测定一系列变量的扰动对研究变量信息含量的贡献程度，将研究变量所含的信息量分解成不同因素来解释。

本章考察的是经济增长与社会福利支出的关系，所以把经济可持续性、社会福利支出设定为主要观察变量，然后根据各变量间存在的关联关系加入人口老龄化的外生社会冲击、来自中央转移支付的财政支付能力两个参与变量。着重考察地方政府面临老龄化外生冲击的社会福利支出水平和能力及这种财政行为对地方经济增长的影响，并基于方差分解预测既有的支出结构模式对地方经济可持续性的影响。

基于以上分析，本章构建如下估计方程：

$$Y_{it} = A_p Y_{it-p} + \alpha_i + \beta_t + \mu_{it} \qquad (6.3)$$

[①] 郭小东，武少岑. 中国公共投资与经济增长关系的 PVAR 分析——以中国 31 个省级单位的公路建设为实证研究案例 [J]. 学术研究，2007（3）：40 - 48；刘海庆，高凌江. 我国税制结构、税负水平与经济增长的关系研究——基于全国 30 个省级单位面板数据的 PVAR 分析 [J]. 财经理论与实践，2011（3）：68 - 73.

其中，Y_{it-p}是Y_{it}的 p 阶滞后项，A 是 4×4 的系数矩阵，α_i表示省份个体效应，β_t表示年份时间效应，μ_{it}是扰动项。由于裴拉斯基（Cholesky）正交分解对变量的排序比较敏感（Sims，1980），排列顺序意味着后面变量的同期和滞后期都受到前面变量影响，而前面变量只会受到后面变量滞后期的影响。因此，按照越是外生变量越放在前面的原则，四个变量的排序为：

$$Y_{it} = \{popaging,\ transfer,\ welfareexp,\ t\_pgdp\} \tag{6.4}$$

（1）welfareexp：用社会福利支出与一般预算支出占比反映地方政府的人口财政负担。由上面分析可见，当前社会福利支出占比不仅反映的是地方政府的社会福利支出偏好，更多地反映地方政府的人口财政负担，社会福利支出占比并不是越高越好，对于地方财政自给能力弱的地区，过高的社会福利支出占比可能挤占生产性支出、教育支出等，反而不利于经济发展。

（2）popaging：用 65 岁以上老年人口占比衡量人口老龄化程度。这应该是当前地方政府面临的社会福利支出需求的重大冲击，是引起地方政府人口财政负担的最大诱因。

（3）transfer：转移支付是中央政府对地方财政支付能力的补充。借鉴范子英和张军（2010）的做法，采用各省份获得的中央补助收入减去地方上解再除以地方政府财政支出，视作中央对地方政府的转移支付力度。

（4）t_pgdp：用人均 GDP 的实际增长率衡量经济发展水平。由于各地经济发展的资源禀赋差异，我国地区间经济发展不平衡性较大，用人均 GDP 的增速消除了地域因素及其他因素的干扰，更加准确地估计了地区自身的增长，比人均 GDP 更好地表现当前经济的动态发展。本章认为，人均 GDP 的增速一定程度反映地方财政增收能力，一般认为经济发展水平较高的地区，其无论是财政支付能力还是财政自主性都比较高。

为了研究当前财政社会福利支出与能力非均衡状态下对经济可持续可能引起的影响，将样本根据财政自主度分为两组，即财政自主能力弱的省份和财政自主能力强的省份，并进行全样本和分样本的面板 PVAR 估计和方差分解。主要变量的描述性统计如表 6.5 所示。

表 6. 5　　　　　　　　　　　　　　主要变量的描述性统计

财政自主能力弱的省份				
变量	样本数	均值	方差	最小值	最大值
popaging	272	0.0791	0.0178	0.0408	0.1399
transfer	271	0.6337	0.1227	0.4253	1.0553
welfareexp	272	0.1918	0.0395	0.0788	0.3073
t_pgdp	256	0.1435	0.0689	−0.0151	0.4446
财政自主能力强的省份				
变量	样本数	均值	方差	最小值	最大值
popaging	255	0.0945	0.0187	0.0605	0.1638
transfer	254	0.3365	0.1536	0.0723	0.6235
welfareexp	255	0.1762	0.0428	0.0738	0.2858
t_pgdp	240	0.1271	0.0608	−0.0693	0.3656

　　基本变量的描述统计可见：由均值看，财政自主能力弱的省份人口老龄化程度比自主能力强的省份低1.54%；财政自主能力弱的省份获得的转移支付平均水平较高，比自主能力强的省份平均高29.72%；财政自主能力弱的省份社会福利支出占比也较高，达19.18%，比财政自主能力强的省份高1.56%；财政自主能力弱的省份人均GDP增速也高于财政自主能力强的省份。由前面第四章地方财政社会福利支出的供需环境分析部分可知，当前我国的人口老龄化具有空间分布非均衡特征，表现为：东部地区人口老龄化开始得早，人口老龄化形势严峻；中部、西部地区经济条件相对落后，而人口老龄化程度却在不断加剧。财政自主能力弱的省份多是经济发展水平较低的地区，由于自有财力有限，对转移支付的依赖程度相应就高，其地方财政支出中平均达63.37%来自中央政府的转移支付。由于这些地区生产总值发展水平较低、基数小，导致其增速要高于基数大的地区（经济发展水平较高的地区）。

二、PVAR 估计

综合考虑 AIC、BIC 和 HQIC 三个准则，鲁克波尔（Lütkepohl，1993）提出，当样本数趋近于无限大时，AIC 准则选出的滞后阶数偏高，BIC 和 HQIC 准则可能优于 AIC 准则。如表 6.6 所示，确定最优滞后阶数为 3 阶。这里估计了 1～3 阶滞后的 PVAR 模型，蒙特卡洛（Monte – Carlo）模拟 200 次，给出的脉冲响应函数在 95% 的置信区间内。

表 6.6 　　　　　　　　　　　　　　滞后阶数的选择

全样本			
滞后阶数	AIC 准则	BIC 准则	HQIC 准则
1	− 17. 9298	− 16. 6114	− 17. 4093
2	− 18. 5485	− 16. 9918	− 17. 9320
3	− 19. 2037 *	− 17. 3771 *	− 18. 4780 *
4	− 18. 8648	− 16. 7291	− 18. 0134
财政自主能力弱的省份			
滞后阶数	AIC 准则	BIC 准则	HQIC 准则
1	− 18. 6328	− 17. 4144	− 18. 1410
2	− 18. 9906	− 17. 4502	− 18. 3677
3	− 19. 6076 *	− 17. 7074 *	− 18. 8380 *
4	− 19. 5135	− 17. 2077	− 18. 5783
财政自主能力强的省份			
滞后阶数	AIC 准则	BIC 准则	HQIC 准则
1	− 16. 0847	− 14. 8653	− 15. 5917
2	− 17. 4551	− 15. 8942	− 16. 8229
3	− 18. 6904 *	− 16. 7449 *	− 17. 9013 *
4	− 17. 6197	− 15. 2365	− 16. 6520

注： * 表明最优滞后阶数。

由表 6.7 的 PVAR 估计结果可得出以下结论。

（1）不管是全样本还是分样本，人口老龄化冲击对中央政府的转移支付、地方政府的社会福利支出占比、地方政府的 GDP 增速影响不显著，这一定程度上说明我国当前的转移支付制度设计中并未考虑人口老龄化因素，地方政府的财政支出结构也没有因人口老龄化社会的到来而作出相应的调整。

（2）中央政府的转移支付在不同样本中的表现效应有所差异。在全样本中，中央政府的转移支付对地方政府的财政支出结构和 GDP 增速的影响效应并不显著。但是按照地区的财政自主能力分类的分样本看，两类地区有所差异：对于财政能力弱的省份，中央转移支付对社会福利支出偏好存在负向预测作用；对于财政能力强的省份，中央财政转移对地方财政支出结构并不具有显著冲击效应。

（3）地方政府的社会福利支出效应在不同样本中有所差异。对于财政支出能力弱的省份，社会福利支出对中央政府的转移支付存在 1% 显著水平的正向预测作用。结合上面的中央转移支付对社会福利支出的负向预测作用，本章认为对于财政能力弱的省份，由于财政支付能力有限，对于中央政府的依赖度较高，但是中央政府的转移支付并不必然用于社会福利支出。对于财政能力强的省份，社会福利支出对中央政府的转移支付依赖不强。此外，社会福利支出对地区经济发展增速具有负向冲击效应，但是不同样本冲击效应大小不同，在财政自主能力弱的省份这一冲击效应较财政自主能力强的省份小，前者在 10% 的统计水平上显著，后者在 5% 的统计水平上显著，前者效应较之后者冲击效应弱 0.01。

（4）地方政府的 GDP 增速对中央政府的转移支付具有正向预测作用，在不同样本中只是统计上的显著水平有所差异，本章认为我国的转移支付包括税收返还、一般性转移支付和专项转移支付，税收返还部分并不具有财政均等化功能，多是收入多的省份获得的返还越多，对于财政能力强的省份获得的转移支付中税收返还部分要多于财政能力弱的省份，但是出于地区间财政能力均等化的考虑，财政能力强的地区获得的一般性转移支付和专项转移支付在财政支出中的占比相对就少一点，因此，财政能力强的省份比财政能力弱的省份存在 GDP 增速对转移支付更高的统计显著水平上的正向预测作用。有趣的是，财政能力弱的省份，GDP 增速对社会福利支出占比具有负向预测作用，而财政能力强的省份却并不存在这种影响效应，结合以上人口老龄化的影响效应分析，本章认为，当前我国地方政府的社会福利支出并不是依据人口老龄化程度作出的优化调整，更多的是中央政府政策调控下的被动支出，这种被动地完成政治任务的支出，即便经济发展、财政支付能力提高了，也不一定会相应增加社会福利支出。

表 6.7　　　　　　　　　　　　　　　PVAR 估计结果

变量	（1）全样本	（2）财政能力弱的省份	（3）财政能力强的省份	变量	（1）全样本	（2）财政能力弱的省份	（3）财政能力强的省份
h_popaging	—	—	—	h_welfareexp	—	—	—
L. h_popaging	0.725 ** (2.07)	0.630 *** (6.05)	0.034 (0.05)	L. h_popaging	−0.013 (−0.03)	−0.131 (−0.34)	0.347 (0.46)
L. h_transfer	0.006 (0.11)	0.013 (0.89)	−0.202 (−1.14)	L. h_transfer	−0.026 (−0.30)	−0.021 (−0.49)	0.035 (0.19)
L. h_welfareexp	−0.003 (−0.02)	−0.038 (−0.94)	−0.359 (−0.79)	L. h_welfareexp	0.616 *** (2.97)	0.629 *** (4.49)	0.920 ** (2.08)
L. h_t_pgdp	−0.010 (−0.48)	−0.006 (−0.44)	0.033 (0.60)	L. h_t_pgdp	−0.066 * (−1.67)	−0.063 (−1.42)	−0.084 (−1.56)
L2. h_popaging	−0.003 (−0.04)	0.018 (0.18)	0.002 (0.02)	L2. h_popaging	−0.070 (−0.45)	0.326 (1.26)	−0.161 (−1.09)
L2. h_transfer	0.006 (0.17)	−0.003 (−0.33)	−0.043 (−0.59)	L2. h_transfer	0.084 (1.45)	0.112 *** (2.89)	0.032 (0.50)
L2. h_welfareexp	0.005 (0.22)	0.013 (0.58)	0.048 (0.38)	L2. h_welfareexp	0.033 (0.40)	0.039 (0.39)	−0.035 (−0.26)

续表

变量	（1）全样本	（2）财政能力弱的省份	（3）财政能力强的省份	变量	（1）全样本	（2）财政能力弱的省份	（3）财政能力强的省份
h_popaging	—	—	—	h_welfareexp	—	—	—
L2. h_t_pgdp	−0.007 （−0.58）	−0.004 （−0.44）	−0.009 （−0.50）	L2. h_t_pgdp	−0.053 ** （−2.27）	−0.043 * （−1.81）	−0.053 ** （−2.14）
L3. h_popaging	0.098 （1.29）	0.097 （1.10）	−0.041 （−0.23）	L3. h_popaging	−0.127 （−1.10）	−0.387 * （−1.76）	0.034 （0.20）
L3. h_transfer	0.019 （1.53）	0.002 （0.15）	0.079 * （1.83）	L3. h_transfer	−0.012 （−0.45）	−0.045 （−1.34）	0.052 （1.29）
L3. h_welfareexp	−0.015 （−0.42）	0.016 （0.85）	−0.271 （−1.21）	L3. h_welfareexp	0.025 （0.40）	0.072 （0.99）	0.017 （0.08）
L3. h_t_pgdp	−0.008 （−1.07）	−0.007 （−1.20）	−0.057 （−1.04）	L3. h_t_pgdp	0.024 * （1.70）	0.022 （1.45）	0.044 （0.84）
h_transfer	—	—	—	h_t_pgdp	—	—	—
L. h_popaging	0.392 （0.25）	−0.099 （−0.13）	−0.329 （−0.22）	L. h_popaging	−1.941 （−1.20）	−3.755 *** （−3.23）	−1.497 （−0.54）
L. h_transfer	0.675 ** （2.12）	0.467 *** （3.11）	0.599 （1.58）	L. h_transfer	0.359 （1.21）	0.267 ** （2.09）	0.358 （0.52）
L. h_welfareexp	0.459 （0.74）	0.224 （0.76）	0.013 （0.01）	L. h_welfareexp	0.218 （0.31）	0.153 （0.45）	−0.099 （−0.06）
L. h_t_pgdp	−0.031 （−0.22）	0.074 （0.68）	0.023 （0.20）	L. h_t_pgdp	0.271 ** （1.97）	0.216 （1.64）	0.343 * （1.67）
L2. h_popaging	0.167 （0.55）	0.422 （0.64）	−0.112 （−0.36）	L2. h_popaging	1.013 （1.64）	2.314 *** （3.12）	0.352 （0.46）
L2. h_transfer	0.305 （1.45）	0.203 * （1.77）	0.267 * （1.90）	L2. h_transfer	0.072 （0.38）	0.044 （0.45）	0.122 （0.43）
L2. h_welfareexp	0.040 （0.21）	0.132 （0.61）	−0.119 （−0.45）	L2. h_welfareexp	0.113 （0.50）	0.155 （0.59）	0.215 （0.39）

续表

变量	（1）全样本	（2）财政能力弱的省份	（3）财政能力强的省份	变量	（1）全样本	（2）财政能力弱的省份	（3）财政能力强的省份
h_transfer	—	—	—	h_t_pgdp	—	—	—
L2. h_t_pgdp	−0.110 （−1.44）	−0.094 （−1.33）	−0.033 （−0.83）	L2. h_t_pgdp	0.052 （0.66）	0.074 （0.93）	0.090 （0.93）
L3. h_popaging	−0.300 （−0.88）	−0.778 （−1.15）	−0.230 （−0.68）	L3. h_popaging	−0.575 （−1.22）	−0.784 （−1.09）	−0.386 （−0.50）
L3. h_transfer	0.175* （1.77）	0.256** （2.34）	−0.125 （−1.57）	L3. h_transfer	0.090 （1.00）	0.170* （1.66）	−0.167 （−0.97）
L3. h_welfareexp	−0.235 （−1.56）	−0.292** （−2.12）	−0.301 （−0.67）	L3. h_welfareexp	−0.447** （−2.12）	−0.355* （−1.65）	−0.580 （−0.67）
L3. h_t_pgdp	−0.021 （−0.57）	−0.056 （−1.27）	−0.007 （−0.06）	L3. h_t_pgdp	0.182*** （3.61）	0.185*** （3.47）	0.183 （0.88）

注：①括号内为 T 检验值；② ***、** 和 * 分别表示在 1%、5% 和 10% 的水平上显著。

三、脉冲响应函数估计

脉冲响应函数（IRF）描述的是模型中某一变量的正交化冲击对系统中其他变量的影响。图 6.6 ~ 图 6.8 给出了置信区间为 95% 的 IRF 图，图中的中间线条为 IRF 点估计值，上下两条分别为 95% 置信区间的上下边界，横轴 s 则表示滞后期数。

由图 6.6 的全样本脉冲响应函数可见，地方政府的人口老龄化增速对地方的社会福利支出偏好、获得的中央转移支付和地区生产总值增速并不具有冲击效应。中央政府的转移支付对地方政府的支出偏好和地区经济发展增速冲击效应不显著。社会福利支出对地区经济发展增速存在 2 期的正向冲击。地区 GDP 增速对社会福利支出具有负的冲击效应，但是时滞较短。

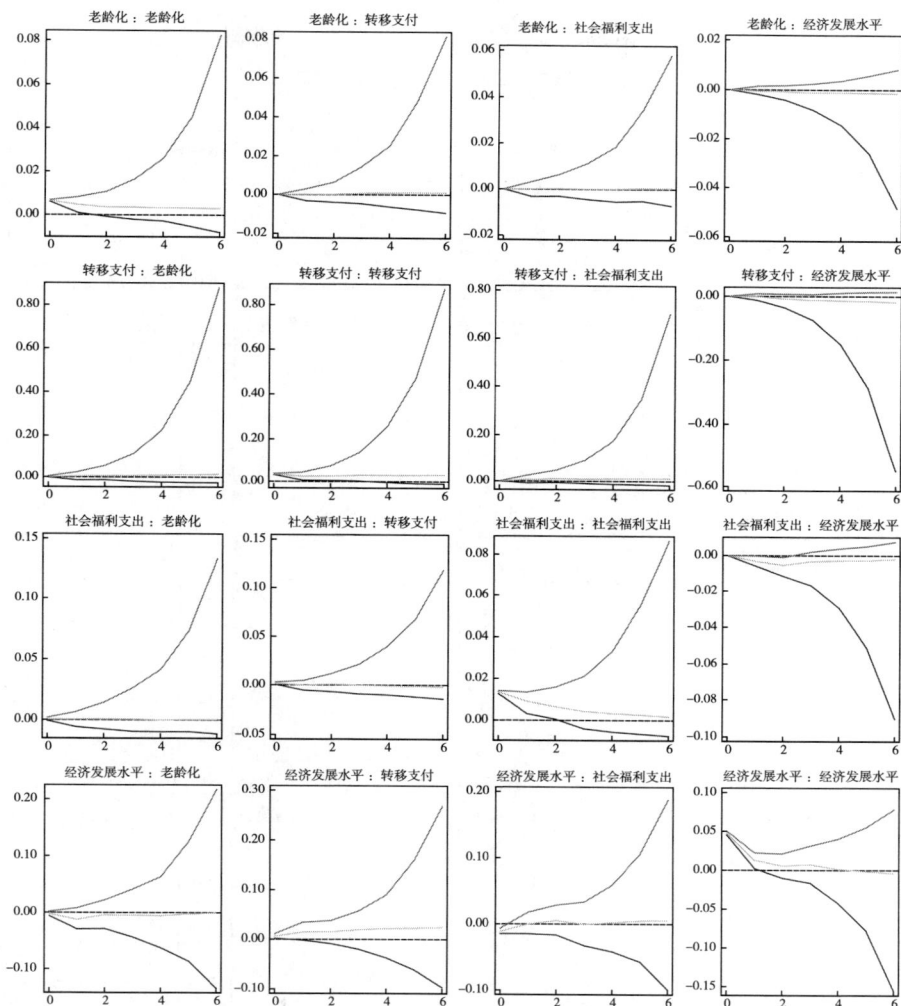

图6.6　脉冲响应图：全样本

由图6.7中的财政能力弱的省份脉冲响应冲击图可见，人口老龄化冲击对地方政府获得的转移支出、财政支出结构偏好和GDP增速效应不显著。社会福利支出对地区生产总值增速在1期后3期前存在着负向冲击效应。而地区GDP增长对社会福利支出存在正向冲击，时滞很短，不到1期。

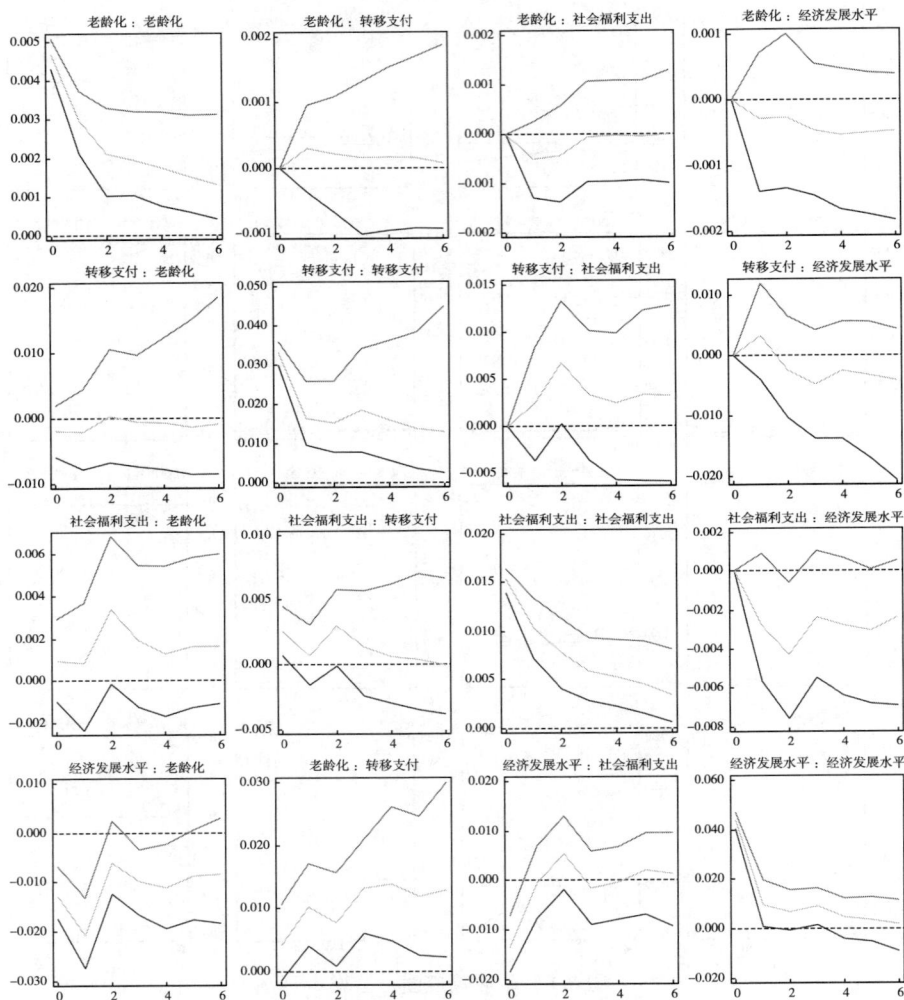

图 6.7　脉冲响应图：财政能力弱的省份

由图 6.8 财政能力强的省份脉冲响应冲击图可见，社会福利支出对地区经济发展增速负向冲击很短暂，地区经济发展对地方政府的财政选择和获得的转移支出不存在冲击效应。

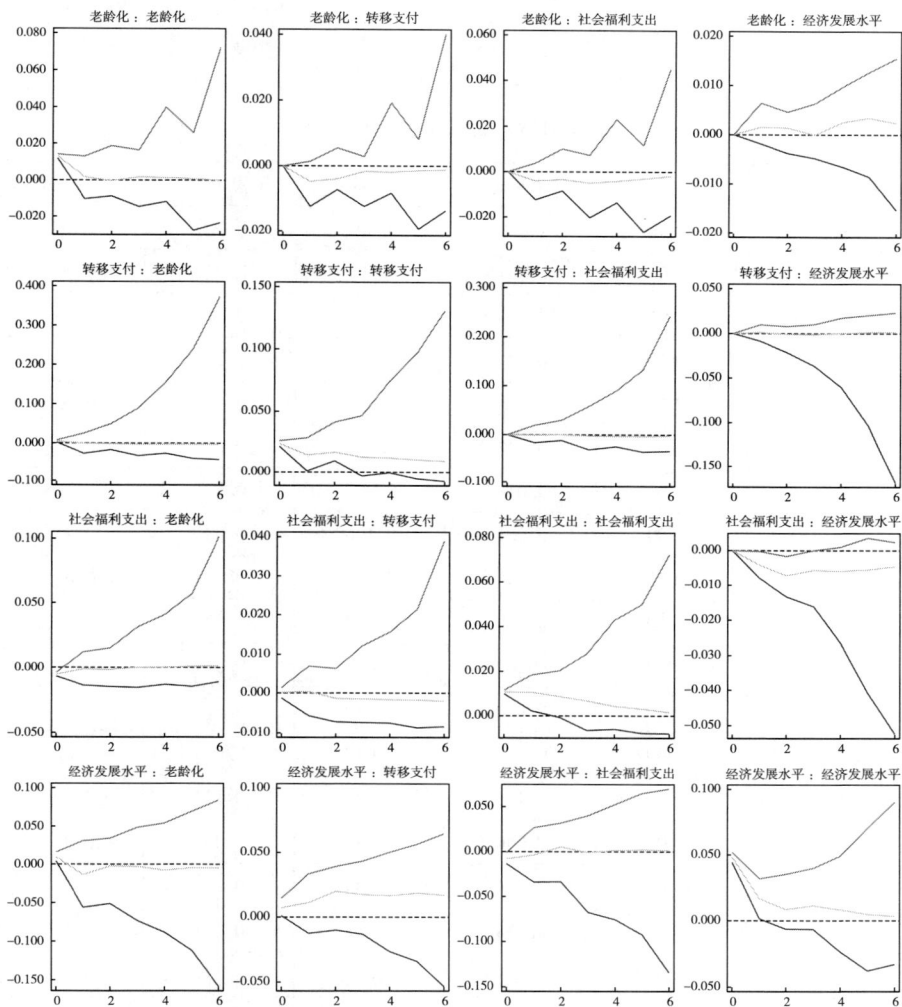

图6.8 脉冲响应图：财政能力强的省份

四、预测误差方差分解

利用面板模型的方差分解，进一步说明影响因素的大小，以此评价每一个结构冲击对内生变量变化的贡献度。分别对两个样本进行 10 期的方差分解，以期预测未来 10 期各个结构变化对财政支出结构和地区经济发展的贡献度，如表6.8所示。

表 6.8　　　　　　　　　方差分解：财政能力弱的省份

变量	s	popaging	transfer	welfareexp	t_pgdp
popaging	1.000	1.000	0.000	0.000	0.000
transfer	1.000	0.001	0.999	0.000	0.000
welfareexp	1.000	0.015	0.080	0.904	0.000
t_pgdp	1.000	0.000	0.073	0.013	0.914
popaging	2.000	0.971	0.014	0.010	0.006
transfer	2.000	0.022	0.930	0.034	0.013
welfareexp	2.000	0.019	0.065	0.898	0.018
t_pgdp	2.000	0.001	0.166	0.081	0.752
popaging	3.000	0.948	0.018	0.028	0.006
transfer	3.000	0.068	0.809	0.114	0.009
welfareexp	3.000	0.043	0.083	0.814	0.059
t_pgdp	3.000	0.050	0.219	0.173	0.558
popaging	4.000	0.899	0.017	0.064	0.020
transfer	4.000	0.126	0.729	0.137	0.008
welfareexp	4.000	0.046	0.085	0.802	0.067
t_pgdp	4.000	0.074	0.289	0.207	0.430
popaging	5.000	0.888	0.018	0.072	0.023
transfer	5.000	0.138	0.685	0.171	0.006
welfareexp	5.000	0.046	0.083	0.792	0.078
t_pgdp	5.000	0.086	0.338	0.250	0.326
popaging	6.000	0.881	0.018	0.076	0.025
transfer	6.000	0.145	0.637	0.211	0.007
welfareexp	6.000	0.048	0.080	0.775	0.097
t_pgdp	6.000	0.101	0.354	0.296	0.250
popaging	7.000	0.873	0.018	0.081	0.029
transfer	7.000	0.153	0.593	0.243	0.011

变量	s	popaging	transfer	welfareexp	t_pgdp
welfareexp	7.000	0.048	0.077	0.764	0.111
t_pgdp	7.000	0.114	0.362	0.326	0.198
popaging	8.000	0.868	0.018	0.082	0.032
transfer	8.000	0.158	0.560	0.266	0.016
welfareexp	8.000	0.047	0.076	0.756	0.121
t_pgdp	8.000	0.122	0.366	0.347	0.165
popaging	9.000	0.865	0.019	0.082	0.034
transfer	9.000	0.159	0.533	0.286	0.021
welfareexp	9.000	0.047	0.077	0.746	0.131
t_pgdp	9.000	0.128	0.363	0.365	0.144
popaging	10.000	0.862	0.020	0.082	0.036
transfer	10.000	0.160	0.510	0.303	0.027
welfareexp	10.000	0.046	0.081	0.735	0.137
t_pgdp	10.000	0.132	0.358	0.378	0.131

如表 6.8 所示，对于财政能力弱的省份，经济增速在第 1 期主要取决于经济发展本身，中央转移支付的贡献率只有 7.3%，社会福利支出的解释力也只有 1.3%。但是随着冲击的持续时间拉长，中央转移支付和社会福利支出对地方经济发展增速的贡献率有所提高，到第 10 期，地区经济发展增速13.2% 源于人口老龄化的冲击，35.8% 源于中央政府的转移支付的促进作用，37.8% 归因于社会福利支出的影响，只有 13.1% 源于其自身的经济发展水平。此外，在第 10 期，中央对地方政府的转移支付的决定因素中有16% 源于人口老龄化程度，51% 源于其自身，即既有的转移支付水平和制度安排，30.3% 源于地方政府的社会福利支出偏好，2.7% 源于地区经济发展增速。地方政府的社会福利支出偏好只有 4.6% 源于人口老龄化的冲击，8.1% 源于中央政府的转移支付的促进作用，73.5% 源于既有的支出结构安排，13.7% 源于地方经济发展的促进作用。因此，对于这些省份，其地区的

经济发展水平对中央政府的转移支付形成一定依赖，可能源于社会福利支出的被动政治任务，不是其"量力而行"的支出决策，这成为地方经济发展的不利因素。

由表6.9中对财政能力强的省份作10期方差分解可见：在第1期，中央转移支付和社会福利支出对经济发展增速的贡献率都不高，这和表6.8中财政自给率低的省份的结论一致，但是随着冲击时间的拉长，变量间的动态关系发生变化，对于财政能力强的省份，在第10期，中央转移支付对经济发展增速的贡献率提高，占到40%，但是社会福利支出对经济发展增速的贡献率提高幅度不大，仅占到8.4%。此外，在第10期，这些地区的人口老龄化程度68.9%归因于人口结构占比本身，地区社会福利支出对其有着20.2%的解释能力，而比较表6.8中的财政能力弱的省份，社会福利支出对人口老龄化的解释力只有8.2%，其老龄化的主要因素归因于人口结构占比本身。中央对这些地区的转移支付11.3%源于人口老龄化程度，63%源于既有的转移支付水平和制度安排，14.2%归因于社会福利支出，远远低于财政能力弱的省份（30.3%），地区经济发展增速对转移支付的贡献率占到11.5%，大于财政能力弱的省份（2.7%）。本章认为这和我国转移支付的制度安排有关，其中税收返还的多少主要取决于地区经济发展水平，一般转移支付中的"基本养老保险和低保等转移支付收入""新型农村合作医疗等转移支付收入"和专项转移支付中的"社会福利和就业支出""医疗卫生与计划生育支出"带有社会福利支出能力地区间均等化的性质，因此，财政能力弱的地区社会福利支出对转移支付的贡献度大，财政能力强的地区经济发展水平对转移支付的贡献度大。此外，对于财政能力强的省份，人口老龄化程度对社会福利支出的解释力只有9.8%，略高于财政能力弱的地区（4.6%），转移支付对社会福利支出的贡献度也仅有10.40%，经济发展水平对社会福利支出的贡献度达到21.7%，略高于财政能力弱的地区。对于地区经济发展增速，10.6%归因于人口老龄化程度，40%归因于转移支付，而社会福利支出对经济发展的影响并不大，仅有8.4%，远低于财政能力弱的地区（37.8%），对于财政能力强的地区经济发展水平归因于其地方经济发展水平和中央转移支付的促进作用。对比财政能力弱的省份，经济发展水平归因于中央政府转移支付和社会福利支出，经济发展水平自身的影响作用不大。

表 6.9　　　　　　　　　方差分解：财政能力强的省份

变量	s	popaging	transfer	welfareexp	t_pgdp
popaging	1.000	1.000	0.000	0.000	0.000
transfer	1.000	0.100	0.900	0.000	0.000
welfareexp	1.000	0.003	0.019	0.977	0.000
t_pgdp	1.000	0.017	0.044	0.012	0.926
popaging	2.000	0.742	0.029	0.176	0.053
transfer	2.000	0.062	0.873	0.064	0.000
welfareexp	2.000	0.024	0.011	0.904	0.061
t_pgdp	2.000	0.046	0.156	0.020	0.778
popaging	3.000	0.727	0.030	0.194	0.049
transfer	3.000	0.076	0.840	0.068	0.015
welfareexp	3.000	0.021	0.025	0.735	0.219
t_pgdp	3.000	0.053	0.271	0.062	0.614
popaging	4.000	0.735	0.030	0.189	0.047
transfer	4.000	0.117	0.790	0.058	0.035
welfareexp	4.000	0.066	0.045	0.632	0.257
t_pgdp	4.000	0.101	0.316	0.060	0.522
popaging	5.000	0.715	0.038	0.194	0.053
transfer	5.000	0.105	0.755	0.060	0.080
welfareexp	5.000	0.087	0.055	0.599	0.259
t_pgdp	5.000	0.094	0.353	0.057	0.496
popaging	6.000	0.700	0.045	0.201	0.054

续表

变量	s	popaging	transfer	welfareexp	t_pgdp
transfer	6.000	0.101	0.727	0.067	0.105
welfareexp	6.000	0.088	0.065	0.595	0.252
t_pgdp	6.000	0.087	0.387	0.053	0.472
popaging	7.000	0.698	0.046	0.201	0.054
transfer	7.000	0.107	0.698	0.081	0.115
welfareexp	7.000	0.088	0.080	0.590	0.242
t_pgdp	7.000	0.100	0.404	0.052	0.444
popaging	8.000	0.695	0.047	0.202	0.056
transfer	8.000	0.110	0.673	0.101	0.117
welfareexp	8.000	0.094	0.092	0.582	0.232
t_pgdp	8.000	0.102	0.407	0.061	0.430
popaging	9.000	0.690	0.050	0.202	0.059
transfer	9.000	0.110	0.651	0.123	0.116
welfareexp	9.000	0.096	0.100	0.580	0.224
t_pgdp	9.000	0.101	0.406	0.073	0.420
popaging	10.000	0.689	0.050	0.202	0.059
transfer	10.000	0.113	0.630	0.142	0.115
welfareexp	10.000	0.098	0.104	0.580	0.217
t_pgdp	10.000	0.106	0.400	0.084	0.410

五、Granger 因果检验

如表 6.10 所示，对于财政能力弱的省份，社会福利支出是中央转移支付的 Granger 因，人口老龄化程度并不是社会福利支出的 Granger 因，中央转移支付是社会福利支出的 Granger 因，地区经济发展并不是社会福利支出的 Granger 因，社会福利支出是地区经济发展增速的 Granger 因。

表 6.10　　　　　　　　　**Granger 因果检验：财政能力弱的省份**

Granger causality Wald tests for Panel VAR				
Equation	Excluded	chi2	df	Prob > chi2
h_popaging	h_transfer	3. 333	3	0. 343
h_popaging	h_welfareexp	2. 367	3	0. 500
h_popaging	h_t_pgdp	3. 670	3	0. 299
h_popaging	ALL	13. 613	9	0. 137
h_transfer	h_popaging	12. 747	3	0. 005
h_transfer	h_welfareexp	8. 090	3	0. 044
h_transfer	h_t_pgdp	4. 618	3	0. 202
h_transfer	ALL	41. 545	9	0. 000
h_welfareexp	h_popaging	5. 174	3	0. 159
h_welfareexp	h_transfer	11. 609	3	0. 009
h_welfareexp	h_t_pgdp	6. 052	3	0. 109
h_welfareexp	ALL	39. 479	9	0. 000
h_t_pgdp	h_popaging	13. 895	3	0. 003
h_t_pgdp	h_transfer	5. 616	3	0. 132
h_t_pgdp	h_welfareexp	11. 958	3	0. 008
h_t_pgdp	ALL	41. 879	9	0. 000

　　如表 6.11 所示，人口老龄化是社会福利支出的 Granger 因，转移支付不是社会福利支出的 Granger 因，而地区经济发展增速是社会福利支出的 Granger 因。人口老龄化并不是经济发展的 Granger 因，社会福利支出也不是经济发展增速的 Granger 因，中央政府转移支付是经济发展增速的 Granger 因。

表 6.11　　　　　　　　　**Granger 因果检验：财政能力强的省份**

Granger causality Wald tests for Panel VAR				
Equation	Excluded	chi2	df	Prob > chi2
h_popaging	h_transfer	2. 152	3	0. 542

续表

Granger causality Wald tests for Panel VAR				
Equation	Excluded	chi2	df	Prob > chi2
h_popaging	h_welfareexp	1.711	3	0.634
h_popaging	h_t_pgdp	1.933	3	0.586
h_popaging	ALL	3.277	9	0.952
h_transfer	h_popaging	4.616	3	0.202
h_transfer	h_welfareexp	4.075	3	0.253
h_transfer	h_t_pgdp	2.425	3	0.489
h_transfer	ALL	15.618	9	0.075
h_welfareexp	h_popaging	7.314	3	0.063
h_welfareexp	h_transfer	1.065	3	0.786
h_welfareexp	h_t_pgdp	16.939	3	0.001
h_welfareexp	ALL	39.545	9	0.000
h_t_pgdp	h_popaging	3.199	3	0.362
h_t_pgdp	h_transfer	16.162	3	0.001
h_t_pgdp	h_welfareexp	0.633	3	0.889
h_t_pgdp	ALL	27.635	9	0.001

第三节
本章小结

（1）由本章的比较分析可见，虽然我国的人口老龄化快速到来，但是处于"未富先老"的发展环境，由于既有的财政支出结构制度惯性和地方政府的财政支付能力，地方政府并未对社会福利支出做出有效调整，以适应人口老龄化增速。

（2）由于我国人口老龄化先天具有的"未富先老"的性质，社会福利支出中没有做到"量力而行""尽力而为"。地方社会福利支出更多是中央政府当前强调民生这一政策背景下的被动支出，对于财政能力强的省份，社会福利支出没有根据经济发展水平和财政支付能力增强而进行调整，只是被动地保基本，这种保基本的消费性支出对经济发展的挤出效应也不强；对于财政能力弱的省份，保民生的基本政治任务可能成为一项人口财政负担，对地区经济发展具有负向的挤出效应。虽然我国当前的转移支付一定程度具有社会福利支出再分配的性质，对地方经济发展具有促进作用，但是这种再分配的效应并未充分考虑地区间的人口老龄化程度差异，也没有成为解决地区间人口财政负担支付能力差异的再分配工具，制度设计有待完善。

（3）对于财政自给率低的省份，社会福利支出和来自中央政府的转移支付对解释经济发展增速的预测方差分解的贡献度较高，而其自身的经济发展状况对经济增长指标的预测方差的解释贡献度较小。对于财政自给率高的省份，其自身的经济发展状况和中央政府的转移支付对解释经济发展增速的预测方差分解的贡献度较高，而社会福利支出对经济增长指标的预测方差的解释贡献度较小。

长期以来，学界一致认为我国财权上移和事权责任下放的有限的财政分权体制下，包括医疗、社会福利和教育的社会福利公共品提供不足，但是教育的财政供给情况远远好于其他两类社会福利，因为中央政府对于地方教育的重视，特别是基础教育，规定了义务教育生均公用经费标准，这相当于建立了国家兜底的最低标准，从而保证了地方政府的教育支出。随着老龄化率的不断加深，这一重要的外生社会冲击势必成为当前地方政府最大的民生之一，那么中央政府有必要激励地方政府的社会福利供给意愿，同时提高其财政支付供给能力。

（1）进一步细化"中央—地方"财权和福利责任事权的划分，适当提高中央政府的社会福利事权，逐步加大中央在社会福利公共服务中的支出责任，将基本社会福利支出确定为中央和地方的共同财政事权，明确各承担主体的职责。

（2）制定全国范围内的最低财政社会福利支出标准，此部分财政支出责任由中央承担，地方政府可以依据本地发展实际，适当上浮本地的支出标准，超出部分的财政支出责任由地方政府承担，从而实现区域间财政社会福利支出"均等化"和"差异化"的均衡。

（3）根据老龄化率、常住人口、财政能力缺口等因素加强社会福利支出转移支付，建立国家最低标准，并逐步将社会福利均等化水平提高到全国中等水平；提高社会福利领域的社会统筹层次，不断增强保险的互济性；优化地方政府的激励机制，不断加大对社会福利的投入。

（4）建立稳定的政府间财力配置框架，这样既能保证地方政府职能的正常发挥，也可以为地方政府形成一个稳定的利益预期而消除短期行为。

第七章　促进社会福利区域均衡
发展的财政政策建议

前面研究发现，我国当前的地方财政社会福利支出具有被动支出的特征，存在发展不均衡的问题。产生这一问题的根源在于：一是财政激励机制问题。缺乏有效的激励制度安排促使地方政府根据地区财政支付能力合理安排经济类支出和社会福利支出。二是财政能力均衡制度问题。社会福利支出责任过度下移，且纵向转移支付制度并未充分考虑老龄化背景下地区间的人口财政负担差异。

第一节
国外经验及政策启示

下文将总结典型国家在社会福利支出中的相关制度安排经验，为我国促进社会福利区域均衡发展的财政政策安排提供借鉴。

一、澳大利亚的典型做法

为应对人口老龄化，澳大利亚政府采用整体型政府视角，通过制定法律、建立健全养老金制度、提供免费的医疗服务及分阶段的护理服务等措施建立起老年人的社会支持体系。政府还根据老年人的不同情况制定不同的服务包，以满足老年人的不同需求。[①]

（一）财政社会福利支出责任划分

澳大利亚财政分为三级：联邦政府财政、州政府财政和地方行政机关财政。澳大利亚宪法对联邦政府和地方政府权力和财政支出责任进行了划分，财政体制设计基本遵循以下原则来划分：一是支出事务属于全州范围的划分为州政府的财政支出，二是地方性较强的事务则由地方政府承担主要支出责任。三级职能划分，即财政支出责任划分如下：联邦政府支出约占49.6%，[②] 主要用于国防、公共基础设施、社会保障和福利、医疗卫生及公债利息支付等方面；州政府财政支出重点是提供本州内的公共产品和服务，包括教育、医疗卫生、公共交通、公共秩序与安全；地方政府财政支出集中在地方性事务，包括地方道路、住房和社区建设、城市规划、交通通信等。可见，澳大利亚的社会保障和福利、医疗卫生支出主要由联邦政府负责，成为联邦政府的首要支出责任。以2014～2015财年为例，社会保障和福利支出是联邦政府的第一大支出，占全部联邦支出的35.19%；医疗卫生由联邦政府和州政府共同承担支出责任，该项支出在联邦政府总支出中占比高居第二位，占州政府总支出的27.29%，是其第一大支出；[③]地方政府只负责一些本地化的事务，包括地方道路、公园、公共图书馆、地方交通、供水、排污与排水、住房与社区环境、地方文化设施及消防服务等与居民生活息息相关的服务项目及进行必要的经济建设（徐菲等，2017）。

（二）实现社会福利区域均衡的财力保障

澳大利亚联邦政府拥有完整的收入获得权、分配权和使用权，税收收入

---

① 陈红敬，饶克勤，钱军程. 澳大利亚应对人口老龄化的社会支持体系分析［J］. 老龄科学研究，2014（5）：74-80.

②③ 资料来源：澳大利亚统计局发布的数据。

长期占全国总税收的 80% 左右，[①] 在财政分配中占主导地位，这保证了中央负责公共事务的财政实现，同时给予州及地方转移支付，以均衡地区间的公共服务供给。联邦政府的转移支付分为两类，即一般性转移支付与特殊转移支付，主要是对州政府进行转移支付，少部分是直接对地方政府的转移支付，地方政府所获得的转移支付主要来源于州政府。澳大利亚的转移支付制度采取财政均等化标准，包括"基数法"与"因素法"两步：一是"基数法"确定标准预算。以国际社会上通用的转移支付测算标准，即人口因素、财政收入因素、公共设施因素及土地面积资源因素等全国平均性质的综合考量为基础，建立标准州的支出水平。二是"因素法"解决横向财政不平等。重点考察各个州之间的财力不平衡、税收收入能力及公共服务支出需求量等因素，具体因素包括：公共服务支出需求的人口数量、社会经济构成、投入成本、管理规模、运送服务规模、城市化程度等，通过这些因素的考察测算各州不同数额的转移支付拨款。上述这些因素均采用各州前 5 年的实际数据为依据，统一数据来源与口径，较好地控制了均等化标准。这种财政均等化的做法是先建立理想模型再考虑差别因素，用各州的实际状况与理想模型相比较从而得出各州与平均水平的差异，避免产生"一刀切"的现象。

二、德国的典型做法

（一）财政社会福利支出责任划分

德国是欧洲最大的经济体，是世界上福利最高的国家之一。德国的国家制度是联邦制共和国，有联邦政府、州政府和地方政府三级政府管理体制，财政体制也相应划分为联邦、州和地方政府三级预算。财权与事权在联邦、州与地方政府之间的三级划分，根据公共产品层次性界定政府财政责任，各

---

① 资料来源：澳大利亚统计局发布的数据。

级政府必须自己负责本级政府的财政收支平衡（财政部预算司，2008）。联邦政府的主要支出范围包括国家安全、公共交通、社会保险及补助性社会福利支出等；州政府的财政支出主要任务包括社会文化和教育事业、环境保护等；地方政府的支出重点是各种地方性事务，具体包括公共交通、卫生、科学文化、教育、城市发展规划、地区性社会救济、医疗管理及医疗保障等。各级政府间形成相对独立、相互制约的财政分配体系，在各自事权范围内承担相应的财政支出责任，同一事权各级财政分摊的制度框架。德国的政府间财政关系体现了法治国家典型的权力制衡模式。社会保险和补助性社会福利支出主要由联邦政府负责，卫生支出是州政府的事权范围，医院管理、医疗保障和地区性社会救济等福利支出主要由地方政府负责。

德国联邦政府与地方政府的财政配置与事权关系是通过一系列立法完成的，充分体现了重视宏观调控和完善法制的政策理念。其中，最为典型的是《德意志联邦共和国基本法》，该基本法在宪法层面奠定了德国整个财政体制的基础，包括对德国政府间财政法律关系作了基本规范，兼顾联邦政府、州政府和地方政府的利益，对各级政府的税收收入和事权作了明确划分，构建了联邦、州和地方三级政府的财政分配基本框架，具有管理权适当分散和控制权相对集中有机结合的特点；在《德意志联邦共和国基本法》规定的"公民生存条件一致性"原则基础上，《财政平衡法》进一步细化了财政平衡制度的形式，明确规定各级政府的事权、财权及转移支付制度，不仅从政府间纵向关系上，而且从横向关系上设计了财政平衡制度，调节区域间财政资源的平衡，保障了德国式财政分权的动态均衡；《经济稳定与增长促进法》规定了联邦和各州政府在宏观调控方面应该起到的作用，强调联邦政府与地方政府、不同政府部门之间的协调和配合，在财政制度方面做了极为细致的规定（许闲，2009）。

（二）　实现社会福利区域均衡的财力保障

《德意志联邦共和国基本法》保障了各州为公民提供水平相当的公共服

务。为了实现区域基本公共服务均等化和各州间的财力均衡，德国联邦政府建立了完善的转移支付与州际间财政平衡制度以对财政资源进行再分配，包括纵向"家长型"转移支付和横向"兄弟型"转移支付两种模式（樊继达，2010）。

纵向"家长型"转移支付主要用于解决纵向财政失衡问题，采用的是无条件拨款、一般性转移支付及部分有条件拨款。财政转移支付渠道包括：一是增值税分享比例的调整，德国的《财政平衡法》规定，联邦和州政府可以通过磋商的方式对增值税的分享比例进行调整；二是联邦财政用增值税收入对财力特别薄弱、收支矛盾的州给予财政补助，将归州政府分享的75%部分按人均增值税额与各州的居民人数进行分配，25%部分依据均等化公式分配给财政能力弱的州；① 三是在涉及联邦和州共同支出任务时，联邦财政给予州专项补助；四是联邦财政在改善经济结构等事项方面给予州和地方财政补助。

横向"兄弟型"转移支付是州际间财政平衡制度，主要用以解决横向财政失衡问题。制度化的州际横向财政平衡体制由财政状况较好的州补助财政状况较差的州。州际财政均衡资金主要包括两部分：一是增值税分享，二是州际间的横向财政资金拨付。具体是：分别计算各州及地方的财政能力指数和财政平衡指数，财政收入能力指数＝州政府税收收入＋辖区内地方财政收入总额×50%，财政平衡指数＝各州人均税收收入×该州加权人口数，比较财政收入能力指数和财政平衡指数，分档确定各州的平衡基金（蔡玉文，2002），并以此作为转移支付的依据。财政平衡数额在前一年度确定，充分考虑各地区财政状况差异，如消费水平、人口规模和密度、财政收支、产业差别等因素。

---

① 资料来源：德国联邦各州统计局的数据。

三、日本的典型做法

（一）财政社会福利支出责任划分

日本的地方财政由地方税、地方债、国库补助负担金（专项补助）和地方交付税（一般补助）组成。人口老龄化相关的保健医疗、老人护理等多由地方政府提供。地方财源在国家预算中具体化，"客观地评估"地方财政总体所需的经费和收入，当地方收入无法满足财政需要时，中央调整地方交付税的交付额。如果中央政府下放人口财政负担支出责任给地方，则会同时加大对地方转移支付以提高支付能力，以此实现国民享有均等化的公共服务。

（二）实现社会福利区域均衡的财力保障

日本的财政调整制度解决了以下问题：在社会福利支出方面保障标准公共服务，实现了享有均等化公共服务的机会平等；调节地区间的经济实力及服务成本所引起的财政能力差异。日本通过地方交付税（属于无条件转移支付，相当于我国的一般转移支付）发挥财政调整中的两大功能，即财源保障功能和财政调整功能。财源保障功能是指中央政府为了让全国的地方自治体能够达到统一的标准行政而实施的对必需的一般税源进行保障的功能。通过"地方财政计划"对地方财政进行宏观调控，将必需的一般财源算入基准财政需要额中，来对个别的地方自治体进行微观保障。财政调整功能是指调整地方自治体间的财力差异的功能。从人均来看，人口规模小的地方自治体的基准财政需要额较高，而基准财政收入额较低，从而交付额较高。基准财政需要额的成本差异通过基准财政收入额中的税收差异来确定（朱为群等，2015）。

地方交付税分为普通交付税（94%）和特别交付税（6%）。根据地方政府的标准财政需要额和标准财政收入额的差额，中央政府给予普通交付税，没有差额的地方就不给（朱为群等，2015）。特别交付税是针对特殊原因无法计算标准财政需要的情况设置的，如应对灾害等突发情况的支出。一是关于标准财政需要额。标准财政需要额的计算过程是：首先，根据不同的财政需要设置具体的测定单位；其次，估计出提供服务的标准团体，根据标准服务所需财源，测算出单位费用；最后，根据地区间的自然环境和社会环境差异，考虑了人口规模、人口密度、地形情况等实际情况下地方政府的事务负担不同，计算出补充系数。计算公式：标准财政需要额 = 单位费用 ×（测定单位的数值 × 补充系数）。将不同支出项目算出的标准财政需要额汇总得到"应有的一般财源"作为标准财政需要总额。这是由中央政府通过国库补助负担金（专项补助）进行补助项目中地方政府需要负担的资金及地方政府单独支付的标准项目并加入一部分的公债费后得到的。二是关于标准财政收入额。标准财政收入额是指地方政府以国家规定的标准税率为基础，用可征收到的税收预测额乘以标准税率的75%，再加上地方让与税的预测额所计算得出的总额。这笔收入是地方政府能够自主支配的资金，用于地方各项事务的运营和发展。标准财政收入额中不包括的25%的部分被称为保留财源，作为预备资金，用于标准财政需要额无法计算的部分。日本的地方交付税具有以下功能：缩小中央与地方、地方与地方之间财政支出和财源分配的差距；实施"国家标准"，并对标准的公共服务进行财源保障；让经济实力较弱、居住条件不理想的地方也实现均等化公共服务；对财政能力差异进行调整。

四、对中国的政策启示

以上三个国家都是人口老龄化程度比较严重的国家，也是社会福利水平提供较高的国家。三个国家在财政制度安排中的一些典型做法，为其实现地区间福利均衡提供了切实的财政制度保障，这给我国的相关制度改革提供了政策启示。

（一）财政社会福利支出责任划分

历年数据比较看，我国大部分的医疗卫生和社会保障等财政社会福利支出源于地方政府。一是横向数据比较。2007 年，我国财政医疗卫生支出1989.96 亿元，其中，地方财政支出 1955.75 亿元，中央财政支出 34.21 亿元，地方承担了近 98% 的财政支出责任；社会保障和就业支出全国共计5447.16 亿元，其中，地方财政支出 5104.53 亿元，中央财政支出 342.63 亿元，地方承担了近 94% 的财政支出责任。2016 年，我国财政医疗卫生支出13158.77 亿元，其中，地方财政支出 13067.61 亿元，中央财政支出 91.16亿元，地方承担了近 99% 的财政支出责任；社会保障和就业支出全国共计5447.16 亿元，其中，地方财政支出 5104.53 亿元，中央财政支出 342.63 亿元，地方承担了近 94% 的财政支出责任。2016 年，地方承担了近 96% 的社会保障支出责任、即 20700.87 亿元，承担了近 99% 的社会保障支出责任、即 13067.61 亿元。二是纵向数据比较。2007～2016 年地方财政医疗卫生支出从 1955.75 亿元提高到 13067.61 亿元，增长了近 6 倍，医疗卫生支出占财政支出的比重由 5.10% 提高到 8.15%；社会保障支出从 2007 年的5104.53 亿元增加到 2016 年的 20700.87 亿元，增长了近 3 倍。由上面的数据比较可见，社会福利支出在地方财政支出中占比较高，且逐年提高，地方政府承担了大部分的社会福利支出任务。[①]

当前我国基本达成了"加快调整优化中央与地方的财政关系和职责分工"的改革共识（严国萍，2014）。我国政府也意识到地方的社会福利支出任务较重，在政府相关文件中都把社会福利支出列为中央地方共同财政事权范围，以此减轻地方政府的财政支出压力，也可更好地实现区域内均衡和区域间均衡发展。近年来，我国政府先后颁发了《国务院关于推进中央与地

---

①　资料来源：根据历年《中国财政年鉴》计算而得。

方财政事权和支出责任划分改革的指导意见》《国务院关于印发"十三五"推进基本公共服务均等化规划的通知》等系列政策文件，将基本养老保险、基本医疗保障、基本卫生计生等八大类 18 项纳入中央与地方共同财政事权范围。2018 年 2 月 8 日国务院办公厅印发《基本公共服务领域中央与地方共同财政事权和支出责任划分改革方案》，强调"从解决人民最关心最直接最现实的利益问题入手，首先将教育、医疗卫生、社会保障等领域中与人直接相关的主要基本公共服务事项明确为中央与地方共同财政事权，并合理划分支出责任，同时完善相关转移支付制度，确保更好地为人民群众提供基本公共服务。"①

我国政府可以借鉴典型国家做法，如德国政策经验，明确各级政府事权和支出责任，在财政社会福利支出责任划分方面确立一套较为完整、严密、具有前瞻性的制度体系，并以法律形式规范化，这样才能真正实现权责清晰、保障适度、财力协调、区域均衡的基本社会福利的财政保障体系。

（二）实现社会福利区域均衡的财力保障

我国区域间人均财政收入差距显著，区域间人均财政收入非均衡程度远大于人均 GDP（马骁等，2012）。这一方面源于地区间经济发展水平的不均衡，另一方面源于政府间税收收入划分引起的人均财政收入差异。因此，有必要完善财政均衡制度，从财力上保证社会福利区域均衡发展。

我国转移支付制度的总体目标是基本服务均等化，但由于对不同区域及不同阶段的政策目标定位不明确，尤其是对一些具体公共项目缺乏连贯的清晰政策目标，表现在：一是制度设计具有明显的过渡性，转移支付均等化功能不强；二是调节地区财力差距目标失效，逆均等化影响显著；三是一般性转移支付规模过小，均等化效果不明显（刘小川等，2015）。当前我国的转

---

① 国务院办公厅关于印发基本公共服务领域中央与地方共同财政事权和支出责任划分改革方案的通知 ［EB/OL］. 中华人民共和国中央人民政府，2018－02－08.

移支付制度是 1994 年分税制改革时建立的制度安排，在一定程度上是央地政府利益协调的产物，与转移支付体现基本服务均等化的目标定位尚有差距：一是一般性转移支付规模过小，地区间财力均等化作用有限，转移支付公式中包含的因素并未及时调整。二是专项转移支付主要应该用于具有外溢性的公共品的调节和为贯彻中央政策目标而给予的引导性补助中，但是当前我国的专项转移支出缺乏明确标准，且随机性较大，补助范围几乎涉及所有的预算支出科目，均等化公共服务的作用缺失。此外，部分专项转移支付要求地方政府提供配套资金，财政自给能力弱的地区相对自给能力强的地区并无竞争优势，反而进一步加剧了地区间的财力不均等。三是在财力性转移支付中，"调整工资转移支付"占比较高，只是解决了财政自给能力弱的地区财政供养人的收入，对均等化公共服务作用甚微。

与澳大利亚、德国、日本三个国家的财政均衡制度相比，我国尚需建立公共服务的"国家标准"，对标准的公共服务进行财源保障，提高地区差别因素在财政均等化制度设计中的占比，设计针对财政能力区域差异的动态调整机制。我国政府可以借鉴日本的典型做法，建立社会福利"国家标准"，根据财政支出需要估算地方的收支差，进行有针对性的转移支付。此外，可以借鉴德国经验，进一步完善财政转移支付制度体系：一是完善纵向转移支付。考虑制定"中央与地方协商"制度，在如何设置税源保障，如何决定转移支付系数上共同决定，以让地方政府承担应有的责任。二是制度化横向财政转移支付。我国当前的"对口支援"是由中央政府主导，地方政府为主体，经济发达地区援助经济欠发达地区的一种政策性行为，是横向财政转移支付的一种模式，包括灾难援助、经济援助、医疗援助、教育援助几种具体形式。与德国体系化的横向财政平衡机制不同的是，"对口支援"是一种非制度化的政府间财力配置渠道，具有计划性和行政性，既有支援性又有互补性，没有相关法律法规来对其进行必要的规范。

第二节
财政激励机制改革的政策建议

由前面论述可知，地方政府的有限理性和追求个体利益最大化是产生社会福利区域非均衡的内在原因，而有效的财政激励机制缺失是产生社会福利区域非均衡的外在制度诱因。因此，本书提出须进行财政激励机制改革，利用激励约束机制纠正地方政府及官员的偏好扭曲，实现效用最大化。财政激励机制是指在给定的信息结构环境下，中央政府通过激励机制和约束指标设计，使地方政府的行为活动符合帕累托改进，发挥其最大效用。中央政府需要确定适当的成本补偿规则以实现激励和约束机制的有效性，利用转移支付工具给予地方政府相应数量的补偿（冯勤超，2006）。

一、政府财政信息公开

政府财政信息公开是发展社会主义民主政治，强化对政府行使职能监督，完善国家财政治理体系的重要一环。推行财政信息公开是保障公众真正实现知情权、参与权和监督权的关键。财政信息公开包括事前的预算公开、事中的财政收支过程公开和事后的结算公开三个阶段的完整的披露机制。当前我国地方政府的财政信息公开内容还不全面，主要公开一般预算收支，对于公众切身利益相关的医疗、卫生等社会福利支出信息并不完整。虽然2007年的《政府信息公开条例》作为行政法规为推行财政信息公开提供了一定的制度保障，但是由于其不具有法律层次，并未对具体的公开事务的范围和具体尺度做出明确规定，对公开的范围、内容界定模糊、粗犷，因此完善财政信息公开的相关制度建设显得尤为重要。因此，有必要尽快从制度层面实现财政信息公开的法制化，强化政府财政信息公开的意愿，规范财政信息公开的行为，从而在财政信息公开内容、数量和质量上满足公众对财政信息的基本需求，为下一步实现公共服务考核体系的公众参与提供基本条件。

二、将公众诉求纳入地方福利考核体系

我国的财政体制更多的是包含中央政府和地方政府委托代理关系的激励相容制度安排，忽视了公众在社会治理和财政支出安排中的受众作用，公众诉求在地方财政支出选择中的作用效应有限。随着我国建立公共财政体制改革的整体推进，决定财政结构的二元主体必将被打破，将公众诉求纳入地方考核体系，是当前实现区域社会福利均衡发展的财政激励机制改革的方向。

（一）将公共服务满意度作为干部绩效考核的重要因素

地方考核和晋升机制对于地方官员有着行为引导作用。将公共服务满意度作为改革举措一再提起，部分地方政府也在做辖区内的改革尝试，但是至今并未真正建立起完善的"用脚投票"和"用手投票"机制，并未从激励机制上促使地方官员正确履行职责。这与我国经济社会的发展阶段有关，长期以来，为了发展经济，在以经济建设为中心的基本方针下，地方官员考核以经济增长为主要指标，这种强经济发展激励下必然出现财政支出中的偏好扭曲、社会福利支出总量不足和区域不均衡。随着我国人口老龄化社会的到来和经济社会发展阶段的转换，社会福利支出被日益重视，作为地方政府考核的一项重要因素。2006年的《中华人民共和国公务员法》从德、能、勤、绩、廉五个方面对政府官员进行考核，而且重点考核工作业绩，对于工作业绩也加入了公共服务的内容。同时，党的十六大、党的十七大、党的十八大、党的十九大、党的二十大都强调民生建设，而且社会福利支出又是民生支出中和公众关联度最高的支出，这些外在的政策压力和公众需求压力，会一定程度提高社会福利支出水平，但是由于当前的考核体系中并未将公共服务满意度作为干部绩效考核要素，仅提高社会福利支出占比并不一定能够真

正提高公共服务满意度，在公共服务提供中重硬件建设、轻服务质量的现象尚存在。只有将公共服务满意度作为干部绩效考核的重要因素，才能真正实现社会福利公共服务的保质、保量的有效供给。优化后的考核体系有助于建立有效的公共需求显示机制。唯有此，才能从激励机制上保障地方政府愿意将辖区居民偏好作为支出的优先选择，并根据地方经济实际情况合理安排财政支出，实现经济发展和社会福利的均衡。

（二）畅通公众参与渠道

当前，善治成为国家治理的一种新的政治理念和政府运作模式。善治就是使公共利益最大化的社会管理过程（俞可平，2001），强调公众参与国家治理的重要性。善治的过程就是一个还政于民的过程，公民参与被看成是善治的逻辑起点和核心内容。通过不断畅通公众参与渠道，健全公众参与机制，促使公众愿意表达、有地方表达和实现利益诉求，是公众参与财政支出管理的重要一环。而构建流畅的公众利益诉求表达机制和回应机制是畅通公众参与渠道的核心内容（张青，2017）。

1. 实现公众利益诉求表达制度常态化和形式的多样化

我国地方政府社会福利供给中存在着公众参与的制度不完善、参与渠道不通畅等问题。制度化的公众参与渠道还非常有限，体制内利益表达制度体系的功能发挥也非常有限。对于具体的公共活动或项目，公众参与就变成了公示、听取意见、咨询、听证等单一化的形式。在实际操作中重视度不够，多流于形式，陷入可有可无的境地，特别是在涉及群众具体利益问题上更是如此。当涉及公众切身利益时，制度内利益表达不畅会促使公众采取制度外的利益表达方式，如非法上访、暴力反抗、自杀抗议、报复社会等，这些不当的利益表达方式使弱势群体难以达到预期的目的和效果（陈秀梅，2012）。因此，须完善公众利益诉求表达和回应机制，畅通公众参与渠道，充分发挥体制内利益表达制度的利益表达功能。

2. 完善回应机制

回应机制是畅通公众参与渠道的保证。回应机制不完善，影响公众参与社会福利决策的积极性，使公众参与流于形式。有效的回应机制须针对公众的福利诉求作出及时、有效的回应，并给出限期明确的政策举措。因此，在回应机制的时效性、回应的具体形式、回应后的政策跟踪评估等方面，都需具体化、规范化及制度化。唯有此，才能保证公众参与渠道畅通、有效。

（三）明确政府和公众的责任

在公共支出过程中存在公众和政府的委托代理关系，公众代表着公共利益，委托给政府机构的是财政资金的处置权，因此，明确政府和公众的责任是降低代理成本、提高代理效率的前提。

一方面，要明确政府责任，合理界定政府职责范围。明确地方政府的职责范围和界限，应有所为有所不为，将有限的财政资源投入与人民群众切身利益相关的基本公共服务中来。此外，明确政府的职责范围可以帮助公众树立正确的政府职责观，既不对政府期望过高，认为政府应该是全能保姆型，满足公众的一切利益诉求，也不会对政府期望过低，认为政府做不了什么，除了维持政府职能正常运转，提供不了令人满意的公共服务。

另一方面，培养公众责任意识。将公众诉求纳入地方福利考核体系，一要强化公众与政府的合作，保障公民参与社会治理的权利，畅通表达利益诉求的渠道，二要培养公众责任意识，积极参与公共事务，认真履行公共事务监督职能。公众责任意识是一种责任担当，是公众积极参与政治、经济活动的一种心理认同。《中国公众的责任与规制意识调查报告（2016）》显示，在我国公众责任意识的三个维度调研评价中，包括"公益精神""国家责任意识""公共意识"在内的评价得分都不高。三者中评价得分最高的是公众的"公益精神"，得分为 76.1 分；其次是"国家责任意识"，得分为 73.4 分；"公共意识"评价得分最低，仅为 67.6 分。"公共意识"是公众责任意识的集中体现，表现为公民参与公共事务的心理的自我认同感和行动的积极性。关于"公共意识"，调查显示近一半的受访者表示"为了社区的事务，我会主动提出建议或找相关部门交涉"，但是仍然有近一半的受访者表示"多管闲事会惹麻烦"。可见，我国公民的公共责任意识并不高，还有很大的提升空间。如何培育和提高公众的责任意识，使更多的人自觉自愿地参与到公共事务中，是将公众诉求纳入地方福利考核体系政策落地的必要条件，也是财政激励机制有效实现的关键。

第三节
财政均衡制度改革的政策建议

财政均衡理论认为，居民无论身处何处，所享受的公共服务水平应该均等。我国地区间公共服务供给水平差异显著，这固然与地区间经济发展水平的差异性有关，而财政均衡制度本身的缺陷也是其重要原因。因此，地区财力水平均衡是地方政府社会福利供给均衡的重要方面。财政均衡制度产生于分权格局和纵向及横向财政不均衡的条件下，是协调政府间财政分配关系、确保社会福利均衡发展的制度保障。澳大利亚、德国和日本是世界上财政均衡制度较完善的国家，其在财政社会福利支出责任划分和具体的财政均衡制度设计方面的典型做法，为我国的财政均衡制度改革提供政策启示。

一、财政社会福利支出责任划分

依照主流的财政学理论的核心观点，社会福利支出责任应该主要由中央政府，而非地方政府负责。关于划分中央与地方财政支出的问题，英国巴斯特布尔提出"财政支出三原则"：一是受益原则，根据受益对象范围确定财政支出责任归属，中央政府承担事关国家整体利益的支出责任，地方政府负责与地方利益有直接关系的支出项目；二是行动原则，根据行为目标和效用评价的一致性与否确定支出责任归属，行为目标和效用评价一致的支出项目归中央政府集中负责，行为目标和效用评价因地制宜的项目支出责任是地方政府；三是技术原则，根据支出项目的复杂程度确定财政支出责任，中央政府负责复杂的支出项目，地方政府负责一般性而又适时进行监督的支出项目。依据巴斯特布尔的财政支出三原则，基本的社会福利支出应该由中央政府承担：基于受益原则判断，由于我国地区间经济社会环境的差异，如果完全由地方政府自主供应社会福利，必然存在供给不足和区域不均衡，这不利于全国社会福利最大化；基于行动原则判断，为了实现全国社会福利最大化的一致行为目标，基本的社会福利支出应该由政府集权负责；基于技术原则判断，实现社会福利支出均衡发展是较为负责的支出项目，涉及地方经济发展和福利供给的均衡，由中央政府负责，效用会更高。

由地方政府负责具有效用外溢性的公共服务，会引发地区间福利移民，无法达到提供最优公共服务的供给水平。财政社会福利支出虽然受益范围是区域内居民，但是由于社会福利具有效用外溢性的特征和居民可能的流动性，存在福利移民的可能性。如果完全依靠地方政府供给，地区间的社会福利供给差异会引发福利移民，地方政府为避免成为吸引福利移民者的"福利磁场"，会竞相降低供给数量和福利努力，这会导致地方政府提供的实际福利低于全社会最优水平。

以上是基于经典财政理论，对财政社会福利支出责任划分原则做的基本理论分析。考虑到我国经济发展阶段和既有政府财政体制机制框架，本章提出以下三个方面的政策建议。

（1）建立全国范围的社会福利支出标准。考虑到社会福利支出的区域外溢性和区域间人口财政负担的差异化较大，合理划分中央和地方的财政支出责任和事权，基本社会福利支出责任应该上移，制定全国社会福利支出基本标准，这部分由中央财政承担支出责任，各个地区可以根据本地区的经济发展水平和财政支付能力，一定幅度地上浮社会福利支出标准，超出部分由地方财政承担支出责任。

（2）中央政府以项目委托的形式将社会福利支出委托给地方政府执行。考虑到社会福利支出的地域性，为了提高社会福利的供给质量，中央将标准化的社会福利支出责任委托给地方政府执行，但是必须以委托资金的形式予以资金配套，使事权和财力相适应，并在专项转移支付委托事项中设置专门的资金。

（3）推进各级政府事权和支出责任的法治化。在财政社会福利支出责任划分方面确立一套较为完整、严密、具有前瞻性的制度体系，并以法律形式规范化，这样才能真正实现权责清晰、保障适度、财力协调、区域均衡的社会福利均衡提供的财政保障体系。

二、建立考虑老龄化成本和社会福利供给能力的转移支付体系

我国当前实行的是以转移支付为主要内容的财政能力均衡制度。财政转移支付是为了实现地区间公共服务均等化，通过财政资金转移平衡各级政府间的财政能力差异，包括纵向、横向、纵向与横向混合三种模式。纵向转移支付是上下级政府之间的资金转移，大多数国家政府采取均等化的一般性转移支付和专项转移支付两种形式。我国转移支付制度的主要形式是纵向转移支付模式，包括中央对地方税收返还、一般性转移支付和专项转移支付三种具体形式。一般性转移支付制度由原来的财力性转移支付制度演变而来，是中央政府根据地方财政收支缺口给予的补助，主要包括均衡性转移支付、民族地区转移支付、县乡基本财力保障机制奖补资金、调整工资转移支付、农村税费改革转移支付、资源枯竭城市财力性转移支付、定额补助（原体制补助）、企事业单位划转补助、结算财力补助、工商部门停征两费转移支付、村级公益事业"一事一议"奖励资金、一般公共服务转移支付、公共安全转移支付、教育转移支付、社会福利和就业转移支付、医疗卫生转移支付16个项目。专项转移支付制度是上级政府对委托给下级政府的特定支出任务给予的专项补助资金，具有指定资金用途的特征。当前，社会福利支出

（社会福利和就业转移支付、医疗卫生转移支付）主要从一般性转移支付补助项目中获得资金补给。

我国当前的转移支付制度中的一些机制设计使其均等化功能被弱化。吴强等（2016）实证不同转移支付形式对地区财力差异产生的显著影响，结果显示，地方税收返还的财力均等化效应逐渐减弱，一般性转移支付的财力均等化作用显著，专项转移支付扩大地区间财力差距。胡斌等（2018）实证转移支付对基本公共服务均等化的差异化影响效应，研究表明，地方税收返还和专项转移支付对基本公共服务均等化的影响效应不显著，一般性转移支付显著提高基本公共服务均等化程度。

（1）税收返还是我国财政转移支付的重要形式。在制度最初设计中，税收返还是为了保护各地区的既得利益，并不具有财政均衡功能。在中央财政向地方财政转移的税收返还中，经济发达的东部地区获得的税收返还性转移仍然具有明显的数量优势。以 2017 年为例，江苏、广东和北京三省份获得的税收返还数额最高，依次为 686.66 亿元、539.17 亿元和 532.5 亿元。[①]

（2）我国 2015 年制定了《中央对地方专项转移支付管理办法》，规范了专项转移支付的资金申报分配、绩效管理等。但是，当前专项转移支付在转移支付中占比仍然较高，几乎涉及了所有的财政支出项目。以 2017 年为例，包括监狱和强制隔离戒毒补助资金、农村义务教育薄弱学校改造补助资金、普惠金融发展专项资金、中小企业发展专项资金、工业转型升级资金、服务业发展资金、外经贸发展资金、重点生态保护修复治理专项资金、基建支出等 69 项，几乎涵盖了所有财政支出项目。其中，医疗服务能力提升补助资金预算数比上年下降 6.6%、减少 9.14 亿元；公共卫生服务补助资金预算数比上年增长 4.3%、提高 24 亿元，提高的支出主要用于提高基本公共卫生服务经费财政补助标准；优抚对象医疗保障经费预算数为 23.72 亿

[①]　资料来源：根据中国财政部公布的《2017 年中央对地方税收返还和转移支付分地区预算汇总表》。

元，与 2016 年执行数基本持平；医疗救助补助资金预算数为 141.13 亿元，与 2016 年执行数持平。以医疗卫生和社会保障为主要项目的社会福利支出并未增速调整。经济性支出占比仍然较高，比如，工业企业结构调整专项奖补资金预算数为 300 亿元，比 2016 年执行数增加 1.87 亿元，增长 0.6%；工业转型升级资金预算数为 57 亿元，比 2016 年执行数增加 4.17 亿元，增长 7.9%；服务业发展资金预算数为 100.86 亿元，比 2016 年执行数增加 5.09 亿元，增长 5.3%；基建支出预算数为 4076 亿元，比 2016 年执行数增加 415.4 亿元，增长 11.3%。①

（3）我国当前的一般性转移支付依据《2011 年中央对地方均衡性转移支付办法》等文件中的相关规定，采取"据实测算"的办法确定各地区的标准财政收入和标准财政支出，以各地标准财政收支的缺口作为一般性转移支付依据。社会保障支出由于难以选取客观因素，各地政策差异较大，并未实现差异化衡量。尽管该办法明确要求在地区医疗卫生标准化支出的计算中纳入地区人均寿命系数，但在实际应用中，这一因素在计算公式中所发挥的调节作用相对有限。2016 年《国务院关于实施支持农业转移人口市民化若干财政政策的通知》要求提高人的因素在现有转移支付测算中的权重，但是并未完全涵盖地区社会福利支出的财力差距。

本章建议调整转移支付结构，扩大均等化转移支付的规模、强化财政均等化功能，最终建立一个以公式化为基础、一般性转移支付为主、专项转移支付为辅的转移支付体系。一是借鉴国际标准，完善转移支付制度，通过"因素法"对"基数法"的替代和"因素法"的科学设置。采用"因素法"计算各地标准收入和标准支出，并以此确定转移支付的分配数额。二是加大一般性转移支付中人口老龄化因素的权重和调节作用，将老龄化人口的财政负担作为重要因素引入均等化转移支付公式，建立考虑老龄化成本和社会福

---

① 财政部预算司. 关于 2017 年中央对地方税收返还和转移支付预算的说明 [EB/OL]. 2017 - 03 - 24.

利供给能力的转移支付体系。三是规范专项转移支付范围，明确将具有地区外溢性、体现地区社会福利均等化的补助纳入专项。唯有此，才能实现中央与地方政府事权和财权划分的对称性原则，也从财政制度层面实现社会福利支出的区域均衡发展。

第八章 结论与研究展望

第一节 本书结论

党的二十大报告中,"人民"二字一共出现了 105 次,提出"中国式现代化是全体人民共同富裕的现代化",坚持把实现人民对美好生活的向往作为现代化建设的价值目标。提升基本公共服务供给质量,增强公众享受基本公共服务的获得感,是实现共同富裕的出发点和落脚点。本书将在借鉴已有研究成果的基础上,做以下研究尝试:明确政府在社会福利均衡发展中的财政主体地位,以西方"福利陷阱"为鉴,实现地方政府在社会福利供给中的"尽力而为"和"量力而行",寻求经济发展和社会福利、社会福利区域均等和差异化的均衡,实现"坚持在发展中保障和改善民生",以期为增强基本公共服务均衡性和可及性提供政策优化参考。

本书提出实现全国的社会福利最大化必须首先实现地方的社会福利最大化,由于地区间社会福利供需环境差异,可能存在地区间社会福利最大化的均衡点差异。全国的社会福利最大化进程中可能存在三种状态:一是全国社会福利支出总量充足,且社会福利区域均衡;二是全国社会福利支出总量不充足,且社会福利区域非均衡;三是全国社会福利支出总量充足,但社会福利区域非均衡。第一种情况是理论上全国社会福利最大化的最优状态，第二种、第三种情况是可能的现实状态。随着我国政府对社会福利支出力度的加大，在支出总量上是逐年递增的，总量上的社会福利水平每年都有改善，但是由于地区间社会福利供需环境差异，必然存在地区间社会福利最大化的均衡点差异。这种区域非均衡将会引起公众的公共服务非均衡感知，影响社会福利满意度，不利于全国社会福利最大化。我国现阶段只能追求有限的均等化，并努力在"均等化"与"差别性"之间寻求动态平衡。基本社会福利区域均衡应是全国社会福利最大化实现的前提和保障。而基本社会福利均衡的责任主体应该是政府财政，那么财政社会福利支出均衡成为研究这一问题的落脚点。

　　考察基本社会福利的区域均衡性可以有两个视角：一是基于过程视角的测度，关注政府在实现均衡发展中的政策取向和工具有效性；二是基于结果视角的测度，关注社会福利服务在区域间的分配结果。由于地区间社会福利存在供给成本差异，作为过程视角测度社会福利区域均衡，更能考察政府的政策取向和支出偏好。地方财政社会福利支出体现地方政府社会福利责任和支出偏好，是基于过程视角的指标之一。此外，当前研究表明：度量基本公共服务非均等性的主要指标是基本公共服务的财政支出。服务于基本公共服务供给的财政性社会支出均衡配置体现公共性。因此，本书基于地方财政视角研究社会福利区域均衡发展问题。借鉴区域均衡发展理论，区域均衡强调区域间或区域内部的平衡（同步）发展，即空间的均衡化。本书界定的社会福利区域均衡是指空间的均衡化，既包括区域内财政支出项目间的平衡发展，又包括区域间的同步发展。

　　本书分别从地方财政支出分项目空间非均衡和区域间非均衡两个视角测度和评价政府在实现均衡发展中的政策取向和工具有效性。老龄化背景下地方财政社会福利支出发展不平衡，具体表现为区域内的项目间不平衡和区域间的不平衡。一是地方财政支出分项目的 Kernel 密度估计显示，区域内的项目间配置不平衡。伴随着老龄化社会的到来和地方政府职能定位的调整，行政类支出占比减少，一般民生类支出和老龄人口关注的社会福利支出并未明显提高占比，而经济类支出仍然是地方政府的支出偏好，这与我国老龄化社会和当前不断增高的民众利益诉求并不相适宜。二是基于影响因素改进的泰尔指数显示，地方财政社会福利支出区域间非均衡。当前不管是社会福利的供需（财政支出与人口分布、老龄化程度），还是支出与能力间（社会福利支出与经济发展水平和财政能力）均存在发展不匹配的非均衡现象。这一非均衡和地缘位置、行政区划及区域经济发展等因素相关不大。经济发展水平较高的东部地区的社会福利支出均等化水平并不高，四大经济区内各省份并未完全属于同一类型，区域内差异明显。虽然我国地区间经济发展水平有差异、人口老龄化程度不同，但是这些都不是决定社会福利支出水平和财政支出结构安排的主要原因。区域间财政支出结构差异较大，福利支出具有被动支出特征，地方政府在财政支出结构安排中并未实现经济发展和社会福利的均衡。产生区域间财政支出结构非均衡的原因与经济发展水平和人口结构变化无关，更多地源于既有的财政制度安排和地方考核体系的错位激励。

本书发现我国的社会福利支出逐年递增，但是公众的福利满意度并不高，这一方面源于政府财政供给的数量和质量不足，更为重要的是源于社会福利财政供给失衡，这种资源配置不均衡降低了公众的福利满意度。本书利用 2013 年中国综合社会调查（CGSS）微观个体样本和省级、县级宏观数据，采用有序概率模型（ordered probit model）检验社会福利区域非均衡性的福利效应，并加入公众利益诉求变量，考察公众诉求、非均衡性感知共同作用下的福利效应评价。研究结果表明：当前存在的社会福利区域非均衡性感知影响公众的社会福利评价和满意度，不利于社会福利的提升。不管是使用主观相对剥夺指标（公众的均衡性感知），还是客观相对剥夺指标（Gini 系数和人均财政支出水平），非均衡程度都显著降低居民的公共服务满意度。公众利益诉求动机和意愿对公共服务满意度不仅具有直接影响，还具有间接调节均衡性感知的影响效应。因此，政府应在增加公共服务财政支出的同时，提高域内公共服务的均衡程度，正确定位自身在社会福利支出中的角色，优化相关宣传以强化公众对于公共服务的正面心理预期。

本书指出人口老龄化背景下地方政府的财政支出选择存在外在压力和内在激励。采用中国 2007~2015 年除西藏外的 30 个省份作为样本，研究人口老龄化背景下地方政府的财政选择偏好。研究结果表明：人口老龄化影响地方财政支出偏好，当前的地方财政支出选择是外在压力和内在激励的多路径效应结果。一是人口老龄化具有直接效应，显著正向影响社会福利性支出，显著负向影响经济性支出。异质性分析表明，人口老龄化影响地方财政选择，具有财政自给率和人口老龄化程度的非对称性。财政状况好的地区，地方政府自主调整地区公共服务财政支出的自由程度高。人口老龄化程度高的地区，不管是效应的显著性还是效应系数，人口老龄化的效应更大，财政可持续性的内在激励效应也更大。二是公众诉求外在压力具有调节效应。持续加速的人口老龄化成为当前最大的公共服务需求冲击，地方政府面临公众社会福利支出偏好的外在压力，这一外在压力下地方政府可能作出被动调整。这种被动支出调整包括两个方向：一是有效回应公众诉求，提高社会福利支出。二是变外在压力为发展经济的内在激励，提高经济性支出。三是在当前社会福利支出责任地方化的财政体制下，人口老龄化影响地方财政的可持续性，存在增强财政可持性内在激励的中介效应机制。人口老龄化影响地方财政的支出选择，除了人口老龄化的直接效应，还包括人口老龄化通过影响地方财政可持性，进而影响地方财政支出选择的间接效应。

本书认为在当前的财政体制安排下，社会福利支出责任地方化，基本的、一定量的社会福利支出成为地方政府的硬性支出，这种硬性支出具有的被动性特征，并不和地区的经济发展水平和财政支付能力相适应。在我国当前的政府间财政关系和制度安排下，政治任务式的社会福利支出方式，会出现有支付能力的地区不愿意支付只是保基本，无支付能力的地区无能力支付还得完成任务，陷入一种低水平的"社会福利陷阱"：一方面，社会福利支出不足；另一方面，这种不高的社会福利支出成为部分地区的人口财政负担，影响经济可持续发展。本书采用面板 PVAR 检验经济发展、财政能力和社会福利支出的动态关系。研究结果表明：一是在既有的财政支出制度惯性和地方财政能力差异背景下，地方政府并未对社会福利支出做出有效调整，以适应人口老龄化增速。二是当前的地方社会福利支出更多是为了完成中央政府强调民生的政策背景下的被动支出，对于财政能力强的省份，社会福利支出并没有根据经济发展水平和财政支付能力增强而进行调整，只是被动的保基本，这种保基本的消费性支出对经济发展的挤出效应不强；对于财政能力弱的省份，保民生的基本政治任务可能成为一项人口财政负担，对地区经济发展具有负向的挤出效应。三是对于财政自给率低的省份，社会福利支出和来自中央政府的转移支付对经济发展增速的预测方差分解的解释贡献度较高，而自身经济发展状况对经济增长指标的预测方差的解释贡献度较小。对于财政自给率高的省份，其自身经济发展状况和中央政府的转移支付对经济发展增速的预测方差分解的解释贡献度较高，而社会福利支出对经济增长指标的预测方差的解释贡献度较小。

本书指出我国当前的地方财政社会福利支出具有被动支出的特征，存在发展不均衡的问题。产生这一问题的根源在于：一是财政激励机制问题。缺乏有效的激励制度安排促使地方政府根据地区财政支付能力，合理安排经济类支出和福利支出的财政支出结构。二是财政能力均衡制度问题。社会福利支出责任过度下移，且纵向转移支付制度并未充分考虑人口老龄化背景下地区间的人口财政负担差异。典型国家在社会福利支出中的相关制度安排经验，在财政社会福利支出责任划分和实现社会福利区域均衡的财力保障两个方面为我国促进区域均衡发展的财政政策安排提供借鉴。本书梳理典型国家经验，并结合我国经济社会发展的实际，提出以下政策建议：一是改革财政激励机制，包括政府财政信息公开和将公众诉求纳入地方福利考核体系两个方面。二是改革财政均衡制度，包括财政社会福利支出责任划分和建立考虑老龄化成本和社会福利供给能力的转移支付体系两个方面。

第二节
研究展望

如何以人民为中心，提高公众对社会公共服务的满意度，提高财政资金使用效率，以更加直接有效地服务于公共利益，实现经济福利和社会福利的均衡发展，将是我国政界和学界的一个重要议题。人口老龄化背景下，我国地方社会福利支出成为一项刚性支出，这一支出必然给地方财政带来压力，如何合理安排这一刚性支出，寻求区域内经济发展和社会福利的均衡、区域间的差别化和均等化的均衡，必将成为当前或是未来一段时间值得关注的话题。本书不管是行文结构安排和研究方法选取等方面尚显粗糙，如何利用更加微观的调研数据和地市级中观数据相结合，对地方财政社会福利支出的均衡发展，开展更加深入的基本事实刻画、作用机制探析和政策框架设计，将是本人未来继续研究的方向。

参 考 文 献

［1］安体富、贾晓俊：《地方政府提供公共服务影响因素分析及均等化方案设计》，载于《中央财经大学学报》2010年第3期，第1～6页。

［2］安体富、任强：《公共服务均等化：理论、问题与对策》，载于《财贸经济》2007年第8期，第48～53页。

［3］安体富、任强：《中国公共服务均等化水平指标体系的构建——基于地区差别视角的量化分析》，载于《财贸经济》2008年第6期，第79～82页。

［4］白钟万：《社会福利服务供给中中央政府和地方政府之间的关系：韩国的经验》，载于《社会福利：理论版》2012年第9期，第13～18页。

［5］常修泽：《中国现阶段基本公共服务均等化研究（下）》，载于《中共天津市委党校学报》2007年第9期，第34～35页。

［6］陈秀梅：《低效与高效：近些年中国公众利益表达机制分析——以群体性事件为视角》，载于《中共天津市委党校学报》2012年第3期，第32～42页。

［7］陈志勇、辛冲冲：《中国公共环境支出非均衡性测度及评价》，载于《经济与管理研究》2017年第10期，第82～93页。

［8］丛树海：《收入分配与财政支出结构》，人民出版社2014年版，第5～30页。

［9］董黎明、满清龙：《地方财政支出对城乡收入差距的影响效应研究》，载于《财政研究》2017年第8期，第43～55页。

［10］范子英、张军：《中国如何在平衡中牺牲了效率：转移支付的视

角》，载于《世界经济》2010 年第 11 期，第 41～74 页。

[11] 冯勤超：《政府交叉事权及财政激励机制研究》，东南大学博士学位论文，2006。

[12] 付文林、沈坤荣：《均等化转移支付与地方财政支出结构》，载于《经济研究》2012 年第 5 期，第 45～57 页。

[13] 傅勇、张晏：《中国式分权与财政支出结构偏向：为增长而竞争的代价》，载于《管理世界》2007 年第 3 期，第 4～12 页。

[14] 高凤勤、刘金东：《增值税跨区域转移与地方财力不均等——基于"营改增"前后的比较分析》，载于《上海财经大学学报》2018 年第 2 期，第 89～99 页。

[15] 高琳：《分权与民生：财政自主权影响公共服务满意度的经验研究》，载于《经济研究》2012 年第 7 期，第 86～98 页。

[16] 高凌江：《我国税制结构、税负水平与经济增长的关系研究——基于全国 30 个省级单位面板数据的 PVAR 分析》，载于《财经理论与实践》2011 年第 3 期，第 68～73 页。

[17] 高培勇、张斌、王宁：《中国公共财政建设报告 2014》，社会科学文献出版社 2014 年版。

[18] 龚锋、卢洪友：《公共支出结构、偏好匹配与财政分权》，载于《管理世界》2009 年第 1 期，第 10～21 页。

[19] 官永彬：《民主与民生：民主参与影响公共服务满意度的实证研究》，载于《中国经济问题》2015 年第 2 期，第 26～37 页。

[20] 桂林：《经济发展、社会福利与治理结构》，载于《经济研究》2009 年第 4 期，第 141～150 页。

[21] 郭庆旺、贾俊雪：《中央财政转移支付与地方公共服务提供》，载于《世界经济》2008 年第 9 期，第 74～84 页。

[22] 郭庆旺、贾俊雪：《中国地方政府规模和结构优化研究》，中国人民大学出版社 2012 年版，第 100～120 页。

［23］郭庆旺、吕冰洋、张德勇：《财政支出结构与经济增长》，载于《经济理论与经济管理》2003 年第 11 期，第 5～12 页。

［24］郭小聪、刘述良：《中国基本公共服务均等化：困境与出路》，载于《中山大学学报：社会科学版》2010 年第 5 期，第 150～158 页。

［25］韩央迪：《从福利多元主义到福利治理：福利改革的路径演化》，载于《国外社会科学》2012 年第 2 期，第 42～49 页。

［26］杭行、刘伟亭：《关于社会福利制度的深层思考》，载于《复旦学报：社会科学版》2003 年第 4 期，第 58～64 页。

［27］何富彩、李怀：《城市化背景下财政支出结构对城乡居民收入差距的影响》，载于《上海经济研究》2016 年第 12 期，第 80～88 页。

［28］何平、李实、王延中：《中国发展型社会福利体系的公共财政支持体系》，载于《财政研究》2009 年第 6 期，第 2～11 页。

［29］何盛明：《政府应做的，就是财政要干的"——关于市场经济条件下国家财政职能的几点思考》，载于《财政研究》1998 年第 8 期，第 3～7 页。

［30］何振一、阎坤：《中国财政支出结构改革》，社会科学文献出版社 2000 年版。

［31］胡斌、毛艳华：《转移支付改革对基本公共服务均等化的影响》，载于《经济学家》2018 年第 3 期，第 63～72 页。

［32］黄少安、陈言、李睿：《福利刚性、公共支出结构与福利陷阱》，载于《中国社会科学》2018 年第 1 期，第 90～113 页。

［33］黄晓薇、黄亦炫、郭敏：《人口结构变迁、福利制度错配与主权债务适度规模》，载于《浙江大学学报：人文社会科学版》2015 年第 2 期，第 19～33 页。

［34］姬生翔、姜流：《社会地位、政府角色认知与公共服务满意度——基于 CGSS2013 的结构方程分析》，载于《软科学》2017 年第 1 期，第 1～5 页。

［35］贾康：《在财政支出中合理掌握分配顺序》，载于《时代财会》

2001 年第 3 期，第 10～12 页。

[36] 景天魁、毕天云、高和荣，等：《当代中国社会福利思想与制度：从小福利迈向大福利》，中国社会出版社 2011 年版，第 3～4 页。

[37] 阚祥伟、李帆：《财政支出结构效益对国民幸福指数影响的实证研究》，载于《经济问题探索》2012 年第 1 期，第 117～120 页。

[38] 柯卉兵：《中国社会福利支出地区差异问题分析：2005 年》，载于《江西财经大学学报》2007 年第 6 期，第 38～42 页。

[39] 雷雨若、王浦劬：《西方国家福利治理与政府社会福利责任定位》，载于《国家行政学院学报》2016 年第 2 期，第 133～138 页。

[40] 冷毅、杨琦：《财政竞争对地方政府财政支出结构的影响研究——基于民生和发展的权衡》，载于《江西财经大学学报》2014 年第 4 期，第 30～38 页。

[41] 李稻葵：《突破中等收入陷阱的路线图》，载于《经济研究》2014 年第 1 期，第 23～25 页。

[42] 李凤月、张忠任：《我国财政社会福利支出的中央地方关系》，载于《财政研究》2015 年第 6 期，第 51～58 页。

[43] 李敬涛、陈志斌：《财政透明、晋升激励与公共服务满意度——基于中国市级面板数据的经验证据》，载于《现代财经（天津财经大学学报）》2015 年第 7 期，第 91～104 页。

[44] 李强谊、钟水映：《我国财政医疗卫生支出的空间差异及分布动态演进——基于 Dagum 基尼系数分解与 Kernel 密度估计的实证研究》，载于《财经论丛》2016 年第 10 期，第 19～28 页。

[45] 李文军：《中国财政支出结构演变与转型研究》，载于《社会科学》2013 年第 8 期，第 47～59 页。

[46] 李秀丽、王良健：《我国人口老龄化水平的区域差异及其分解研究》，载于《西北人口》2008 年第 6 期，第 104～107 页。

[47] 李学军、刘尚希：《地方政府财政能力研究：以新疆为例》，中国

财政经济出版社 2007 年版。

[48] 李一花、沈海顺：《增长还是福利？——财政支出结构效应的实证分析》，载于《经济与管理评论》2012 年第 5 期，第 97～105 页。

[49] 李迎生、李泉然、袁小平：《福利治理、政策执行与社会政策目标定位——基于 N 村低保的考察》，载于《社会学研究》2017 年第 6 期，第 44～69 页。

[50] 李颖晖：《教育程度与分配公平感：结构地位与相对剥夺视角下的双重考察》，载于《社会》2015 年第 1 期，第 143～160 页。

[51] 李永友：《公共服务型政府建设与财政支出结构效率》，载于《经济社会体制比较》2011 年第 1 期，第 67～78 页。

[52] 李永友、沈坤荣：《财政支出结构、相对贫困与经济增长》，载于《管理世界》2007 年第 11 期，第 14～26 页。

[53] 李永友、张子楠：《转移支付提高了政府社会性公共品供给激励吗?》，载于《经济研究》2017 年第 1 期，第 119～133 页。

[54] 李珍、曹清华：《社会福利转移支付中的结构失衡和区域差异研究》，载于《宁夏大学学报》2007 年第 3 期，第 137～144 页。

[55] 林宝、姬飞霞：《中国人口老龄化省内差异的变化》，载于《老龄科学研究》2015 年第 10 期，第 3～9 页。

[56] 林闽钢：《中国社会福利发展战略：从消极走向积极》，载于《国家行政学院学报》2015 年第 2 期，第 73～78 页。

[57] 林毅夫：《财产权利与制度变迁：产权学派与新制度经济学派》，上海人民出版社 1994 年版。

[58] 林元雄：《我国人口老龄化的地区差异分析——基于第 6 次人口普查数据》，载于《重庆科技学院学报：社会科学版》2012 年第 23 期，第 57～58 页。

[59] 刘长生、郭小东、简玉峰：《社会福利指数、政府支出规模及其结构优化》，载于《公共管理学报》2008 年第 3 期，第 96～104 页。

［60］刘成奎、王朝才：《财政支出结构与社会公平的实证分析》，载于《财政研究》2008 年第 2 期，第 15~18 页。

［61］刘汉屏：《地方政府财政能力研究》，中国财政经济出版社 2002 年版。

［62］刘继同：《中国社会福利财政制度特征与公共福利财政制度框架建设》，载于《社会福利研究》2011 年第 2 期，第 34~59 页。

［63］刘江会、王功宇：《地方政府财政竞争对财政支出效率的影响——来自长三角地级市城市群的证据》，载于《财政研究》2017 年第 8 期，第 56~68 页。

［64］刘明德：《基本公共服务均等化辨析》，载于《上海行政学院学报》2017 年第 4 期，第 71~82 页。

［65］刘琼芳：《社会福利框架下福建省财政支出结构绩效评价——基于因子分析与灰色关联分析方法的应用》，载于《福建农林大学学报：哲学社会科学版》2018 年第 1 期，第 50~57 页。

［66］刘蓉、张巍：《民生框架下的财税制度选择》，载于《税务研究》2012 年第 8 期，第 8~12 页。

［67］刘溶沧、焦国华：《地区间财政能力差异与转移支付制度创新》，载于《财贸经济》2002 年第 6 期，第 5~12 页。

［68］刘溶沧、赵志耘：《财政政策论纲》，经济科学出版社 1998 年版，第 50~70 页。

［69］刘尚希：《基本公共服务均等化：现实要求和政策路径》，载于《浙江经济》2007 年第 13 期，第 24~27 页。

［70］刘尚希、李成威、杨德威：《财政与国家治理：基于不确定性与风险社会的逻辑》，载于《财政研究》2018 年第 1 期，第 10~19 页。

［71］卢洪友、贾智莲：《中国地方政府财政能力的检验与评价——基于因子分析法的省际数据比较》，载于《财经问题研究》2009 年第 5 期，第 82~88 页。

［72］鲁蓓:《二孩政策、人口老龄化和财政社会福利支出预测》，载于《劳动经济研究》2016 年第 3 期，第 103～118 页。

［73］鲁元平、杨灿明:《财政分权、地方政府支出偏好与居民幸福感——基于分税制后的中国经验证据》，载于《中南财经政法大学学报》2013 年第 4 期，第 3～12 页。

［74］逯进、陈阳、郭志仪:《社会福利、经济增长与区域发展差异——基于中国省域数据的耦合实证分析》，载于《中国人口科学》2012 年第 3 期，第 31～43 页。

［75］吕承超:《中国社会保障发展空间非均衡及影响因素研究》，载于《中央财经大学学报》2016 年第 2 期，第 10～21 页。

［76］吕炜、刘畅:《中国农村公共投资、社会性支出与贫困问题研究》，载于《财贸经济》2008 年第 5 期，第 61～69 页。

［77］吕炜、王伟同:《我国基本公共服务提供均等化问题研究——基于公共需求与政府能力视角的分析》，载于《经济研究参考》2008 年第 34 期，第 10～18 页。

［78］吕炜、王伟同:《政府服务性支出缘何不足? ——基于服务性支出体制性障碍的研究》，载于《经济社会体制比较》2010 年第 1 期，第 12～23 页。

［79］吕志华:《持续增长条件下的最优财政支出结构研究——基于我国省际面板数据的测算》，载于《中央财经大学学报》2012 年第 4 期，第 1～6 页。

［80］罗植:《中国地方公共服务拥挤性与财政支出结构优化》，载于《财经科学》2014 年第 5 期，第 113～123 页。

［81］马国贤:《基本公共服务均等化的公共财政政策研究》，载于《财政研究》2007 年第 10 期，第 74～77 页。

［82］马海涛:《中国财政可持续发展研究:中国财税研究报告 2016》，中国财政经济出版社 2017 年版。

[83] 马进：《财政支出结构优化的理论分析及研究综述》，载于《社会科学家》2006 年第 4 期，第 61 ~ 64 页。

[84] 马斯格雷夫：《美国财政理论与实践》，邓子基、邓力平译，中国财政经济出版社 1987 年版。

[85] 马骁、赵艾凤、陈建东，等：《区域间人均财政收入差异的核心成因——基于 2003 ~ 2010 年中国省际数据的分析与引申》，载于《财贸经济》2012 年第 9 期，第 40 ~ 47 页。

[86] 毛太田：《地方政府公共财政支出绩效评价研究》，光明日报出版社 2013 年版，第 2 ~ 3 页。

[87] 孟天广、孔令英、顾昕：《地级市财政性社会支出的不均等及其分解——基于回归方程的不均等分解》，载于《中国行政管理》2013 年第 1 期，第 111 ~ 116 页。

[88] 倪志良、贾占标、解萧语：《相对剥夺、非农就业与农民幸福感》，载于《山西财经大学学报》2016 年第 12 期，第 64 ~ 74 页。

[89] 彭定赟、王磊：《财政调节、福利均等化与地区收入差距——基于泰尔指数的实证分析》，载于《经济学家》2013 年第 5 期，第 21 ~ 28 页。

[90] 彭华民：《中国政府社会福利责任：理论范式演变与制度转型创新》，载于《天津社会科学》2012 年第 6 期，第 77 ~ 83 页。

[91] 彭志文、郭路：《财政支出结构、最优税率区间与经济增长》，载于《财政研究》2011 年第 4 期，第 44 ~ 47 页。

[92] 钱争鸣、方丽婷：《我国财政支出结构对城乡居民收入差距的影响——基于非参数可加模型的分析》，载于《厦门大学学报：哲学社会科学版》2012 年第 5 期，第 90 ~ 97 页。

[93] 任国强、尚金艳：《基于相对剥夺理论的基尼系数子群分解方法研究》，载于《数量经济技术经济研究》2011 年第 8 期，第 103 ~ 114 页。

[94] 孙柏瑛：《公共性：政府财政活动的价值基础》，载于《中国行政管理》2001 年第 1 期，第 23 ~ 26 页。

[95] 孙荣、辛方坤：《财政支出规模、结构与社会福利的动态均衡研究》，载于《经济问题探索》2011年第8期，第95~100页。

[96] 孙文祥、张志超：《财政支出结构对经济增长与社会公平的影响》，载于《上海财经大学学报》2004年第6期，第3~9页。

[97] 铁刚：《基于社会福利指标的我国财政支出合理化研究》，载于《东北大学学报：社会科学版》2010年第3期，第235~239页。

[98] 王娟、张克中：《公共支出结构与农村减贫——基于省级面板数据的证据》，载于《中国农村经济》2012年第1期，第31~42页。

[99] 王军、贾康、祝小芳，等：《国外政府间财政均衡制度的考察与借鉴》，载于《财政研究》2006年第12期，第62~66页。

[100] 王宁：《相对剥夺感：从横向到纵向——以城市退休老人对医疗保障体制转型的体验为例》，载于《西北师大学报：社会科学版》2007年第4期，第19~25页。

[101] 王浦劬、季程远：《新时代国家治理的良政基准与善治标尺》，载于《中国行政管理》2018年第1期，第6~12页。

[102] 王瑞民、陶然：《转移支付的均等化目标：财政供养人口还是公共服务?》，载于《世界经济》2017年第12期，第119~140页。

[103] 王思斌：《我国适度普惠型社会福利制度的建构》，载于《北京大学学报：哲学社会科学版》2009年第3期，第58~65页。

[104] 王小平、李雪平：《基于相对剥夺理论的地方财政科技支出空间非均衡影响研究》，载于《财经论丛》2017年第2期，第28~37页。

[105] 王哲、周麟、彭芃：《财政支出、标尺比较与公共服务满意度：基于县级医疗数据的分析》，载于《中国行政管理》2018年第3期，第49~54页。

[106] 维托·坦齐，卢德格尔·舒克内希特：《20世纪的公共支出》，胡家勇译，商务印书馆2005年版，第42页。

[107] 吴进进：《腐败认知、公共服务满意度与政府信任》，载于《浙

江社会科学》2017 年第 1 期，第 43～51 页。

[108] 吴强、李楠：《我国财政转移支付及税收返还变动对区际财力均等化影响的实证分析》，载于《财政研究》2016 年第 3 期，第 27～38 页。

[109] 吴湘玲、邓晓婴：《我国地方政府财政能力的地区非均衡性分析》，载于《统计与决策》2006 年第 16 期，第 83～85 页。

[110] 西南财经大学财政税务学院、西南财经大学地方财政研究中心：《公共经济与政策研究》，西南财经大学出版社 2015 年版，第 40～53 页。

[111] 项继权：《基本公共服务均等化：政策目标与制度保障》，载于《华中师范大学学报：人文社会科学版》2008 年第 1 期，第 2～9 页。

[112] 徐超、孙文平：《分权的"悖论"："省管县"改革对居民医疗服务满意度的影响》，载于《财经研究》2016 年第 4 期，第 38～48 页。

[113] 徐倩、李放：《我国财政社会保障支出的差异与结构：1998～2009 年》，载于《财政金融》2012 年第 2 期，第 47～52 页。

[114] 徐曙娜、任超然、张远：《财政支出结构对我国城市化进程的影响效应研究——基于省级面板数据的实证分析》，载于《上海财经大学学报》2012 年第 3 期，第 51～58 页。

[115] 徐延辉：《福利国家运行的经济社会学分析》，载于《社会主义研究》2005 年第 1 期，第 88～90 页。

[116] 宣烨、余泳泽：《公共支出结构、公共服务与居民幸福感》，载于《劳动经济研究》2016 年第 5 期，第 96～119 页。

[117] 严成樑、龚六堂：《最优财政政策选择：从增长极大化到福利极大化》，载于《财政研究》2012 年第 10 期，第 16～19 页。

[118] 严成樑、吴应军、杨龙见：《财政支出与产业结构变迁》，载于《经济科学》2016 年第 1 期，第 5～16 页。

[119] 严国萍：《当代中国碎片化社会福利体制的形成与突破》，载于《中国行政管理》2014 年第 7 期，第 25～30 页。

[120] 严雅娜、张山：《社会福利地区差距测度和影响因素的实证分

析——基于 2004—2013 年省级面板数据》，载于《经济问题》2016 年第 10 期，第 114~120 页。

[121] 颜建军、徐雷、谭伊舒：《我国公共卫生支出水平的空间格局及动态演变》，载于《经济地理》2017 年第 10 期，第 82~91 页。

[122] 杨红燕、谢萌、肖益，等：《财政社会保障支出省际差异的影响因素分析》，载于《统计与决策》2014 年第 18 期，第 141~143 页。

[123] 杨源源：《财政支出结构、通货膨胀与非李嘉图制度——基于 DSGE 模型的分析》，载于《财政研究》2017 年第 1 期，第 64~76 页。

[124] 叶莉、马超：《从稳增长调结构视角看未来财政支出结构的微调方向——基于非竞争性投入产出预测模型的模拟分析》，载于《中央财经大学学报》2013 年第 2 期，第 7~13 页。

[125] 尹卫生：《关于社会主义初级阶段财政概念的再认识》，载于《中央财经大学学报》1988 年第 6 期，第 66~67 页。

[126] 俞可平：《治理和善治：一种新的政治分析框架》，载于《南京社会科学》2001 年第 9 期，第 40~44 页。

[127] 臧其胜：《证据为本：福利治理的行动准则》，载于《社会保障研究》2014 年第 4 期，第 98~105 页。

[128] 曾娟红、赵福军：《促进我国经济增长的最优财政支出结构研究》，载于《中南财经政法大学学报》2005 年第 4 期，第 77~81 页。

[129] 曾军平：《政府间转移支付制度的财政平衡效应研究》，载于《经济研究》2000 年第 6 期，第 27~32 页。

[130] 詹新宇、韩雪君：《中国式财政分权、支出偏向与财政支出效率——基于省际面板数据的 Tobit 模型分析》，载于《华中师范大学学报：人文社会科学版》2017 年第 6 期，第 52~64 页。

[131] 张海星：《财政支出结构与经济增长实证分析》，载于《投资研究》2003 年第 6 页，第 15~17 页。

[132] 张明喜：《地方财政支出结构与地方经济发展的实证研究——基于

聚类分析的新视角》，载于《财经问题研究》2008 年第 1 期，第 80~86 页。

[133] 张牧扬：《晋升锦标赛下的地方官员与财政支出结构》，载于《世界经济文汇》2013 年第 1 期，第 86~103 页。

[134] 张青：《农村公共文化服务需求表达流程设计》，载于《北京行政学院学报》2017 年第 3 期，第 41~47 页。

[135] 张彦琛：《当代资本主义的福利治理与多维贫困》，载于《国外理论动态》2018 年第 5 期，第 67~76 页。

[136] 张晏、夏纪军、张文瑾：《自上而下的标尺竞争与中国省级政府公共支出溢出效应差异》，载于《浙江社会科学》2010 年第 12 期，第 20~26 页。

[137] 赵聚军：《福利刚性、市场、区域差距与人口结构——公共服务均等化的制约因素分析》，载于《天津社会科学》2012 年第 2 期，第 73~76 页。

[138] 赵聚军：《福利民粹主义的生成逻辑及其政策实践——基于拉美地区和泰国的经验》，载于《政治学研究》2015 年第 6 期，第 59~75 页。

[139] 赵一红：《论中国特色社会福利现代化——对马克思社会发展理论的分析》，载于《社会科学辑刊》2018 年第 1 期，第 23~32 页。

[140] 郑秉文：《欧债危机下的养老金制度改革——从福利国家到高债国家的教训》，载于《中国人口科学》2011 年第 5 期，第 2~15 页。

[141] 郑建君：《政治参与、政治沟通对公共服务满意度影响机制的性别差异——基于6159 份中国公民调查数据的实证分析》，载于《清华大学学报：哲学社会科学版》2017 年第 5 期，第 164~171 页。

[142] "政府间财政均衡制度研究"课题组：《国外财政均衡制度的考察与借鉴：财政均衡制度的起源和概述》，载于《经济研究参考》2006 年第 10 期，第 3~13 页。

[143] 中国财政学会"服务均等化问题研究"课题组、阎坤：《公共服务均等化问题研究》，载于《经济研究参考》2007 年第 58 期，第 2~36 页。

［144］中国经济增长与宏观稳定课题组：《增长失衡与政府责任——基于社会性支出角度的分析》，载于《经济研究》2006 年第 10 期，第 4～17 页。

［145］周黎安：《晋升博弈中政府官员的激励与合作——兼论我国地方保护主义和重复建设问题长期存在的原因》，载于《经济研究》2004 年第 6 期，第 33～41 页。

［146］周黎安：《中国地方官员的晋升锦标赛模式研究》，载于《经济研究》2007 年第 7 期，第 36～53 页。

［147］周绍杰、王洪川、苏杨：《中国人如何能有更高水平的幸福感——基于中国民生指数调查》，载于《管理世界》2015 年第 6 期，第 8～21 页。

［148］朱玲：《中国社会保障体系的公平性与可持续性研究》，载于《中国人口科学》2010 年第 5 期，第 2～12 页。

［149］朱为群、徐一睿：《财政公平：中日专家学术交流论文集》，上海财经大学出版社 2015 年版，第 54～88 页。

［150］Australian Institute of Health and Welfare. 25 Years of Health Expenditure in Australia 1989 － 90 to 2013 － 14 ［R］. Health and Welfare Expenditure Series No. 56, 2016.

［151］Ayres I., Levitt S. D. Measuring Positive Externalities from Unobservable Victim Precaution: An Empirical Analysis of Lojack ［J］. Quarterly Journal of Economics, 1998, 108: 43 － 77.

［152］Cunha J. M., Giorgi G. D., Jayachandran S. The Price Effects of Cash versus in Kind Transfers ［M］. Stanford University Mimeo, 2010.

［153］George R. Z., Peter M. M. Pigou, Tiebout, Property Taxation, and the Underprovision of Local Public Goods ［J］. Journal of Urban Economics, 1986, 19 (3): 356 － 370.

［154］Gong L., Li H., Wang D. Health Investment, Physical Capital Accumulation, and Economic Growth ［J］. China Economic Review, 2012, 23 (4).

[155] Grier K. , Tullock G. An Empirical Analysis of Cross – National Growth, 1951 – 80 [J]. Journal of Monetary Economics, 1989, 24: 259 – 276.

[156] Hong B. C. , Daniel T. Does Competition for Capital Discipline Governments? Decentralization, Globalization and Public Policy [J]. American Economic Review, 2005, 95 (3): 817 – 830.

[157] Lohse T. How does Workfare Work? An Optimal Tax Perspective [M]. Leibniz University Mimeo, 2008.

[158] Lu B. , Wen J. H. , Piggott J. Should China Introduce a Social Pension? [J]. Journal of the Economics of Ageing, 2014 (4): 76 – 87.

[159] Michael K. , Maurice M. Fiscal competition and the pattern of public spending [J]. Journal of Public Economics, 1997, 66 (1): 33 – 53.

[160] Oates W. E. An Essay on Fiscal Federalism [J]. Journal of Economic Literature, 1999, 37 (3): 1120 – 1149.

[161] Oates W. E. Toward A Second – Generation Theory of Fiscal Federalism [J]. International Tax and Public Finance, 2005, 12: 349 – 373.

[162] Prettner K. Population Aging and Endogenous Economic Growth [J]. Journal of Population Economics, 2013, 26 (2).

[163] Runciman W. G. Relative Deprivaion and Social Justice: A Study of Attitudes to Sicial Inequality in Twentieth Century England [M]. Berkeley: University of California Press, 1966.

[164] Shantayanan D. , Vinaya S. , Heng-fu Zou. The Composition of Public Expenditure and Economic Growth [J]. Journal of Monetary Economics, 1996, 37: 313 – 344.

[165] Soren B. N. , Pascalis R. , Guttorm S. Tax Spillovers Under Separate Accounting and Formula Apportionment [J]. CEPR Discussion Paper No. 2831. , 2001.

[166] Stark O. , Yitzhaki S. Labour Migration as a Response to Relative

Deprivationd ［J］. Journal of Populaton Economics, 1988, 1 (1): 57 – 70.

［167］ Timothy J. B. , Anne C. C. Incumbent Behavior: Vote Seeking, Tax Setting and Yardstick Competition ［J］. American Economic Review, 1995, 85 (1): 25 – 45.

［168］ Todd A. K. Growth, Welfare, and the of Government ［J］. Economic Inquiry, 1999, 37 (1): 103 – 119.

［169］ Tsui K. Y. , Wang Y. Q. Decentralization with Political Trump: Vertical Control, Local Accountability and Regional Disparities in China ［J］. China Economic Review, 2008, 16: 403 – 418.

［170］ Zhurarskaya E. V. Incentives to Provide Local Public Goods: Fiscal Federalism, Russian Style ［J］. Journal of Pubublic Economics, 2000, 76: 337 – 368.